THE MANAGEMENT OF
HUMAN RESOURCES, WORK AND THE WORKPLACE

ヒト・仕事・職場のマネジメント

人的資源管理の理論と展開

澤田 幹／谷本 啓／橋場俊展／山本大造［著］

ミネルヴァ書房

　　　　　　　は　し　が　き

　日本企業の経営姿勢が，この20年間で大きく変化した，あるいは変容しつつあるとの言説は，学界，マスコミを問わず，しばしば見られる。いったい何が変化し，現在の日本企業はどのような姿をもつものとして捉えればよいのだろうか。

　1990年代のバブル経済崩壊以降の多くの企業が直面したのは，財務基盤の強化と「ヒトの働かせ方」の見直しという課題であった。日本企業が目指すべき方向性として，「雇用重視」を唱える今井敬氏（当時新日本製鐵社長）と「株主重視」を主張する宮内義彦氏（当時オリックス社長）が激論を交わした「舞浜会議」が開催されたのはちょうどそのような時期，1994年2月のことである。しかし他方で，そもそも従来の日本企業の労務管理は果たして従業員を大切にしてきたのか，そして，本当にそうであるならばなぜ過剰な長時間高密度労働に起因する過労死などという問題が発生するのか，という疑念が生じたことも確かである。

　その後，日本経営者団体連盟（当時）が発表した報告書『新時代の「日本的経営」』を1つの契機として，雇用形態の多様化，成果主義的処遇制度などが普及し，日本的経営の「アメリカ化」が一気に進んだように見える。それはまた，正規雇用労働者といえども，決して雇用や働き方の安定が保証された立場ではなくなることを認識させるものであった。

　しかし，2008年のリーマンショックに端を発する雇用情勢悪化の際に，最も大きな影響を受けたのは，正規雇用労働者ではなく，当時既に全労働者の3割強を占めていた非正規雇用労働者であった。「派遣切り」，「雇い止め」などの言葉がマスコミを賑わせたことは記憶に新しい。そこで「日本的経営は変質したといっても，結局非正規雇用が雇用調整弁として利用されることによって，

正規雇用従業員は守られている，という現実は何も変わっていないのではないか」と感じた人は少なくないはずである。

このように，日本的経営とそこで展開される人事労務管理の変容は，必ずしも直線的なものではなく，複雑な様相を呈しているようである。では，それらをどのように理論的に整理すればよいのだろうか。

本書は，このような問題意識から出発し，人事労務管理にまつわる諸問題を人的資源管理（Human Resource Management：以下，HRM）論をベースに再整理することによって，日本企業の姿を浮き彫りにするとともに，その民主主義的再編への道を提示することを目的としている。

HRM論は，1970年代頃よりアメリカを中心に普及し，現在では，日本を含む世界中で人事管理論，労務管理論という用語・概念に代わって使用されるに至っており，ハーバード・モデル，ミシガン・モデル，コンティンジェンシー理論にもとづくアプローチ，経営戦略論の資源ベース学派（Resource Based View）にもとづく展開など，様々なアプローチからの深化がはかられている。しかしそれらに共通するのは，①ヒトを資源と捉え，他の経営資源と同様に，何よりもその有効利用に最大の主眼がおかれている，②そのため，採用・配置・処遇など全ての人事労務管理機能は業績向上という成果につながるかどうかを強く意識しながら展開されることになる，③個別企業の展開する経営戦略との親和性，ないしはそれへの従属性が見られる，④労使関係，わけても労働組合の存在はその理論枠組みの中で軽視される，といった点であろう。そして，それらを通じて主張される企業における人間の働き方，働かせ方は，「人間性重視」を標榜されることが多い。しかし，実際には，あくまで個別企業の営利追求活動に即したものであるかどうかが最大の基準となるHRMが，本当に全人格的な存在としての人間を尊重するものであるかどうかについては，極めて疑わしいというのが我々執筆者の基本的なスタンスである。

ただ，前述したようにHRM論は主としてアメリカで発達，普及したものであり，それがそのまま日本企業や日本経済に適合するとはいえない。では，現代日本企業はいかなる社会環境，経済環境のもとでその活動を展開しているの

はしがき

だろうか。

　まず個別企業が直面している状況としては，市場の多様化，グローバル化などによる競争環境の激化，コーポレート・ガバナンスへの関心の高まり，消費者や地域社会を含めた多様な視点からの「企業の社会的責任」（Corporate Social Responsibility：CSR）への注目といった点があげられるだろう。他方で社会全体に目を移すと，少子高齢化に伴う労働市場の逼迫，ワーク・ライフ・バランスに代表される労働者意識の変化・多様化などが企業経営に与える影響は今後ますます大きくなると考えられる。また，政府による経済政策や法制度整備の方向性も看過することはできない。

　こうした点を踏まえて，本書では，現代日本企業の人事労務管理の主要な機能について，実態面と理論面の両面から整理を行っている。

　まず，第1章から第3章までは，本書の基本姿勢を総論の形で論じている。具体的には，企業における管理の構造と機能を現代的視点から捉え直すと同時に，そのような基本的方向性をもつ労務管理，HRM がアメリカや日本でどのように展開されてきたのかを整理している。

　第4章から第8章までの各章は，各論部分にあたる。雇用管理，教育訓練・能力開発，労働時間管理，賃金・処遇管理，労使関係管理といった HRM の諸分野について，主として現代日本企業の動向を踏まえつつ，理論的な整理・解明を行っている。それはまた，現代企業における職場と組織，そしてそこで働く労働者の関係をあぶり出す試みでもある。

　そして終章では，それまでの議論を受けて，若干のまとめを行うとともに，今後の HRM の「あるべき方向性」について一定の見解を述べている。

　本書の執筆者4名は，いずれも同志社大学の島弘名誉教授のもとで経営学，労務管理論研究の本格的なスタートを切り，機会あるごとに本書で取り上げている問題について議論を重ね，研鑽を積んできた関係にある。また，2000年にはその成果の一部を『人的資源管理論』（島弘編著，ミネルヴァ書房刊）にて世に問うている。前書においては，「労務管理論」の「人的資源管理論」への変容を「労働運動の世界的衰退に起因する企業内における経営者の一方的支配によ

る，資源としての労働力の管理」と捉えた上で，雇用・処遇・賃金・労使関係・経営戦略との関係等，多方面からその分析を試みた。しかし，前書出版から約15年の年月が経過した現在，HRM 論は新たな展開を示しており，また，上記のように日本企業をめぐる状況も大きく変化していることから，今回改めてそれぞれの問題について考察を加える必要性を感じ，本書を上梓することとなった次第である。各章の内容は完全に独立したものであるが，全章を通して読んでいただければ，我々が日本企業の姿をどのように捉えているのか，その全体像を理解していただけるだろう。

　本書の企画にあたっては，渡辺峻先生（立命館大学名誉教授）ならびに南美樹氏（学校法人同志社評議員，同志社大学商学部島ゼミナール同窓会である鵬弘会会長）から何度も厳しいご叱咤と温かいご支援をいただいた。ここに改めて感謝の意を表させていただく。また，出版事情の厳しい折に出版を快く引き受けてくださったミネルヴァ書房編集部の梶谷修氏，中村理聖氏に御礼を申し上げたい。

　本書を，我々の恩師，島弘先生に捧げる。

2016年7月

執筆者代表　澤田　幹

ヒト・仕事・職場のマネジメント
―― 人的資源管理の理論と展開 ――

目　次

はしがき

第1章　管理問題の発生と展開……………………………… 谷本　啓…1
第1節　資本主義社会における企業の利潤追求………………………… 1
第2節　協業と分業……………………………………………………… 6
第3節　労働力の発現における不確実性………………………………… 10
第4節　接客労働と感情労働…………………………………………… 13
第5節　資本循環における不確実性の排除…………………………… 18

第2章　管理の構造と発展…………………………………… 谷本　啓…25
第1節　科学的管理法と管理の諸原則………………………………… 25
第2節　管理的活動の分離……………………………………………… 28
第3節　管理者の職能と管理過程……………………………………… 32
第4節　管理者の役割と仕事の多様性………………………………… 36

第3章　ヒトの管理をめぐる変遷…………………………… 橋場俊展…47
――日米比較を通して――
第1節　「日本的経営」と伝統的な日本型人事労務管理………………… 47
第2節　「アメリカ的経営」と伝統的なアメリカ型人事労務管理……… 52
第3節　「人的資源管理」言説の台頭と日本型人事労務管理の
　　　　部分的移入…………………………………………………… 57
第4節　日本型人事労務管理の動揺とアメリカ的経営の再評価……… 64

第4章　人的資源管理としての日本型雇用とその変容… 澤田　幹…73
第1節　「三種の神器」と日本型雇用管理……………………………… 73
第2節　日本型雇用モデルの変容：非正規雇用の拡大と多様化……… 80
第3節　人材ポートフォリオと「雇用の境界」………………………… 85
第4節　日本型雇用管理変容の実態とその矛盾……………………… 91

第5節　戦略適合的な雇用管理とは……………………………………… 97
　　　第6節　補論：「多様な正社員」あるいは「限定正社員」をめぐって… 99

第5章　企業内教育訓練・能力開発の課題………………澤田　幹…109
　　　――キャリア形成支援との関連から――
　　　第1節　日本型雇用管理のもとでの教育訓練，能力開発…………… 109
　　　第2節　エンプロイアビリティと「自立的能力開発」論…………… 114
　　　第3節　能力開発の現状と「格差」問題……………………………… 119
　　　第4節　自立的キャリア形成への道…………………………………… 126

第6章　労働時間管理の変化と働く者のニーズ…………山本大造…137
　　　第1節　「時短」「労働者のニーズ」を名目にした規制緩和政策と諸制度…… 137
　　　第2節　日本の労働時間の現状………………………………………… 144
　　　第3節　なぜ労働時間が長いのか……………………………………… 148
　　　第4節　労働時間管理とマネジメント………………………………… 151
　　　第5節　人的資源管理のためのインプリケーション………………… 157

第7章　賃金管理と処遇問題……………………………橋場俊展…163
　　　第1節　賃金と賃金管理………………………………………………… 163
　　　第2節　賃金をめぐるルールと労使慣行……………………………… 168
　　　第3節　賃金体系・賃金制度の変遷…………………………………… 170
　　　第4節　賃金をめぐる諸問題と解決の方向…………………………… 177

第8章　多様な紛争解決システムと労働組合……………山本大造…185
　　　第1節　人的資源管理の人材戦略と労使関係の捉え方……………… 185
　　　第2節　日本の労使関係の現状と個別労働紛争……………………… 187
　　　第3節　集団的労使関係における紛争解決システム………………… 193
　　　第4節　多様な紛争解決システム……………………………………… 196

第 5 節　労働組合の課題：なぜ組合離れが止まらないのか……………200
　　　第 6 節　人的資源管理のためのインプリケーション………………………206

終　章　日本型人的資源管理の行方……………………………澤田　幹…211
　　　第 1 節　「ブラック企業」と日本型人的資源管理……………………………211
　　　第 2 節　「戦略適合性」への疑問……………………………………………215
　　　第 3 節　人間重視への道………………………………………………………218

索　引……223

第 1 章

管理問題の発生と展開

　企業は商品を生産・販売し，事業活動を維持・拡大する。その際，様々な経営資源を活用するが，それら諸資源を活用して商品を生産・販売する主体は人的資源である人間（ヒト）である。本章では，商品生産に人間が介在することの価値創造における不確実性，そして商品が市場で無事に売却され，その価値を貨幣に転換できるかどうかの不確実性という側面から，企業における人的資源（ヒト）の管理と活用の問題について論じる。

第1節　資本主義社会における企業の利潤追求

1　資本主義社会における企業の基本的性格

　歴史的に人間は，生存のために必要な食料を確保するため，あるいは安全，快適な生活に必要な衣類や住居などを確保するため，労働を通じてその生活手段を確保してきた。現代においても，我々の身の回りにある物品のほとんどが何らかの人間の労働を通じて生産されたものであることに変わりはない。ただ，現代において生産されるその多くの物品が商品として生産され，市場で貨幣と取引（交換）されることで入手されるという点に大きな特徴がある。そして，現代の商品生産の主たる担い手は企業であり，その多くは資本として蓄積された貨幣を，商品の生産と販売を通じて循環させることで利潤を追求している。経済的な観点からこのような社会体制を分析するとき，現代社会は資本を中心とした社会，いわゆる資本主義社会（あるいは資本主義体制）ということができる。

　現代の資本主義社会において商品生産を担う企業の経済活動は，その掲げる

図1-1　企業活動の概念（個別資本の循環）

$$G - W \begin{cases} Pm \\ \\ A \end{cases} \cdots\cdots P \cdots\cdots W'(W+w) - G'(G+g)$$

G：Geld（貨幣）　　W：Ware（商品）　　A：Arbeit（労働力）
P：Produktion（生産）　　Pm：Produktionmittel（生産手段）

（出所）　マルクス（邦訳書，1984（第2部・第5分冊）：83頁）をもとに筆者作成。

　理念・理想がいかなるものであれ，第一義的に確保しなければならないのは事業を継続・拡大するために必要な売上であり，利潤の確保である[1]。企業はその資本である貨幣を投じ，労働手段と原材料，そして労働力を購入する。そして労働手段，原材料，労働力を結合させ商品を生産し，その商品を市場で交換することを通じて最初よりも量的により大きな貨幣を回収することがその基本的な活動となる（図1-1）。資本は同質の価値をもつ一定の価値量であり，これが最初に投資したよりも増加しなければ，それを投資した意味はない。また同時に，企業は初期に投資したよりも大きな価値量としての貨幣を確保することができなければ，他社との競争を生き残り，存続することができない。

　この場合，最初に投下した貨幣はどのようにしてその価値を増加させることができるのか。それは商品を単にその価値よりも高く販売することから生じるのではない。なぜなら，全ての企業がその価値よりも高く商品を販売するならば，一般的に物価が上昇するだけであり，結果としてその企業自体も労働手段や原材料を高く購入することになる。これでは，商品を価値以上に販売したとしても，社会的に見れば利潤を上げ続けることはできない。

　企業が商品を価値通りに販売し，かつ利潤を確保する上で重要な役割を果たすのは，「労働力」の購買にある[2]。そして，全ての商品の価値はそれに投下された労働量で定まるのである。これを前提として，企業はその資本であり一定量の価値を表す貨幣を投下して労働手段と原材料を購入する。そして，これらの物的資源に投入された価値は生産過程でそれぞれの価値を生産物に移転していく。しかし，物的資源の価値は移転するものの価値そのものが増加するわけではない。

一方，企業によるもう1つの資本の投下先である労働力は事情が異なる。労働力に投下された貨幣は，労働者の手に渡り，日常生活に必要な生活手段に転化され，労働者の生活の中で消費される。そして，企業は労働者から「労働力の一時的処分権」（=使用権）を獲得し，その処分権を行使して商品の生産活動を行うのである。

2 労働力の価値

労働力（労働能力）の価値は，他の商品と同じように，それに投下された労働の量によって定まる。[3] その労働力の価値は，労働者本人の再生産に必要とされたものに投下された労働量，すなわち彼・彼女の衣食住に必要な生活手段に投入された労働量によって定まる。

さらに，労働力の所有者である労働者は人間であるから寿命がある。それゆえに，社会的に再生産を考えるなら労働者には家族が必要であり，次世代の育成が必要となる。もしそれがなければ労働者は歴史の中で死滅してしまい，社会的な労働力の再生産が途絶えることとなる。さらに労働者が労働力として役に立つには，文字の読み書きや計算などの知識がなければならない。このことは労働力の価値には労働力の育成費が含まれることを意味している。つまり，労働力の価値には，労働者の再生産費，家族の生活費，そして労働力の育成費が含まれるのである。

3 商品生産における価値の創造

企業は労働力の価値を支払うことでその処分権を獲得する。そしてその労働力を生産過程に投入するのであるが，そこで労働力は「労働」として商品生産に利用される。そして労働力という商品の特性は，その使用価値として発現する労働が生み出す価値量は，労働力の価値（労働力の再生産に必要とされる価値）とは無関係という点にある。

例えば，労働力の価値として4労働時間分に相当する価値量（貨幣）を支払ったとしても，この労働力の処分権を利用して8労働時間働かせることは可

能である。なぜなら，前述のように企業と労働者の取引として労働力の価値通りの価値（4労働時間）を支払ったとしても，企業が購入した労働力の発現として労働者を8労働時間働かせることは，企業が入手した「労働力の一時的処分権」にもとづき，労働者が企業の指揮下にある限り自由に使用することができるのである（さらに，労働力の所有権自体は労働者にあり，労働力の使用［＝労働としての発現］は労働者自身の意識に労働するよう企業が働きかけることでしか「労働」として発現しない，という特殊性がある）。

　企業が労働力を利用し，8労働時間で生み出した価値から，労働者に支払った4労働時間を差し引いたとしても，その手元には4労働時間に生産された価値が剰余として残る。労働の担い手である労働者は，企業の指揮下において自らの労働力を労働として発現させ，8時間のあいだに8労働時間の新しい価値を生み出すのであるが，そのうち4労働時間は労働者の労働力の再生産に必要な労働時間であることから，これを「必要労働時間」あるいは「必要労働」という。しかし，労働者の労働は，この4時間を超えて，さらに延長され8時間まで行われる。8時間労働のうち，後半の4労働時間は必要労働時間を超えた労働時間であることから，これを「剰余労働時間」あるいは「剰余労働」という。こうして，企業には4時間分の労働が生み出す価値部分が，剰余（剰余価値）として，利潤として手に入ることとなる。

　そのためにも，資本の人格的存在である「資本家は，労働が秩序正しく進行し，生産諸手段が合目的的に使用され，したがって原材料が少しもむだづかいされず，労働用具が大切にされるように，すなわち作業中のそれの使用によって余儀なくされる限りでしか労働用具が痛められないように，見張りをする」[(4)]。つまり，資本家は労働力が労働として十全に発現すること，そして資本家の所有する生産手段の浪費を防ぐことを通じてより多くの剰余労働，つまり剰余価値の獲得に努めるのである。さらに「資本家は，彼の資本が本来の資本主義的生産をはじめて開始するための最小限の大きさに達したときに，さしあたり手の労働から解放されるのであるが，いまや彼は，個々の労働者および労働者群そのものを直接にかつ間断なく監督する機能を，ふたたび特殊な種類の賃労働

者に譲り渡す。軍隊と同様に，同じ資本の指揮のもとでともに働く労働者大衆は，労働過程のあいだに資本の名において指揮する産業将校（支配人，マネージャー）および産業下士官（職長，"監督"）を必要とする」[5]。そのことは，資本主義的生産の拡大にともない，より多くの労働者を働かせ，より多くの剰余価値を獲得するためには，それを押し進めるための階層的な監督制度の発展が必要となることを意味している。

4　剰余価値の獲得方法

　企業が剰余価値を獲得するためには2つの方法が存在する[6]。

　第1に「絶対的剰余価値の生産」である。労働者が企業の指揮下にある労働時間を絶対的に延長して，絶対量としての生み出される価値量を増加させる。必要労働時間を超えた労働時間＝剰余労働時間であるから，できるだけ多くの剰余価値を獲得する目的で，できるだけ長く労働者を働かせるというものである。

　第2に「相対的剰余価値の生産」である。1つは社会全体の生産力の発達により生活手段の価値低下が発生し，労働力の再生産に必要な価値量が低下したときに生じる。これは1日の労働時間は一定で変化しないが，労働力の価値低下により1日あたりの必要労働時間の相対的な比率の変化（例：8時間労働に対し必要労働時間が4時間から3時間に減少する［＝剰余労働時間が4時間から5時間に変化］など）により，労働時間の延長なしに，剰余労働時間の比率が高まることから，より多くの剰余価値を獲得することが可能となる。

　もう1つは労働時間の無制限な延長が労働運動や法的規制により社会的に一定時間に制限されたとき，企業がその生産力を高めるとともに，一定時間でより多くの労働量の支出をさせるべく労働強化をはかることから生じる。このことは，より多くの労働を労働者から支出させることにより，通常より短い時間で必要労働時間相当の価値を生み出すことで（例：3時間で4時間相当の労働量を支出［＝必要労働時間相当の価値量を生産］），相対的に必要労働時間を短縮する一方，さらに残りの労働時間でより多くの剰余価値（例：5時間で約6.7時間相当

の価値量を生産)することを可能とするのである。

　このようないずれの方法，あるいはその両方を用いて剰余価値を獲得し利潤を追求することが，資本主義社会では企業にとって必要不可避な経済活動となる。そして，企業経営に責任を負う資本家，経営者は，意識的・無意識的にではあっても利潤を追求・確保しなければその地位を失うこととなる。つまり，資本主義社会において企業の利潤追求はある意味で本質的な宿命であり，そのことが同時に企業と社会に様々な現象と影響を生じる要因となっているのである。

第2節　協業と分業

1　協　業

　資本主義社会において，企業は生産性の向上，あるいは生産力の発展により商品生産を拡大させ，利潤を追求してきた。そして歴史的に「資本主義生産が実際にはじめて開始されるのは，同じ個別資本が比較的多数の労働者を同時に就業させ，したがって労働過程がその範囲を拡大し，より大きい量的規模で生産物を供給するようになった場合である。より多数の労働者が，同時に，同じ場所で（同じ作業場でと言っても良い），同じ種類の商品を生産するために，同じ資本家の指揮のもとで働くということが，歴史的にも概念的にも資本主義生産の出発点をなしている[8]」とされる。また，「同じ生産過程において，あるいは，異なっているが関連している生産諸過程において，肩をならべ一緒になって計画的に労働する多くの人々の形態[9]」がいわゆる「協業」である。そこでは商品生産における労働様式は変化しなくても，多数の労働者を同時に使用することを通じて，建物，原材料などの倉庫，あるいは容器や用具，装置などの生産諸手段の一部分を共同で使用・消費することにより様々な物的資源の節約がなされることとなる。[10]

　ここでさらに重要なことは，多数の労働者が一緒に労働するという「協業による個別的生産力の増大だけではなくて，それ自体として集団力であるべき生

産力の創造である」。そこでは単純に労働者の個々の能力に人数を掛け合わせただけでなく，それ以上の高い生産性が発揮されるのである。集団労働により，そこでともに働く労働者に活力が生じたり，競争意識が生じたりすることで個々人の個別作業能力が高められる。また同種の労働（仕事）を多人数で同時に行うことによって労働速度を増加したり（例：レンガ工が手の列をつくってリレー式でレンガを運ぶ），あるいは決定的な瞬間において多数の労働者を一気に生産場面に投入することで労働総量の大きさを埋め合わしたり（例：漁業や農産物の収穫）することである。このようないくつかの要因により，協業を通じて労働の社会的生産力，または社会的労働の生産力が生じることとなる。

しかし，協業を出発点として，多数の労働者が集団労働をするためには，労働者は他の労働者たちとの計画的な協力が必要となる。一般的に労働者は一緒にいないと，直接的に協力することもできず，しかもその前提として資本主義生産においては資本が多数の労働者を使用することがなければ協業は生じない。労働者が資本に雇用される形で，資本の指揮下に入り生産過程において労働するのであり，ここで発揮される協業の社会的生産力の成果は資本のものとなる。そして，そのためには資本による多数の労働者の統一的・計画的指揮の必要性が生じるのである。このことから，「比較的大規模の直接に社会的または協同的な労働は，全て多かれ少なかれ一つの指揮を必要とするのであるが，この指揮は個別的諸活動の調和をもたらし，生産体総体の運動——その自立した諸器官の運動とは違う——から生じる一般的機能を遂行する。バイオリン独奏者は自分自身を指揮するが，オーケストラは指揮者を必要とする。指揮，監督，および調整というこの機能は，資本に従属する労働が協業的なものになるやいなや，資本の機能となる。この指揮機能は，資本の独特な機能として，独自な特性をもつようになる」のである。

しかも，この一般的機能は資本の利潤追求運動と結びついていることから，資本の人格的存在である「資本家の指揮は，内容から見れば二面的である——それは指揮される生産過程そのものが，一面では生産物の生産のための社会的労働過程であり，他面では資本の価値増殖過程であるという二面性をそなえて

いるためである」[13]。このことは，資本は具体的な労働生産物の生産力を高めるために多数の労働者を指揮するだけでなく，同時により多くの剰余価値を獲得するために労働を支出するよう，労働者を指揮する側面を有することを意味している。

2 分業

　協業が発展するにつれてそこに仕事が分割され，労働者のそれぞれが得意とする仕事を分担するという分業（division of labour）が現れてくる。分業により労働者への経験や技能の蓄積，特定作業に特化した道具の使用，1つの作業から別の作業に移行する時間の節約などの効果が生じ，労働の生産性が向上する[14]。そして分業にもとづく協業であるマニュファクチュア（manufacture：工場制手工業）が発展することとなった。分業によるマニュファクチュアは，ある1つの業種内での生産過程における分業の結果により発生する場合と，個別に行われていた様々な種類の手工業が1つの作業場に結合されることで発生する場合がある。しかし，いずれの経路をたどったとしても，マニュファクチュアでは仕事が分割され，それぞれの作業が1人の労働者の専有機能となり，1つの生産物がこれらの労働者の手を通って最終的に完成される。それは「人間をその諸器官とする1つの生産機構」[15]である。

　この生産機構は，それぞれが独特の機能を担う人間を結びつけたものであり，ここでは資本の指揮機能はより強化される。なぜなら労働が分割されることから，それぞれの労働を組み合わせて生産活動を行う必要性が高まるためである。他方では，労働が分割されながらもより多くの労働者を集中することで，全体としてより整然と労働を行うことによって生産力は飛躍的に高まる。そして生産力が高まることにより，より多くの利潤が獲得可能となるのである。

　しかし，マニュファクチュアにおける生産活動は，以前は独立していた労働者を資本の指揮と規律に従わせるだけでなく，それを徹底するために労働者の等級的編成を作り出す。それは分業の原理に従って，一定数の労働者の組合わせとして行われるが，同時に生産活動における一定の技術的必然性として規定

されるとともに，労働者を熟練労働者と不熟練労働者に区分するようになる。[16]そして不熟練労働者の利用は労働力の育成費が安く済む，つまり労働力の価値を引き下げる（＝必要労働時間が短くて済む）ことにつながる。それは，生産性向上による資本主義的利潤追求の手段としても現れるという二面性の現れでもある。協業と同じく，分業にともなう諸労働の結合によって生じた生産力は資本の生産力として現れるのである。[17]

このような分業は，マニュファクチュアから機械制大工業へと発展するにつれて，さらに明確となる。マニュファクチュアでは人間のする仕事の分割であり，その分業は労働者の経験的・主観的な分割であった。しかし，機械制大工業への移行にともない，機械体系における分業は技術的・客観的な分割により行われることとなる。[18]機械制大工業では機械体系が労働者の前に物質的生産条件として客観的に存在し，生産過程における協業は労働手段そのものによって規定されることとなる。さらにマニュファクチュアと機械制大工業が決定的に異なるのは，機械制大工業では自然科学の諸成果が意識的・計画的に利用されることで新しい技術が生み出され，それに従って労働が分割されるということである。いうなれば，「マニュファクチュアと手工業では労働者が道具を自分に奉仕させるが，向上では労働者が機械に奉仕する。マニュファクチュアと手工業では労働者から労働手段の運動が起こるが，工場では労働手段の運動に労働者がつき従わねばならない」[19]のである。このことは，機械制大工業における生産過程は諸科学の絶えざる進歩を反映して継続的に改良，変革されるということを意味する。そして技術の進歩・発展により近代工業は生産の技術的基礎とともに，そこで労働者が果たす機能や労働過程における社会的結合のあり方も絶えず変革していくこととなる。それは時として「機械は労働者を労働から解放するのではなく，彼の労働を内容から解放する［内容のないものにする］」[20]ともされる。

あわせて，機械制大工業の発展は社会内部における分業も絶えず変革し，余剰となった大量の資本と労働者をある部門から他の部門へと移動することを求める。それは大工業の本性として，労働の転換，機能の流動，労働者の全面的

可動性を条件づけることとなる。しかし，このことは分業で一面化された労働者に労働の転換を通じて可能な限りの多面性を求めることにつながる。そして同時に社会的に細分化された機能の担い手に過ぎなかった個人を，多様な社会的機能を担う全面的に発達した個人に代えることの可能性を含むことが指摘されている[21]。

第3節　労働力の発現における不確実性

1　生産における不確実性の存在

　企業は「労働力の一時的処分権」を労働者から購入する。労働力は労働者の労働する能力そのものであり，労働者から肉体的に切り離して企業に譲渡することはできない。また労働者は奴隷あるいは人身売買の対象として自分自身を企業に売り渡すことは近代市民社会において許される行為ではない。そのため，企業は「労働力の一時的処分権」を労働者から購入するとともに，商品の生産過程でその使用価値であり労働力の発現である「労働」を利用する。しかし，企業にとって購入した労働力を利用できるのは一定の限られた時間である。しかも労働力は労働者から切り離して存在することはできず，かつ労働者の労働する意欲・意思が「労働」としての発現に介在せざるを得ない（図1-2）。そしてその結果，商品生産における具体的有用労働としても，価値創造における労働の支出としても，購入した労働力が企業の期待した通りに発現し，生産活動における商品生産あるいは価値創造の成果を獲得できるかどうかの不確実性がそこに生じる側面がある。剰余価値の確保のためにも不確実性はできるだけ排除すべきであり，そのために管理の制度，とりわけ財・物品としての商品生産を行う製造業でその制度が発展した。

2　生産における不確実性の排除

　その嚆矢としてあげられるのが，テイラー，F. W. による「科学的管理法」である[22]。科学的管理法においては，「時間研究」「動作研究」により最も能率的

図 1-2 「労働力」の発現における不確実性

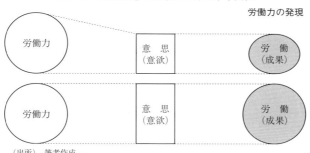

(出所) 筆者作成。

な作業方法を分析するとともに1日に達成すべき課業（task）を確定する。そしてその作業方法を一般労働者に習得させることで作業の無駄な動きを排除する。また作業に最適な工具等を開発し，それを労働者に使用させる。さらに生産現場の全権を掌握していた職長から役割分担した「職能的職長制度」に移行することで，生産に関する頭脳的な労働を分解すると同時に，指揮・命令の効率化による課業遂行の促進がはかられた。あわせて「差別的出来高給制度」により課業を達成した労働者には高い賃率，達成できなかった労働者には低い賃率を適用し，課業の自発的かつ強制的な達成を求めるのである。その後，テイラーの科学的管理法は，アメリカ自動車産業で発展したフォード社の大量生産方式，いわゆる細分化・単純化された作業とコンベア・システムなどの機械により作業速度を統制された生産方式（フォード・システム）とあわせて，いわゆる「テイラー＝フォード主義」的な作業編成として知られることとなった。

この「テイラー＝フォード主義」的な職務編成では，労働の発現における労働者の意思が介在することによる不確実性を排除し，同時に生産における合理性・効率性の追求がなされている。そのため労働者が考える要素をできるだけ排除した細分化・単純化された職務が労働者にあてがわれ，またその作業速度は機械によって統制され，労働者の意思に関係なく一定の速度で作業させることで確実な商品生産と価値創造が促進された。あわせて，企業内福利厚生の充実により労働者が仕事に専念できる環境を整えることも，間接的な生産性向上

策として有用であると考えられた。[23]

3　不確実性排除の自己矛盾

　「テイラー＝フォード主義」的な職務編成は，一面において労働者が作業を行うにあたって肉体労働からの精神労働の分離，あるいは構想と実行の分離により労働者の労働支出における不確実性を排除することを意味していた。しかし，このことは人間の労働が本来的には労働者自身の合目的的な意思を必要とする活動であることとは異なる労働の形態であり，労働における労働者の目的意識性を排除し，資本が規定する作業方法と作業速度による労働を求めることでもあった。[25]その結果，労働者は勤労意欲を低下させ，労働移動の増大，あるいは仕事に興味・関心を失った労働者による常習的欠勤（absenteeism）などにより，必ずしも期待した通りの生産性上昇をもたらさなかった。しかもオートメーションの導入をはじめとする技術革新は，個々の労働者の働きが生産工程全体におよぼす影響をより大きなものとしていた。つまり，生産性向上のために導入した諸施策が，かえって生産性を低下させる要因をそこに内包していたのである。

4　限定的な目的意識性の回復

　これに対して1950年代末から登場した，人間の動機づけ要因としての欲求水準の研究や仕事における満足要因（動機づけ要因）と不満要因（衛生要因）の研究，さらには管理者の従業員観の問題や個人の成長・発達と組織目標の統合の問題についての研究など，いわゆる「行動科学」（Behavioral Science）や後の「組織行動論」（Organizational Behavior）などの諸研究は，従業員と職務形態との不適合，組織形態や管理施策の問題を解決するための契機となるものであった。経営者は，労働者の仕事に対する動機づけや職務不満の原因について，行動科学の諸成果を通じて従業員の仕事に対する期待感・欲求水準の変化が生じているという認識を深めた。そして従来の賃金や福利厚生の改善だけではなぜ労働者の勤労意欲を向上させることが困難なのか，また細分化・単純化された

定型的な職務形態がなぜ労働者の職務不満とモラールの低下を引き起こすのかを改めて理由づけたのである。

　その結果，従業員の仕事への期待を満たし，かつモラールの向上へと導くためには，仕事をより複雑なものにするために職務を再設計し，職務拡大（job enlargement）や職務充実（job enrichment），自律的作業集団（self-managing work team）といった手法を企業の管理政策に導入することが求められた。とりわけ第2次世界大戦後に増大した職務遂行上の裁量が大きいホワイト・カラー層の労働者には，目標管理（Management By Objective：MBO）やキャリア開発計画（Career Development Plan：CDP）の導入により個人的な欲求・目標と組織目標との統合が試みられるようになった。そして，これらの施策は，労働における目的意識性を限定的にではあれ，一定程度回復させることとなったと評価できる。しかし，それは「労働の人間化」（Humanization of Work）という形をとりつつも，あくまでも企業目的に沿う形での目的意識性の回復であったことに留意しなければならない。つまり，従来の職務形態の単純化・細分化による直接的な労働支出の確実性向上の矛盾を止揚しつつ，労働者自身が本来的に有する目的意識性に働きかけるという間接的な方法を通じて労働支出の確実性を向上させるという施策であったともいえよう。

第4節　接客労働と感情労働

1　経済のサービス化と接客労働

　経済の発展につれて第1次産業の比重は労働力構成比で見ても，所得構成比で見ても，長期的に低下する傾向を示しており，他方，第2次産業は所得構成比で見て上昇傾向，そして第3次産業は労働力構成比で見て上向きの傾向を示すことが経験則的に知られている。いわゆる「ペティの法則」（クラークの法則／ペティ＝クラークの法則）である。現代の先進資本主義諸国の経済では，農業，製造業を除くいわゆるサービス産業の部門で雇用が増加傾向を示している。とりわけ対人サービスの提供を行う接客職務の雇用労働は，物財の生産を主たる

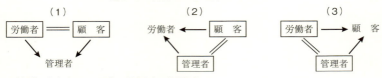

図1-3 利害の一致と対立のパターン

（出所）　鈴木（2010：40頁）の図をもとに筆者作成。

目的とする企業には見られない独自の特徴を有することが指摘されている。[28]

前述のように企業は商品を生産・販売し，初期に投資した資本より，より多くの貨幣を市場から回収することが宿命づけられている。そのために「企業は，接客行為をつうじて顧客に製品やサービスを購入させようと試みる」[29]のであるが，顧客は企業が期待する通りに自社の商品を購入してくれる訳ではない。しかも，企業が接客行為を通じてあからさまに顧客を操作しようとすれば顧客は反発するであろう。そこで企業は，接客行為の主導権をもつのはあくまで顧客自身だという外観をあたえつつ，自社の商品を購入するよう顧客を誘導しようとする。そして，企業はこのめんどうな接客行為を雇用する労働者に遂行させるのであるが，そこで形成されるのが接客労働における3極関係（triangle）である。[30]つまり，「接客労働過程には，製造業の労働過程とは異なって，管理者と労働者の他に顧客が付け加わる。このため労働過程への登場人物は，管理者―労働者ではなく，管理者―労働者―顧客の3者となり，3者のあいだの関係は3極関係となる」[31]とされる（図1-3）。

2　管理者・労働者・顧客の統制関係

接客労働の労働過程（以下，接客労働過程）を3極関係として捉えるとき，そこには2つの統制ラインがあるとされる。第1に管理者→労働者→顧客の統制ライン，第2に顧客→労働者→管理者の統制ラインである（矢印は統制関係を示す）。[32]

第1の統制関係では，一般的に管理者は顧客の行動を統制するタスクを労働者に与えるとともに，このタスクを実行するよう労働者の行動を統制する。こ

のように「管理者が顧客行動を統制しようとするのは，顧客行動を定型化し，時間的・場所的に千差万別で可変的な顧客行動の予測不可能性を減じて，労働者の作業能率を高めるため」，つまり商品の貨幣への転換の確実性を高めるためである。またこのように顧客行動を統制して作業能率を高めることは，管理者だけでなくひいては労働者自身の利益にもなる。

　第2の統制関係では，顧客による労働者と管理者の統制という統制関係である。これは接客労働過程において，顧客は迅速で良質なサービスを求めて労働者を統制しようとするし，怠ける，あるいは無礼な態度をとる労働者を叱責する非公式の監督者としてふるまうこととなる。そこでは顧客は労働者の仕事ぶりを評価し，感謝を表したり，苦情を呈したり，あるいは労働者にチップを与える，上司に労働者の不品行を訴えるなどの行為を通じて顧客が労働者を統制しようとするのである。この場合，顧客は時として労働者の上司である管理者に直接働きかけることで，労働者に顧客の求める接客行動をとるように仕向けるのである。

3　3極関係における利害の一致と対立

　企業は接客労働過程における不確実性を排除するため顧客を統制しようとする一方，顧客はより良いサービスを求めて接客労働過程を統制しようとする。そこでの管理者，労働者，顧客という3者の利害の対立と連携を見るとき，そこでは3つのパターンが考えられる（図1-3）。

　第1に労働者と顧客の利害が一致して管理者に対立するパターンである。このような状況は一般的ではないにしろ，例えば，過酷な労働条件におかれる労働者に顧客が同情し，管理者に対して労働者を擁護するような場合である。また，労働者が顧客の立場を盾にとって自分の利害を主張するような場合（例：「お客様第一」を標榜しながら，顧客サービスの低下を招くような人員削減を行おうとすることへの抵抗）が考えられる。

　第2に管理者と顧客の利害が一致し，労働者に対立するパターンである。管理者は収益を上げるために良質のサービスを効率的に提供するよう労働者を統

制する。顧客もまた，労働者の作業過程を観察し理解でき得る限りで良質なサービスの迅速な提供を求めて労働者を監視する。ここで労働者は管理者のみならず顧客からも監督されることとなる。

　第3に管理者と労働者の利害が一致し，顧客に対立するパターンである。管理者は顧客行動の予測不可能性を低下させ，収益を上げるためにも顧客の統制を目指す。一方，労働者にとっても顧客行動を統制して作業能率を高めることは労働者自身にとっても利益となるため顧客の統制を志向する。つまり「工場労働者にとって良質の原材料が作業能率向上の1条件をなすのと同じく，接客労働者にとって，職務を円滑に遂行させてくれる顧客は労働過程の決定的要素をなす。だから労働者は顧客を統制して，職務を円滑にしようとする」のである。さらに「労働者は顧客統制のために管理者の立場と一体化し，管理者が与える顧客統制技術を積極的に受け入れる」こととなる。

　しかし，ここで重要なことは，管理者による顧客統制の要求や顧客統制技術を受け入れることは，労働者自身が管理者による統制をも積極的に受容することにつながる点である。つまり「労働者が主観的には自分の利益のために管理者と協力して顧客統制をめざすと考えるとしても，客観的には管理者への自らの従属を深めることになる。しかし労働者の意識のうえでは，顧客統制の点で労使の利害が一致して労働者は管理者に同調することになるので，労働者統制をめぐる労使対立は穏健化する」とされる。そしてこのことは，接客労働過程における不確実性の排除を目的として統制概念が拡張するとともに，労働過程に顧客という要素が加わることで，利害関係の対立構造がより複雑化・曖昧化することを示しているのである。

4　顧客統制のための感情労働

　企業は自社の提供する商品，あるいはサービスの価値が貨幣に転換される確実性を高めるため，購入者である顧客が自社に望ましい行動をとるよう統制することを志向する。その際，顧客に接する労働者は，顧客が望ましい行動をとるような精神状態（心的状態）を作り出すために自分の感情を誘発したり抑圧

したりする。ホックシールド，A. R. は飛行機の客室乗務員と集金人の研究を通じて，肉体労働，頭脳労働に続く第3の労働として「感情労働」（Emotional Labor）の概念を提唱した。ホックシールドによると，感情労働とは「公的に観察可能な表情と身体表現を作るために行う感情の管理という意味で用いる。感情労働は賃金と引き替えに売られ，したがって〈交換価値〉を有する」としている。そして，感情労働が求められる職業には次の共通する3つの特徴があるとしている。

第1に感情労働が求められる職種では，対面，あるいは声による顧客との接触が不可欠である。第2に，それら職種の従事者は，他人の中に何らかの感情変化，例えば感謝の念や恐怖などを起こさせなければならない。そして第3に，そのような職種における雇用者は，研修や管理体制を通じて労働者の感情活動をある程度支配する。以上の3点である。

ここで，第1点，第2点だけなら独立した自営業者や医師，弁護士などの専門職でもその仕事に感情労働的な要素を認めることもできるであろう。しかし第3点として指摘されているように，感情労働では賃労働者として他者から管理・統制を受けるという点が大きく異なる。

また何がその職業で表出すべき適切な感情であるかを規定するのが感情規則（Emotional rule）である。この感情規則は職場の文化として体験的に先輩から後輩へと伝えられるか，職業教育や研修などを通じて労働者に教え込まれる。そして感情労働では，この感情規則を指針として，感情の社会的準拠枠をなす感情規則に適合するように，労働者が感情管理を行うための努力が求められるのである。

5 感情管理としての演技

顧客に望ましい精神状態を作り出すため，その前提として労働者は自分自身の感情を自己統制し外見を装う。その際，ホックシールドは労働者がとる行為を演技にたとえ，そこに「表層演技」（surface acting）と「深層演技」（deep acting）の2通りの方法で自身の感情を管理しているとする。

第1の「表層演技」では，労働者の表情や身振りなどは「うわべだけのもの」として感情規則に従って感情労働を行う。この場合，労働者の意識としての主体性は，表面に表れた感情とは分離しているといえる。つまり「自分がほんとうに感じていることを他者に対してごまかしてはいるが，自分はごまかしてはいない」状態である。

　第2の「深層演技」には2つの方法がある。1つは自分の感情に直接働きかけることで（例：自分を奮い立たせる）望ましい感情を呼び起こす。もう1つは望ましい感情を呼び起こすような想像力を用いること（例：過去の感情の記憶を思い出す）によって間接的に望ましい感情を自分に呼び起こすのである。いずれにせよ，深層演技によって労働者は意識的に外見を装う必要がないよう自己の感情を管理・統制することが可能となる。

　しかし，感情管理はあくまでも感情規則に沿った感情の表出であり，企業にとって望ましい行動をとるよう労働者自身の意識を変容させる過程ともなり得る。顧客に企業の提供する商品やサービスを購入させることは企業業績の維持・向上であり，労働者が企業に雇用され続けるための必要条件でもある。接客労働過程の3極構造において，労働者が顧客を統制することは労働者の利益になると同時に，顧客から評価・承認されることがいわゆる「承認欲求」の充足による勤労意欲の向上につながる側面もある。しかも，そこに両者の利害の対立・協調という双方向的な関係も含まれる。それゆえ，労働者は企業による感情規則と管理技術を受容しつつ，「感情労働」へと意識的・無意識的にかかわらず駆り立てられることとなる。

第5節　資本循環における不確実性の排除

　資本主義社会において，企業は商品を生産・販売し，その商品を市場で貨幣に転換するという一連の経済活動を通じて価値増殖に努める。その際，商品の価値を創造する生産活動において，労働者の雇用という形で「労働力の一時処分権」を購入するが，価値を創造する「労働」が発現する際には労働者の意識

の介在という不確実性がともなう。それゆえ，生産活動においていかに購入した労働力を十全に活用し，価値創造の不確実性を排除し，確実な商品生産と価値創造を行うかが企業にとって歴史的に大きな課題であった。しかし，不確実性の排除として労働における目的意識性を排除したことが，結果として労働生産性の向上において逆に桎梏となることが示された。

その一方，商品を市場で販売し価値量としての貨幣に転換する際には，その「商品」が売れるかどうかについても不確実性がともなう。企業レベルでの市場ニーズにあわせた商品の開発・生産やビジネスモデルの構築といった経営活動は，マーケティングや経営戦略，競争戦略の理論や技法の援用による商品販売の不確実性の排除の施策とも考えられる。しかし，現場レベルでの商品販売や無形材としてのサービスの提供において，顧客に自社の商品を購入するよう促すのは営業や接客，サービス提供を担う労働者である。顧客が商品を購入する可能性を高めるために，顧客が商品を購入する精神状態になるよう労働者は働きかけなければならない。そしてそのとき，労働者は感情労働を通じて顧客にはたらきかけ，商品の価値が実現する可能性を高めることが求められるが，同時にそこには労働者の意識という不確実性の高い要素を統制しようとする管理活動が現れる。

資本にはその本質として価値増殖が宿命づけられており，合理的かつ確実な商品の生産と販売が求められる。しかし，その一方で資本循環の様々な場面において，価値創造の主体であり，非合理的で不確実な要素をもつ人間が介在することとなる。その人間という要素をいかに資本の価値創造と価値増殖に結びつけるかが管理の本質的な課題であり，そのために管理の制度と手法は発展，深化し，さらにその管理対象の拡大と包摂が進展してきたといえよう。

注
(1) 以下，島（2000：81-83頁）を参照。
(2) マルクス（邦訳書，1983（第2分冊）：286頁）を参照。
(3) マルクス（邦訳書，1983（第2分冊）：291-296頁）を参照。
(4) マルクス（邦訳書，1983（第2分冊）：316頁）。

⑸ マルクス（邦訳書，1983（第3分冊）：577-578頁）。
⑹ 例えば，マルクス（邦訳書，1983（第2分冊）：第8章，邦訳書，1983（第3分冊）：第10章，第13章第3節，第14章）を参照。
⑺ 以下，島（1991，25-27頁）を参照。
⑻ マルクス（邦訳書，1983（第3分冊）：561頁）。
⑼ マルクス（邦訳書，1983（第3分冊）：567頁）。
⑽ マルクス（邦訳書，1983（第3分冊）：565頁）を参照。
⑾ マルクス（邦訳書，1983（第3分冊）：567頁）。
⑿ マルクス（邦訳書，1983（第3分冊）：575-576頁）。
⒀ マルクス（邦訳書，1983（第3分冊）：577頁）。
⒁ マルクス（邦訳書，1983（第3分冊）：590-595頁）。
⒂ マルクス（邦訳書，1983（第3分冊）：589頁）。
⒃ マルクス（邦訳書，1983（第3分冊）：607-610頁）。
⒄ マルクス（邦訳書，1983（第3分冊）：625頁）。
⒅ マルクス（邦訳書，1983（第3分冊）：643頁，657-658頁，730-731頁）。
⒆ マルクス（邦訳書，1983（第3分冊）：730頁）。
⒇ マルクス（邦訳書，1983（第3分冊）：731頁）。
(21) マルクス（邦訳書，1983（第3分冊）：839-840頁）。
(22) 科学的管理法について詳しくは，テイラー（邦訳書，1969；2009a；2009b）を参照。また資本主義経済下における科学的管理法の意義については，島（1979）を参照。
(23) 生成期の企業内福利厚生や従業員サービスについて詳しくは，奥林（1973），伊藤（1990）を参照。
(24) 肉体労働と精神労働の分離，あるいは構想と実行の分離が労働過程に及ぼした影響とそれによる管理施策の変化について詳しくは，Braverman（1974：pp. 124-138；邦訳書，1978：第5章）を参照。
(25) マルクス（邦訳書，1983（第2分冊）：304-305頁）。
(26) 奥林（1991：174-176頁）。
(27) Clark（邦訳書，1955：374-381頁），篠原（1976：13-17頁），鳥居（1979：46-50頁）。
(28) 鈴木（1998：57頁）。
(29) 鈴木（2010：36頁）。
(30) 鈴木（2010：36-37頁）。

(31) 鈴木（2010：37頁）。
(32) 以下，鈴木（2010：37-40頁）を参照。
(33) 鈴木（2010：37頁）。
(34) 鈴木（2010：39頁；2012：第1章）を参照。
(35) 鈴木（2010：41頁）。
(36) 鈴木（2010：41頁）。
(37) 鈴木（2010：41頁）。
(38) 鈴木（2010：39頁）。
(39) 詳しくは，Hochschild（1983；邦訳書，2000）を参照。
(40) Hochschild（1983, p. 7；邦訳書，2000：7頁）。
(41) Hochschild（1983, p. 147；邦訳書，2000：170頁）。
(42) 武井（2002：6頁）。
(43) 鈴木（1998：61頁）。
(44) Hochschild（1983, pp. 35-55；邦訳書，2000：第3章）を参照。
(45) Hochschild（1983, p. 33；邦訳書，2000：36頁）。

引用参考文献

阿部浩之，2010，「感情労働――理論とその可能性」『経済理論』第47巻第2号。
伊藤健市，1990，『アメリカ企業福祉論――20世紀初頭生成期の分析』ミネルヴァ書房。
奥林康司，1973，『人事管理論――アメリカにおける1920年代の企業労務の研究』千倉書房。
奥林康司，1991，『増補 労働の人間化――その世界的動向』有斐閣。
木下武男，2005，「『感情労働』と職務の専門性の確立――対人サービス分野における新しい職務評価について」『賃金と社会保障』第1387号。
久保真人，2004，『バーンアウトの心理学――燃え尽き症候群とは』サイエンス社。
久保真人，2007，「バーンアウト（燃え尽き症候群）――ヒューマンサービス職のストレス」『日本労働経済雑誌』第558号。
崎山治男，2005，『「心の時代」と自己――感情社会学の視座』勁草書房。
篠原三代平，1976，『経済学全集18 産業構造論［第2版］』筑摩書房。
島弘，1979，『科学的管理法の研究［増補版］』有斐閣。
島弘，1981，『現代の労務管理』有斐閣。
島弘，1987，「科学的管理と資本主義――ブレヴァーマンの定義を廻って」『同志社商

学』第39巻第2・3号.
島弘,1989,「小集団管理と労働組合」『同志社商学』第41巻第3・4号.
島弘,1991,『現代大企業と経営管理』ミネルヴァ書房.
島弘,2000,「人的資源管理の本質とその問題点」『同志社商学』第51巻第5・6号.
島弘編著,1996,『国際化時代の経営管理』ミネルヴァ書房.
島弘編著,2000,『人的資源管理論』ミネルヴァ書房.
鈴木和雄,1998,「感情労働と労務管理」『弘前大学経済研究』第21号.
鈴木和雄,2001,『労働過程論の展開』学文社.
鈴木和雄,2009,「接客労働の統制方法」『経済理論』第45巻第4号.
鈴木和雄,2010,「接客労働の3極関係」『経済理論』第47巻第3号.
鈴木和雄,2012,「接客サービス労働の諸問題——飯盛信男教授の批評に答える」『佐賀大学経済学論集』第44巻第5号.
鈴木和雄,2012,『接客サービスの労働過程論』お茶の水書房.
鈴木和雄,2014,「接客サービス労働過程分析の理論的視座」『日本労働社会学会年報』第25号.
関瑠・古川久敬,2012,「感情労働に関する研究の概括と展望」『九州大学心理学研究』第13巻.
武井麻子,2001,『感情と看護——人とのかかわりを職業とすることの意味』医学書院.
武井麻子,2002,「感情労働と現代社会」『労働の科学』第57巻第8号.
武井麻子,2006,『ひと相手の仕事はなぜ疲れるのか——感情労働の時代』大和書房.
田村尚子,2012,「対人サービス従事者の感情労働に対する組織的支援のフレームワークに関する一考察」『西武文理大学サービス経営学部研究紀要』第21号.
田村尚子,2014,「ホスピタリティ性を求められる対人サービス従事者の『感情労働』における組織的支援モデル」『西武文理大学サービス経営学部研究紀要』第25号.
田村尚子,2015,「感情労働における『組織的支援モデル』精緻化への一考察」『西武文理大学サービス経営学部研究紀要』第27号.
テイラー,F.W./上野陽一訳・編,1969,『科学的管理法[新版]』産能大学出版部.
鳥居康彦,1979,『経済学入門叢書10 経済発展理論』東洋経済新報社.
浪江 巌,2010,『労働管理の基本構造』晃洋書房.
橋場俊展,2013,「高業績を志向する管理の新潮流——従業員エンゲージメント論の考察」『名城論叢』第13巻第4号.
船津衛編著,2006,『感情社会学の展開』北樹出版.

マルクス，K./武田隆夫他訳，1956，『経済学批判』岩波文庫。
マルクス，K./岡崎次郎訳，1970，『直接的生産過程の諸結果』国民文庫。
マルクス，K./社会科学研究所監修／資本論翻訳委員会訳，1982-1989，『資本論』（全13分冊）新日本出版社。
丸山惠也編著，2005，『批判経営学――学生・市民と働く人のために』新日本出版社。
三橋弘光，2012，「『感情労働』と『感情管理』の精緻化――実証的応用に向けて」『立正大学人文科学研究所年報』第50号。
山上実紀，2012，「感情と労働――医師の感情に焦点をあてる意義」『日本プライマリ・ケア連合学会誌』第35巻第4号。
Braverman, H.,1974, *Labor and Monopoly Capital : The Degradation of Work in the Twenty Century,* Monthly Review Press.（富沢賢治訳，1978，『労働と独占資本――20世紀における労働の衰退』岩波書店）。
Clark, C., 1951, *The Conditions of Economic Progress,* second edition, Macmillan & Co. Ltd.（大川一司他訳，1955，『経済進歩の諸条件』（全2巻）勁草書房）。
Heskett, J. L., 1986, *Managing in the Service Economy,* Harvard Business School Press（山本昭二訳，1992，『サービス経済下のマネジメント』千倉書房）。
Hochschild, A. R., 1983, *The Managed Heart : Commercialization of Human Feeling,* the University of California Press.（石川准・室伏亜希訳，2000，『管理される心――感情が商品になるとき』世界思想社）。
Smith, P., 1992, *The Emotional Labour of Nursing,* Macmillan Press Limited.（武井麻子・前田泰樹訳，2000，『感情労働としての看護』ゆみる出版）。
Taylor, F. W., 1911, *The Principles of Scientific Management,* Harper & Brothers.（中谷彪・中谷愛・中谷謙訳，2009a，『科学的管理法の諸原理』晃洋書房）。
Taylor, F. W., 2006, *The Principles of Scientific Management,* Cosimo Classics, Cosimo, Inc（有賀裕子訳，2009b，『［新訳］科学的管理法――マネジメントの原点』ダイヤモンド社）。

（谷本　啓）

第 2 章

管理の構造と発展

　　企業はその本質として利潤を追求する存在であり，そのために商品を生産・販売する。その過程において様々な経営資源を活用するのであるが，経営資源として購入した生産手段と労働力を無駄なく効率的に利用するために管理活動が必要となる。本章ではその管理活動の内容とその人格化された担い手である経営者／管理者の役割について論じる。

第1節　科学的管理法と管理の諸原則

1　実践学としての経営学／管理論の必要性

　現代の資本主義社会における企業は，その資本を投資し購入した生産手段と労働力を組合せること，具体的には労働手段と原材料を購入し，そしてそれらを用いて生産活動を行う労働者を雇用し労働させることで商品生産を行う。そして，生産された商品は市場で販売され，貨幣と交換されることで再び資本として再投資され生産規模を拡大する。企業はその本質として利潤を追求する存在であり，購入した生産手段と労働力が無駄なく効率的に使用され，規模拡大や他社との競争を勝ち抜くためにも，より多くの剰余労働，剰余価値の取得を求めざるを得ないという前提がある。そして人格化された資本としての資本家，あるいはその代理人である経営者・管理者は利潤追求のためにもより効率的な商品の生産方法や組織運営の方法を追求するのであり，それが実践学としての企業の管理，経営の管理としての経営学／管理論が求められる素地ともなるものであった。[1]

2　管理の諸原則

　実践学としての経営学／管理論の嚆矢として，その科学的基礎を築いたのは，テイラー，F. W. の科学的管理法（Scientific Management）[2]であった。それは19世紀から20世紀にかけてアメリカにおける独占企業の形成とその対抗者としての労働組合が急激に成長した時代，その近代的大量生産に対応する管理制度の整備が求められた状況下で経営者／管理者が果たすべき仕事の内容を明らかにした[3]。そして，それは経営者／管理者がなすべき管理の仕事を明確にするとともに，その指針を明らかにしている。

　この経営学／管理論の発展の基礎を築いたテイラーの科学的管理法は，彼が初めて管理職である職長になり，部下に最高の速度で仕事をさせるために色々な実験，とくに金属切削の研究を始めたことが出発点とされる。この研究はその後二十数年にわたって続けられ，多くの技術的発明，とくに高速度鋼の発明という技術的成果を生み出した。この金属切削の研究の主たる目的は，工場全体の切削工具を統一し，それにより工場を経営者の統一的管理の下におこうとしたことにある。つまり，経営者が労働速度の統制権を把握するためには，労働手段，すなわち機械や工具の性質が一定でなければならないし，作業方法も統一する必要がある。それにより労働手段と労働方法の標準化により労働を標準化し，個々の仕事の速度を統一し，それによって工場内の仕事の速度を全体的に統制しようとしたのである。

　金属切削の研究は，この労働速度の統制の基盤となる工具の材質を確保しようとするものであった。さらにストップウオッチを用いた時間研究により工場で行うあらゆる種類の作業を動作の要素に分解し，それらの要素の時間を測定し，それらを合計することによって仕事にかかる時間を明らかにした。

　このような実験と研究の積み重ねの結果，彼独自の管理についての考え方をまとめて，「工場管理」（Shop Management）[4]という論文として発表した[5]。それによると，従来の管理を全て成行管理（drifting management）として批判し，その原因を労働速度が統制されていないことにあるとする。とくに労働者の組織的怠業がその障害となっているとしており，その対応として課業管理（task management）を主張したのである。課業管理は，①大いなる日々の課業，②標準的諸条件，③成功に対する高い支払，④失敗の場合の損失，の4つの原則からなっていた。それはまず1日にどれだけ課業を与えるかを明らかにし，そのためには作業条件を整え，課業を達成した場合には高い賃率で給与を得られるが，課業を達成できなかった場合は通常より低い賃率が適用されることを意味していた。さらに，会社の組織が十分に発達を遂げた段階に至ったならば，⑤課業は一流の工員でなければ達成できないくらい難しいものにする，という事項も4原則に付け加えられている[6]。

　課業管理の4原則は，作業条件ならびに作業の標準化の上に，達成するべき課業を設定し，賃金による刺激によって，それを達成させることによって，作業速度の統制権を経営者側が把握し，工場を統一的に管理することを意図していた。これにより生産現場で全権を掌握していた職長（foreman）の支配を打破し，近代的工場管理を確立しようとしたのである。テイラーはこのために，職能的職長制度，計画室，旋盤用計算尺，差別的出来高給制度などを考案した。

　さらにこれらの諸制度の発展や様々な工場での実施をうけて，テイラーは科学的管理の4原則を定式化した。それは以下の通りである[7]。

①管理者は各工員の仕事の各要素についての科学を発展させ，経験による測定に代えること。
②過去においては，工員が自分で自分の仕事を選択し，自分でできるだけの訓練をしたが，これからは管理者が科学的に工員を選抜し，訓練し，指導などを行う。
③発展させた科学の原則に従って，全ての仕事がなされるようにするために，管理者は心から工員と協力する。
④仕事と責任とが管理者と工員との間にほとんど均等に分割される。過去においては，仕事の大部分の責任は工員の上に投げかけられていたが，これからは工員よりも管理者の方がより適した仕事は管理者で引き受ける。

このようにして，テイラーは工場における仕事の計画を労働者から取り上げ，経営者／管理者の仕事を明確にし，計画と実行の分離を実行しようとした。それゆえに，科学的管理法を最も特徴づけているのは計画室の設立である。工場の全ての計画と管理の機能を計画室に集中させることによって現場の労働者や職長の権限を奪い，工場の統一的な管理の実現を意図していた。その意味では，科学的管理の4原則は，計画と実行の分離を代表しており，その制度的発展を象徴したものともいえる。金属切削の研究や時間研究，課業管理も計画室がなければその成果を管理活動に十分に反映できなかったと考えられ，同時に計画室に現場の全ての知的なものを集中化させようとしたのである。つまり，科学的管理法が経営学／管理論の端緒的形成として評価されるのは，計画室に計画と管理の機能を集中させることにより，生産現場という個々の工場の枠内ではあるが計画化と生産能率の向上に必要な施策と指針を与えることに貢献した点にあるとされる。[8]

第2節　管理的活動の分離

1　全社的な経営／管理活動の視点

　科学的管理法により工場の管理制度の整備が進展する一方，別の観点から企業経営と管理活動の体系化への取組が行われていた。[9]フランス人のファヨール，H. は1860年に炭鉱会社に鉱山技師として入社し，その後，同社の炭鉱支配人や取締役社長をつとめ，1925年に亡くなるまでの約65年にわたり同社の経営に係わることとなった。[10]ファヨールの入社した炭鉱会社は彼が入社した頃から鉱脈の枯渇や坑内事故の頻発，さらに鉄鋼生産の技術革新への対応など深刻な経営問題を抱えていた。このような困難な状況下にあった炭鉱会社を彼の管理方法によって立て直したことから，管理の仕方によって会社の経営内容が左右されることを身をもって経験した。ここでいう管理はテイラーのような主として工場における生産能率の向上を意味するものではなく，ファヨールが企業経営者を長年勤めた経験をもとに会社全体の管理に力点をおいていた。そして，そ

図2-1 ファヨールの管理活動のモデル

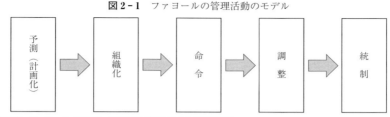

（出所） ファヨール（邦訳書，1972：20-22頁）をもとに筆者作成。

の経験をもとにあらゆる事業における管理活動の重要性を説く『産業ならびに一般の管理』を刊行したのである。

2　6つの企業活動

ファヨールによると，企業の活動は以下の6つのグループに分類される。

①技術的活動（生産，製造，加工）
②商業的活動（購買，販売，交換）
③財務的活動（資本の調達と管理）
④保全的活動（財産と従業員の保護）
⑤会計的活動（財産目録，貸借対照表，原価，統計など）
⑥管理的活動（予測，組織，命令，調整，統制）

　これらの企業活動のうち，①から⑤の活動は企業活動の特定領域を扱うもので，企業活動の全般的な計画を作成し，社会体（組織，あるいはシステム）を構成し，人々の努力を調整し，活動を調和させることを担っているわけではないとする。そしてこの5つの活動に関連する職能とは別に，⑥の管理的活動が管理的職能として他の職能に関連しつつ，事業の全範囲に及ぶものとしている。その上で，ファヨールは「管理すること」を「予測し，組織し，命令し，調整し，統制することである」とした上で，その5つの活動について以下の通り定義している（図2-1）。

予測すること：将来を吟味し，活動計画を作成すること。
組織すること：事業経営のために企業の物的，社会的な二重の組織を構成すること。
命令すること：従業員を機能せしめること。
調整すること：あらゆる活動と全ての努力を結びつけ，一元化し，調和させること。
統制すること：全ての事柄が確立された基準と与えられた命令に従って行われるように注意すること。

　管理活動をこのように理解すれば，管理とは企業の責任者あるいは指導者の独占的な特権でもなければ，個人的な責務でもない。その他の不可欠な職能と同様に，社会体（組織）の指導者とその構成員との間で分担されるべき職能の1つであるとする。その上で，管理的職能はその他の5つの職能とは明確に区分される[14]。
　また，彼は管理職能と経営とを混同しないことが重要であるとする。経営することとは，企業が自由に処分できる全ての資産から可能な限り最大限の利益を引き出せるよう努めることであり，企業本来の目的に向けて導くことである。そしてそのためには企業経営に不可欠な前述の6つの職能の運営を確実なものとする必要がある。一方，管理とは企業経営においてその運営を確実なものとしなければならない6つの職能のうちの1つに過ぎない。しかし，多くの場合，上級責任者ほどその任務に管理的職能が大きな地位を占めているため，時として上級責任者の仕事は専ら管理的職能であるかのように思われるのである[15]。その上で，ファヨールは企業規模の大小にかかわらず「あらゆる種類の企業において，下位の担当者の主要な能力は企業の特徴的な職業的能力であり，上位責任者の主要な能力は管理能力である。管理的知識の必要なことは一般的である[16]」と結論づけている。

第 2 章　管理の構造と発展

[3]　規範としての管理原則

　また管理職能は器官ならびに器具として社会体（組織）をもつに過ぎず，他の職能が材料と機械を活動させるのに対して，管理職能は従業員に働きかけるだけであるとする。その上で，社会体の健全性と優れた機能性は，我々がほとんど区別せずに原則とか法則，あるいは基準と呼んでいる一定の条件にかかっているとしている。ファヨールによると，「これら一定の条件を厳密性という考えそのものから解放するために，好んで原則という言葉を用いるであろう。管理という問題には厳密なものも絶対的なものも少しもない。そこにあるのは全てのものは程度の問題である。われわれは同一の原則を同一の条件の下で二度適用することはほとんど決して必要ではない。多様で変り易い状況，同じようにさまざまで変り易い人間，そしてその他の多くの可変的な要素を考慮に入れておかねばならない」とする。さらに原則は順応性に富み，あらゆる要求に適合することができるものであり，なおかつ管理の原則の数は限られていないとする。その上で，ファヨールは自身の経験に照らし合わせて重要と思われる管理原則を吟味・提示している。それは，①分業，②権限，③規律，④命令の一元性，⑤指揮の一元性，⑥個人的利益の全体的利益への従属，⑦従業員の報酬，⑧権限の集中，⑨階層組織，⑩秩序，⑪公正，⑫従業員の安定，⑬創意，⑭従業員の団結，以上の14項目の管理原則である。

　これらの管理原則は，前述のようにファヨールの個人的経験の枠内で実践的に成功する基準となったものであり，管理の規範であった。そして「この規範は欠くことのできないものである。商業・工業・政治・宗教・戦争あるいは慈善が問題であれ，あらゆる企業には遂行されるべき管理職能が存在し，この職能を遂行するためには，原則，すなわち証明されたものとみなされ，正しいものと認められたさまざまな真理に依拠することをわれわれは必要とする。これらの真理の全体をいつでも示しているものが管理規範である」としている。さらに「管理の原則は，一般に共同体の成功や経済的な利益の充足を目的としている…（中略）…原則がなければ，われわれは暗中模索の状態にあり混乱する」として，管理原則が管理活動の方向づけを可能とする燈台となることを主張している。

31

4　全社レベルでの管理活動

　ファヨールは，テイラーのように生産現場としての工場にとどまらず，管理職能を通じて企業全体の水準まで計画化を押し広げ，さらに調整・統制の重要性を認識していることから，専門経営者による企業全体の水準での問題解決の処理に到達していると評価できる。またファヨールにとって経営／管理とはワンマン経営者による個人的なものではなく，専門経営者による分業にもとづく協業としての総合労働によって行われることを認識していたともされる。いずれにせよ，ファヨールは自身の経験をもとに管理者の行うべき仕事の内容を管理職能として整理・明確化し，あわせてその活動の指針としての管理原則の必要性と意義を示した。このことが後の経営者／管理者の仕事内容とそれを体系化する枠組みを提供し，それゆえにファヨールは経営学／管理論の発展の基盤を築いたとも評価されるのである。

第3節　管理者の職能と管理過程

1　管理過程論

　ファヨールを嚆矢として経営者／管理者の仕事を分析し，それを枠組みとして形成したものを経営過程論／管理過程論（management process，以下，管理過程論）という。ファヨールは管理職能を予測，組織，命令，調整，統制という1つの管理のサイクルとして捉えることを可能としたが，その学問的系譜として代表的な論者がクーンツ，H. であった。クーンツの管理職能は，計画化（planning），組織化（organizing），人事配置（staffing），指揮（direction），統制（control）の5段階に分けて整理されており，ファヨールとは異なる管理過程を提示している（図2-2）。

2　管理者の職能

　クーンツによると，管理活動における管理者の仕事とは「包括していえば，それは企業内部において，企業の目的を達成するようにする環境を作り出すこ

図 2-2 クーンツの管理過程モデル

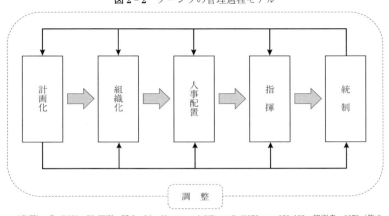

(出所) 島 (1991：76-77頁，図 5-3)，Koontz and O'Donnell (1976, pp.130-133；邦訳書，1979 (第 2 巻)：14-18頁，図 1-1) をもとに筆者作成。

とである」とされ，管理者は企業内部における部下をとりまく環境について責任を負うものとされる。そして，「管理者は，自分の部下の仕事を計画し，部下を選択，訓練し，仕事の諸関係を組織だて，仕事を指揮し，業績を測定することになる」とする。

この管理者の職能は，あらゆる管理活動に共通なものとされ，明確な区分を行うことは実際には困難ではあるが，計画化，組織化，人事配置，指揮，統制の 5 つの活動にまとめられる。もちろん，これらの活動の順序を時系列的な段階として絶対視することは適切ではないし，各活動が複合的な性格を有していることは否定できない。しかし，これらの活動をもとに管理活動の 1 つのサイクルを描くことは可能であると考えられる。

3 管理過程の諸段階

①計画化 (planning)

計画化では，企業全体の目標，あるいは管理活動を実施しようとする部門等の目標の選択，そしてこれらの目標を達成するために方針，実行計画，手段，手続きの選択が行われる。計画化では，政治的・経済的・社会的・技術的な環

境や製品市場の動向など，企業内外の様々な前提条件を考慮に入れなければならない。また，管理活動は全て計画化から始まり，組織化，人事配置，指揮，統制はここで策定された計画に基づいて行われる。それゆえ，もしこの計画化が企業の目標の達成に貢献するものでなければ管理活動全体が意味をなさなくなる。それゆえに計画化は管理者の最も重要な職能であるといえる。

②組織化（organizing）

組織化では，策定された計画にもとづき，目標達成に必要な業務活動を決定・列挙し，これらの業務活動をグループ化し，管理者にそのグループ化された仕事を割り当て，また同時に仕事の遂行に必要な権限を移譲し，組織内の各管理者の権限を調整する措置をとる。

また，組織化においては次の4つの点に留意しなければならない。第1に，組織構造は，目標と計画を反映していなければならない。第2に，その組織構造は，管理者が利用できる権限を反映していなければならない。第3に，組織構造は計画と同様に，企業を取りまく環境（経済的・技術的・政治的等）を反映しなければならない。第4に，組織が実際に機能するためには人員が配置されなければならず，それゆえに，組織構造における業務活動のグループ化や権限規定には，配置される人員の諸制約や慣習が十分に考慮される必要がある。

③人事配置（staffing）

人事配置は，組織構造によって設定された職務に従業員を配置することが含まれる。そこでは，人員計画や評定，ある職務に配置する人員の選択，仕事を能率的に達成できるように育成訓練することなどが関係してくる。とくに「人事は，部下の経営管理者の募集，選考，訓練，昇進，退職を含み，経営幹部の職能である」として，管理職位の人事を重視している。

④指　揮（direction）

指揮とは，管理者が部下である従業員を指導，監督することで，計画化によって設定された企業の諸目的を達成できるよう，彼らの職務を遂行させる活動である。指揮は全ての管理者に関係する活動であり，管理者は部下の努力を企業の諸目的のために統合することが求められる。そしてそのためには，部下

が職務遂行に必要な情報をもつこと,また効果的に職務を果たすために動機づけられることが求められる。

⑤統　制（control）

統制とは,目標ならびにその達成のために策定した計画が達成されることを確実にするため,従業員の業績を測定し,修正する活動である。もちろん,統制では企業目的とその達成のための計画の存在がその活動のための前提条件となる。しかし,「計画と実績の測定の結果,それに有意の偏差が発見された場合には,従業員の活動の修正か,あるいは計画の修正を行う事を統制と言ってよいであろう」。つまり,管理者は統制という活動を通して計画を修正したり,組織構造を変更したり,また従業員の新規採用や訓練という人事配置の強化によって,さらには従業員の職務遂行を指揮するにあたっての動機づけの方法を改善することによって,業績の向上をはかることが可能とされるのである。

4　管理者の職能と調整

管理活動は人間をその対象とする場合,「集団の目標を達成するために個々人の努力の調和を得るようにすることが管理の目的」であることから,調整は管理活動の本質であると考えられている。そして調整は管理過程の各段階に及び,また同時に調整にもとづいて管理者の各職能は実行される（図2-2）。例えば,計画化における目標設定や目標の達成方法についても,各個人で意見が異なれば,そこで管理者は各個人の意見の調整をはからねばならない。また企業目標や部門ないし集団の目標と各個人の目標とに調整が行われなければ,各個人は自己の利益の増大化のみをはかって働くことになりかねない。そして管理者は,管理過程の一連の活動を通じて人々の努力を意図された目標に向けて調整するとともに,管理過程の各段階における活動全体が目標との整合性をもつことができるよう調整しなければならないのである。

第4節　管理者の役割と仕事の多様性

1　管理業務の神話と現実

　管理過程論では管理活動を1つのプロセスとして捉えるが，一方で経営者／管理者の仕事内容を観察することでその活動を10の役割に分類，整理したのがミンツバーグ，H. である。彼によると，経営者／管理者は実際には「計画し，組織し，調整し，統制する」といった仕事はしておらず，それは単なる神話か根拠のない民間伝承（folklore）に過ぎないとする[40]。

　ミンツバーグは経営者／管理者の仕事について以下の4つの神話と現実を対比させている[41]。

　第1に，管理者は内省的で論理的な思考をする，体系的な計画者であるとする。しかし，現実には管理者はたゆみないペースで仕事をしており，その活動は簡略，多様，不連続を特徴とする。さらに行動志向が強く，内省的活動を好まない。

　第2に，有能な管理者は定型的な業務を負わないとされる。しかし，現実には管理者は例外的な事項を処理する他に，儀式や式典，交渉，そして組織を周囲の環境とつなぐソフトな情報の処理など，数多くの定型的な職分の遂行が含まれている。

　第3に，上級管理者に必要なものは集計された情報であり，それを提供するのに最適な手段は公式の経営情報システム（MIS：Management Information System）であるとされる。しかし，現実には管理者は口頭のメディア，すなわち電話と会議を重視している。

　第4に，管理は科学であり，専門的職業である。現在はそうでないとしても，少なくとも急速にそうなりつつある，とされる。しかし，現実には管理者のプログラム（時間の配分や情報の処理，意思決定など）は，管理者の頭脳の奥深くにしまい込まれている。

　以上のように，現実の管理者の仕事は非常に入り組んだ，困難なものであり，

課された義務は大変重いが、仕事を委譲することは容易なことではない。そのため管理者は過重労働となり、多くの仕事を皮相的にこなすようになる。簡潔で断片的、そして口頭でのコミュニケーションが仕事の特徴となり、しかもこうした特質こそが、管理者の仕事を科学的に改善することを拒んできたとしている。そのため、管理者に救いの手をさしのべる第1歩として管理者の職務の実態を明確にする必要があった。

2 管理者の仕事の基本

ミンツバーグは管理者を「組織、あるいはその構成単位（subunits）の責任者」と定義している。この定義は最高経営責任者（CEO：Chief Executive Officer）だけでなく、副社長（vice president）、司教（bishop）、職長、ホッケーの監督、総理大臣にも当てはまるとする。これらの人々は、ある組織単位に対する公式の権限（formal authority）を付与されているということで共通している。そしてその権限から様々な対人関係が生まれ、この対人関係によって情報にアクセスすることが可能となる。さらにその情報によって管理者は自分の組織のために意思決定し、戦略を策定することが可能となる。

管理者の職務は様々な「役割」によって、あるいはその地位（position）によって識別される、組織化された行動によって説明できる（**図2-3**）。管理者の職務は以下の10の役割から構成されるのであるが、それは公式な権限と地位が3つの対人関係の役割をもたらし、この役割から3つの情報に関する役割が生まれる。そして、この2組の役割により管理者は意思決定に関する4つの役割を果たすことが可能となるのである。

3 対人関係の役割

①看板役（figurehead）

管理者はある組織単位の長としての地位にあるため、各種の儀式や式典に関する義務を果たさなければならない。対人関係の役割に関する仕事は定例的な仕事であることもあり、その場合、重大なコミュニケーションや重要な意思決

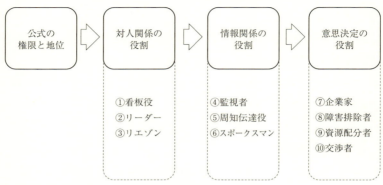

図2-3 ミンツバーグの管理者の役割モデル

(出所) Minzberg(邦訳書, 2007:22頁, 図1-1)をもとに筆者作成。

定は必要ない。しかし，これらは組織が円滑に機能するためには不可欠であり，管理者が無視してはならないものである。

②リーダー（leader）

管理者は組織に属する人々の仕事に対して責任を負う。組織を導き，動機づけることはその組織の公式の長にかかっている。管理者は組織がどのような雰囲気で動いてゆくのかを決定づける。

③リエゾン（liaison）

管理者は垂直的命令系統の外側に，横断的な様々な関係者と接触をもとうとする。管理者はその部下との接触に使うのと同程度に，自分の担当組織外にいる同僚その他の人々との接触に時間を割いている。つまり管理者が「権限とそれに備わる地位のおかげで外部との特別なリンケージ・システムをつくりあげることができるというのがリエゾンという役割なのである」。これにより管理者は「自分の組織と外部環境を結びつけ，一連の契約も活用しながら情報活動を実りあるものにし，組織の位置づけを強化している」のである。

4 情報関係の役割

④監視者（monitor）

管理者は「監視者」として，常に情報を求めて自分の周囲の動きを探り，リ

エゾン的に接触する相手や部下に質問する一方，自分で開発したネットワークの成果として情報を手に入れる。管理者は「情報を探ることにより，変化をキャッチし，問題やチャンスをみつけ，自己の環境についての知識を積み上げ，また情報をひろめたり，決定を下さなければならない場合にそれを周知できるようにつとめている」のである。

⑤周知伝達役（disseminator）

管理者は個人的な接触を通じて外部から収集した情報について，そうした情報にアクセスする機会のない部下たちに伝達する。また部下が相互に接触しづらい時には，管理者が情報の橋渡しをする。

⑥スポークスマン（spokesman）

管理者は自分の組織外の人々に情報の一部を伝達する役割がある。例えば社長が会社のための講演をするとか，職長がサプライヤーに製品の部分的な変更を予告するなどである。

5 意思決定の役割

⑦企業家（entrepreneur）

管理者は「企業家」として，担当する組織を改善し，変化する状況に適応させようとする。また監視者としての役割でたえず新しいアイディアを求め，優れたアイディアが現れたら自分が陣頭指揮するなり，誰かに任せるなりして開発プロジェクトに着手する。つまり自発的に変革を起こす管理者像である。

⑧障害排除者（disturbance handler）

予期しなかった出来事が急に障害を発生させたり，長期間見過ごされてきた問題が危機をもたらしたりすることもある。「障害排除者」とは，このような何らかの変化により組織に降りかかる圧力に対処する管理者の役割である。

⑨資源配分者（resource allocator）

組織の資源には，金，時間，原材料や設備，労働力，世評などがあるが，組織ユニット内の誰が何を受け取るかを決める責任は，その組織の管理者に帰属する。管理者は多様な方法で資源配分を行うことができるが，資源配分は管理

者自身の時間配分，組織構造の設計による作業のプログラム化，そして組織内の他の人間が下した決定事項の承認という3つの要素からなる。(56)

⑩交渉者 (negotiator)

組織は時として他の組織や個人と重大で非定型的な交渉を行う。そして組織から派遣される交渉団を率いるのは管理者であることが多い。なぜなら管理者だけが組織内の資源にリアルタイムで関与できる権限を有しており，重要な交渉に必要な中枢的な情報を有するためである。(57)

6 管理者の役割と管理過程

ミンツバーグの提示した管理者の10の役割は，日常的に管理者が行う仕事を分類・整理し，説明づけているという点では納得性が高いといえよう。しかし，クーンツによれば，ミンツバーグのいう管理者の役割は，それぞれ管理過程論の計画化，組織化，人材配置，指揮，統制のいずれかに振り分けることが可能であるとする。例えば，資源配分や企業家の役割は計画化の領域に含まれるし，対人関係の役割はほとんど指揮の領域に含まれる。さらに情報関係の役割はいくつかの領域にあてはまる。一方，組織の構築，管理者の選抜と評価，主要な戦略の決定といった重要な管理活動は10の役割のどこにも位置づけることができないと批判している。その傾向はミンツバーグが10の役割を再構成したその後の研究でより顕著に見られるとの指摘もなされている。(58)(59)(60)

また，ミンツバーグの研究に先立ち，ドラッカー，P.F.による管理者の研究(61)では，管理者の仕事について次のように述べている。「あらゆる経営管理者がマネジメント以外にも多様な仕事を行う。むしろ後者の仕事にほとんどを使う。例えば販売部門の経営管理者は売上を分析し，大切な顧客をもてなす。職長は工具を修理し，生産報告書に記入する。製造部門の経営管理者は新工場を設計し，新原料を試験する。社長は銀行借り入れの条件を詰め，大きな契約をまとめる。あるいは，永年勤続者のためのディナーでホスト役として退屈な何時間かを割く。これらのことはすべて，それぞれのポストにつきものの仕事である。いずれも必要であって，立派に行う必要がある。しかしそれらの仕事とは別に，

機能や活動や地位やポストにかかわらず，あらゆる経営管理者が共通して行う仕事，すなわち経営管理者だけが行う仕事がある」。そして，経営管理者の基本的な活動として，①目標を設定すること，②組織すること，③動機づけとコミュニケーションをすること，④評価すること，⑤人材を育成すること，の5つをあげている。これら5つの基本的な活動は，管理過程論の計画化，組織化，人事配置，指揮，統制に相当する。

つまり経営者／管理者が「管理」の仕事を行うにあたり，現象として日常的に具体的かつ多様な職務にあたるとしても，その本質として計画化を出発点とする一定の管理過程のサイクルが描かれていると見ることができよう。

注

(1) 以下，島（1991：63-66頁）を参照。
(2) 科学的管理法について詳しくは，テイラー（1911b；邦訳書，1969；2009a；2009b）を参照。なお，資本主義経済体制における科学的管理法の評価と意義について詳しくは，島（1979）を参照。
(3) 島（1979：261頁）を参照。
(4) Taylor (1911a)．なお邦訳がテイラー（邦訳書，1969：41-219頁）に収録されている。
(5) 以下，島（1996：23-25頁）を参照。
(6) Taylor (1911a：pp. 63-64；邦訳書，1969：91-92頁）。
(7) Taylor (1911b：pp. 36-37；邦訳書，1969：250頁；2009a：23頁；2009b：44頁）。ただし訳文は邦訳書と同じではない。
(8) 平野・島（1996：25頁）を参照。
(9) 以下，平野・島（1996：25-28頁）を参照。
(10) ファヨールの生涯については，佐々木（2011：8-23頁）を参照。
(11) 1916年に雑誌論文として発表され，1925年に書籍として刊行された（岡田，2011：24-26頁）。
(12) Fayol (1966；邦訳書，1972：17頁）。
(13) Fayol (1966；邦訳書，1972：17頁）。
(14) Fayol (1966；邦訳書，1972：21頁），岡田（2011：31頁）。
(15) Fayol (1966；邦訳書，1972：21-22頁），岡田（2011：31頁）。なお，ファヨールの著書における「経営」と「管理」の英訳書の問題（「management」と

「administration」の用語の区分）については，Wren（1979；邦訳書，1982（上巻）：275-280頁）を参照。
(16)　Fayol（1966；邦訳書，1972：33頁）．ただし引用に際して邦訳書の傍点を省いている。
(17)　Fayol（1966；邦訳書，1972：41頁），岡田（2011：36頁）。
(18)　Fayol（1966；邦訳書，1972：41頁）。
(19)　Fayol（1966；邦訳書，1972：41頁）。
(20)　Fayol（1966；邦訳書，1972：75頁）。
(21)　Fayol（1966；邦訳書，1972：75頁）。
(22)　以下，平野・島（1996：28頁）を参照。
(23)　島（1979：271-275頁）。
(24)　Koontz（1964：pp. 3-5；邦訳書，1968：4-6頁）。
(25)　クーンツとオドンネルの理論的変化とその評価について詳しくは角野（2011）を参照。
(26)　Koontz and O'Donnell（1964：pp. 38-48；邦訳書，1965（第1巻）：55-71頁）。ただし訳文は邦訳書と同じではない（島，1991：76-84頁；1981：218-228頁）。
(27)　Koontz and O'Donnell（1964，p. 38.；邦訳書，1965（第1巻）：55頁）。
(28)　Koontz and O'Donnell（1964，p. 38.；邦訳書，1965（第1巻）：55頁）。
(29)　Koontz and O'Donnell（1964，p. 39.；邦訳書，1965（第1巻）：56頁）。
(30)　Koontz and O'Donnell（1964，pp. 107-134；邦訳書，1965（第1巻）：166-205頁）。
(31)　Koontz and O'Donnell（1964，p. 212；邦訳書，1965（第2巻）：6-7頁）。
(32)　Koontz and O'Donnell（1964，p. 38；邦訳書，1965（第1巻）：40頁）。
(33)　Koontz and O'Donnell（1964，p. 396；邦訳書，1965（第3巻）：3頁）。
(34)　Koontz and O'Donnell（1964，pp. 473-474；邦訳書，1965（第3巻）：111-112頁）。
(35)　Koontz and O'Donnell（1964，p. 537；邦訳書，1965（第4巻）：1頁）。
(36)　島（1991：95頁）。
(37)　Koontz and O'Donnell（1964，pp. 539；邦訳書，1965：（第4巻）4-5頁）。
(38)　Koontz and O'Donnell（1964，pp. 41-42；邦訳書，1965（第1巻）60-61頁）。
(39)　Koontz and O'Donnell（1964，pp. 41-44；邦訳書，1965：（第1巻）60-65頁）。
(40)　Minzberg（1975：pp. 49-54；邦訳書，2007：5-20頁），島（1981：212-213頁），川端（2001：70-71頁）。
(41)　Minzberg（1975：pp. 49-54；邦訳書，2007：5-20頁），川端（2001：70-71頁）。
(42)　Minzberg（1975，pp. 53-54；邦訳書，2007：19-20頁）。
(43)　Minzberg（1975, p. 54；邦訳書，2007：20頁）。ただし訳文は邦訳書と同じではない。

⑷　Minzberg（1975, p. 54；邦訳書, 2007：20-21頁）。
⑸　Minzberg（1975, p. 54；邦訳書, 2007：20-21頁）。
⑹　Minzberg（1975, p. 54；邦訳書, 2007：22-23頁）。
⑺　Minzberg（1973, p. 60；邦訳書, 1993：100頁）。
⑻　Minzberg（1973, p. 63；邦訳書, 1993：104頁）。
⑼　Minzberg（1973, p. 65；邦訳書, 1993：108頁）。
⑽　Minzberg（1973, p. 65；邦訳書, 1993：108頁）。ただし引用に際して邦訳書のルビを省いている。
⑾　Minzberg（1973, p. 67；邦訳書, 1993：112頁）。
⑿　Minzberg（1975, p. 56；邦訳書, 2007：28頁）。
⒀　Minzberg（1975, p. 56；邦訳書, 2007：28頁）。
⒁　Minzberg（1975, p. 56；邦訳書, 2007：30頁）。
⒂　Minzberg（1975, p. 57；邦訳書, 2007：31頁），Minzberg（1973, pp. 81-82；邦訳書, 1993：134頁）。
⒃　Minzberg（1975, pp. 57-59；邦訳書, 2007：32-34頁），Minzberg（1973, pp. 85-90；邦訳書, 1993：139-148頁）。
⒄　Minzberg（1975, p. 59；邦訳書, 2007：34頁），Minzberg（1973, pp. 90-91；邦訳書, 1993：148-150頁）。
⒅　Koontz（1980：p. 181）。
⒆　Minzberg（2009, pp. 43-96；邦訳書, 2011：第3章）を参照。
⒇　川端（2001：222-238頁），間嶋（2011：200頁）。
㉑　Drucker（1954；邦訳書, 2006）を参照。
㉒　Drucker（1954, p. 343；邦訳書, 2006（下巻）：213頁）。
㉓　Drucker（1954, pp. 343-344；邦訳書, 2006（下巻）：213-215頁）。またDrucker（1973, pp. 399-402；邦訳書, 2008（中巻）：26-29頁）にも同様な記述が見られる。

引用参考文献

岡田和秀，2011，「ファヨール理論の構造」佐々木恒男編『ファヨール──ファヨール理論とその継承者たち』文眞堂。
川端久夫，2001，『管理者活動研究史論』文眞堂。
岸田民樹・田中政光，2009，『経営学説史』有斐閣。
車戸實編，1974，『経営管理の思想家たち』ダイヤモンド社。
齊藤毅憲，1987，『経営管理の基礎［増補版］』同文舘出版。

佐々木恒男編著／経営学史学会監修，2011，『ファヨール――ファヨール理論とその継承者たち』文眞堂。
島弘，1979，『科学的管理法の研究［増補版］』有斐閣。
島弘，1981，『現代の労務管理』有斐閣。
島弘，1991，『現代大企業と経営管理』ミネルヴァ書房。
島弘編著，1996，『国際化時代の経営管理』ミネルヴァ書房。
角野信夫，2011，「クーンツ／オドンネルの理論」佐々木恒男編『ファヨール――ファヨール理論とその継承者たち』文眞堂。
テイラー，F. W.／上野陽一訳・編，1969，『科学的管理法［新版］』産能大学出版部。
平野孝幸・島弘，1996，「経営管理論の発展」島弘編著『国際化時代の経営管理』ミネルヴァ書房。
間嶋崇，2011，「プロセス・スクール批判の再検討」佐々木恒男編『ファヨール――ファヨール理論とその継承者たち』文眞堂。
宮田矢八郎，2001，『経営学100年の思想――マネジメントの本質を読む』ダイヤモンド社。
Drucker, P. F., 1954, *The Practice of Management,* Harper & Row, Publishers.（上田敦生訳，2006，『現代の経営』（全2巻）ダイヤモンド社）。
Drucker, P. F., 1973, *Management : Tasks, Responsibilities, Practices,* Harper & Row, Publishers.（上田敦生訳，2008，『マネジメント――課題，責任，実践』（全3巻）ダイヤモンド社）。
Drucker, P. F., 1986, *The Frontiers of Management,* E. P. Dutton.（上田惇生・佐々木実智男訳，1986，『マネジメント・フロンティア――明日の行動指針』ダイヤモンド社）。
Fayol, H., 1966, *Administration Industrielle et Générale : Prévoyance, Organisation, Commandement, Coordination, Contrôle, Bulletion de la Société de l'Industrie Minérale, 1916, reproduced in Book from by Dunod of Paris, 1925,* Nouveau Triage.（佐々木恒男訳，1972，『産業ならびに一般の管理』未来社）。
Filipetti, G., 1953, *Industrial Management in Transition,* Richard D. Irwin, Inc.（小林康助監訳，1994，『経営管理論史』同文舘出版）。
Koontz, H. (ed.), 1964, *Toward a Unified Theory of Management,* McGrow-Hill Book Company.（鈴木英寿訳，1968，『経営の統一理論』ダイヤモンド社）。
Koontz, H. and C. O'Donnell, 1964, *Principles of Management : An Analysis of Management Function,* Third Edition, McGrow-Hill Inc.（大坪壇訳，1965，『経営管理の原則』（全4巻）ダイヤモンド社）。
Koontz, H. and C. O'Donnell, 1976, *Management : A systems and Contingency Analysis*

of Managerial Functions, Sixth Edition, McGrow-Hill Inc.（大坪壇訳／高宮晋監修，1979，『経営管理』（全5巻）マグロウヒル好学社）．

Koontz, H., 1980, "The Management Theory Jungle Revisited," *Academy of Management Review,* Vol. 5, No. 2.

Merril, H. F., 1960, *Classics in Management,* the American Management Association, Inc.（上野一郎訳，1968，『経営思想変遷史』産業能率短期大学出版部）．

Minzberg, H., 1973, *The Nature of Managerial Work,* Harper Collins Publishers.（奥村哲史・須貝栄訳，1993，『マネジャーの仕事』白桃書房）．

Minzberg, H., 1975, "The Manager's Job : Folklore and Fact," *Harvard Business Review,* July-August 1975.（DIAMOND ハーバード・ビジネス・レビュー編集部訳，2007，「マネジャーの職務——その神話と事実との隔たり」DIAMOND ハーバード・ビジネス・レビュー編集部編『H. ミンツバーグ経営論』ダイヤモンド社）．

Minzberg, H., 2004, *MANAGER NOT MBAs,* Berrett-Koehler Publishers.（池村千秋訳，2006，『MBA が会社を滅ぼす——マネジャーの正しい育て方』日経 BP 社）．

Minzberg, H., 2009, *MANAGING,* Berrett-Koehler Publishers.（池村千秋訳，2011，『マネジャーの実像——「管理職」はなぜ仕事に追われているのか』日経 BP 社）．

Sheldrake, J., 1996, *Management Theory : from Taylorism to Japanization,* International Thomson Business Publishing Inc.（齊藤毅憲他訳，2000，『経営管理の時代——テイラー主義からジャパナイゼーションへ』文眞堂）．

Taylor, F. W., 1911a, *Shop Management,* Harper & Brothers.

Taylor, F. W., 1911b, *The Principles of Scientific Management,* Harper & Brothers.（中谷彪・中谷愛・中谷謙訳，2009a，『科学的管理法の諸原理』晃洋書房）．

Taylor, F. W., 2006, *The Principles of Scientific Management,* Cosimo Classics, Cosimo, Inc.（有賀裕子訳，2009b，『［新訳］科学的管理法——マネジメントの原点』ダイヤモンド社）．

Wren, D. A., 1979, *The Evolution of Management Thought,* 2nd edition, John Wiley & Sons, Inc.（車戸實監訳，1982，『現代経営管理思想——その進化の系譜』（全2巻）マグロウヒル好学社）．

Wren, D. A., 1994, *The Evolution of Management Thought,* 4th edition, John Wiley & Sons, Inc.（佐々木恒男監訳，2003，『マネジメント思想の進化』文眞堂）．

（谷本　啓）

第3章

ヒトの管理をめぐる変遷
――日米比較を通して――

　　　ヒトを対象とする管理について日米の隔たりは大きい。日本におけるヒトの管理の核がヒト基準＝属人主義であるのに対して，アメリカにおけるそれは職務基準なのである。本章では，こうした特徴を中心に両国の人事労務管理（あるいは人的資源管理）の概要を見た上で，それらが相互に影響を及ぼし合いつつも，属人主義と職務主義という相違に規定され，依然異なる道を歩み続けている様を明らかにする。

第1節　「日本的経営」と伝統的な日本型人事労務管理

1　日本型人事労務管理の概要と特徴

　日本的経営の特徴として，時にはその競争優位の源泉として，頻繁に指摘されてきたのが終身雇用，年功序列，企業別労働組合からなる「三種の神器」である。それぞれを簡単に確認しておこう。

　まず，終身雇用とは，新規学卒一括採用した労働者を，原則，定年に達するまで雇用し続けるという慣行（企業の姿勢・努力）である[1]。もっとも定年までの雇用保障が契約上確約されるわけではない。厳密には雇用期間に定めがないだけであり，したがって終身雇用（長期雇用）とはあくまで定年まで働き続けることができるはずだという労働者側の期待と，可能な限りそうした期待に応えようとする企業側の姿勢・努力から成り立つ心理的な契約ということになる。

　次に，年功序列とは，従業員の年齢，勤続年数を基準にして賃金や昇進を決定するという慣行である。もちろん，昇給と昇進が年齢や勤続年数によってのみ決まるわけではない。第4章や第7章で説明されているように，日本の労働

者はホワイトカラーであるか,ブルーカラーであるかを問わず人事考課の対象となっているのであり,その結果次第で,最終的には賃金・賞与や職位に少なからぬ個人差がつく。したがって,厳密にいえば,年功序列とは誰もが基本的には毎年賃金上昇を享受し,昇格・昇進スピードに多少の差はあっても一定の職位までにはたどり着くことができること,換言すれば労働者間の収入や職位の明確な格差が発生するまでにそれなりの時間を要する慣行をさす。[2]

最後に,企業別労働組合とは,特定の企業およびその事業所を組織単位としてブルーカラー,ホワイトカラーにかかわらず原則としてその企業の正規労働者を組織する組織形態のことをいう。これに対して,アメリカを含む諸外国では,同一職種の労働者(主として熟練労働者)を企業や産業の枠を超えて横断的に組織した職種別労働組合や,同一産業に属する労働者を,職種,熟練を問わず企業の枠を超えて横断的に組織した産業別労働組合が一般的な組織形態となっている。わが国の労働組合およびそれを基盤とした労使関係は極めて特殊だということを理解せねばならない。

これら三種の神器を基盤にしながら,おおむね1990年代まで日本「特有」の人事労務管理が展開されるようになった。その最大の特徴を述べるならば,ヒトの属性を基準にしていること,すなわち「属人主義」とでもいうべき点である。第4章で詳細に検討される雇用管理にこうした特徴が最も顕著に現れている。すなわち,日本では新規学卒一括採用が主要な入職ルートとなっているため,企業は,特定の職務を遂行できるか否か,あるいは当該職務経験の有無ではなく,学歴,一般的な知識水準,人間性・人物,「将来性」などを重視して選抜を行い,必要な人員を確保する。採用された新人労働者は文系学部出身か理系学部出身かという大まかな区分によって現場に配属され,その後複数の仕事を経験しながら適性を見い出していくことになる。つまり,空席の仕事(職務)があり,それにふさわしいヒトを補充するのではなく,ヒトをまず雇い入れ,そのヒトに適宜仕事をあてがっていくのである。また,第8章で詳しく見るように,賃金についてもそのヒトが保有している能力にもとづいて支払われてきたため,どんな仕事に就くかによって支払額が変化することはない。この

ように，日本の人事労務管理は仕事（職務）とヒトのうち，明らかに後者のヒトに重きをおいてきたのである。(3)

　こうした属人主義的な性質は雇用管理や賃金管理に限らず，例えば人事考課の慣行にも見い出すことができる。具体的には，全ての労働者を対象に潜在的部分を含む能力評価（能力考課），仕事の実績評価（業績考課），態度や意欲の評価（情意考課）を行い，その結果を賃金・賞与，昇格・昇進，配置・異動等を決定する際の判断材料にするという点にヒト重視の思想を見て取れるのである。その他の人事労務管理慣行についても，属人主義と補完的であった。仕事経験が皆無の新人労働者を一から育成し，特定の職務に限定せず幅広い職能を育んでいく教育訓練・能力開発はヒト本位の新規学卒採用や同じくヒト本位の配置・異動と密接不可分であろう。各種社会保険料の雇用主負担分を提供する法定福利厚生制度に加え，企業が任意あるいは労働組合との交渉を通じて提供する法定外福利厚生制度により，比較的手厚くまた画一的な生活支援を行ってきた福利厚生も，一家の稼ぎ手である男性労働者を暗黙の前提にしてきたという点で，属人的な慣行といい得るだろう。

　ところで，日本型人事労務管理の特徴をメンバーシップ型雇用という切り口から把握しようとの見解が近年大きな影響力を有している。(4)日本の正規労働者はメンバーシップ（企業組織の正規メンバーとしての地位）やそれにもとづく安定的雇用ならびに相対的に恵まれた待遇と引き替えに（労働時間・勤務地・職務内容について）無限定な働き方を受け入れている，概略このような解釈である。このメンバーシップ型雇用言説のキー概念となるメンバーシップの付与は，つまるところ「正規労働者」としての採用，とりわけ総合職コース採用の別表現である。その正規労働者の採用は，繰り返しになるが，もっぱら新規学卒一括採用によるのであり，またその際採用基準としてヒトが重視される。とすれば，メンバーシップ付与の有無もまさにヒト基準で決定されるということになる。このように，メンバーシップ型雇用言説は属人主義という日本型人事労務管理の特徴を異なる角度から捉え直したものと理解できるだろう。

2 日本型人事労務管理の何がどのように評価されたのか

　日本企業のパフォーマンスひいては日本の経済が絶好調であった1970年代～80年代末の間，高品質・低価格を実現した「日本的経営」は礼賛の対象となり，それを支えた日本型人事労務管理にも国際的な関心が寄せられるようになった。ここでは具体的に日本型人事労務管理の何がどう評価されたのかを，典型的な日本的経営肯定論と位置づけられる『ジャパンアズナンバーワン』("Japan as Number One")(5)および『セオリー Z』("Theory Z")(6)を主たる手がかりに確認しておこう。

　両書においては，先に見た三種の神器(7)が，それぞれ次のような形で日本企業の競争力に貢献しているものとされている(8)。すなわち，第1に，長期にわたり雇用を保障する終身雇用によって，労使間の信頼関係や（相手に対する）責任感，会社への帰属意識や忠誠心，仕事に対する献身を導出することができる。年功序列によって仮に凡庸な上司が現れても，肩書き・地位と仕事が切り離されており（つまり，ヒトと職務が厳密に結びついていないため），有能な若き部下たちが重要な仕事をこなすことから問題発生を回避できる。第2に，同期労働者間での昇進格差が明確になるまで一定年数を要するとともに，通常は後輩が先輩の上司になるというケースが生じない年功序列によって，職場における競争意識が緩和され，穏やかな人間関係が構築されることになる。第3に，企業主導で協力的な労働組合を結成し，そうした労働組合を通じて労働者の不満を解消する手立てを探ることで深刻なストライキを回避することができる。以上のように，評価されたのである。

　さらに，これら三種の神器とならんで，①採用時の入念な選抜と手間暇かけた人物査定，②充実した福利厚生，③比較的小さな労使間の賃金格差，④非専門的な昇進コースなどの日本型人事労務管理諸慣行も以下の理由で高く評価された。①採用と査定については，選抜時に厳しい審査を行うことで優秀な人材を確保することが可能になるとともに，綿密な査定によって適切な登用や勤勉かつ協調的な勤務態度を担保できる。②福利厚生として文化・体育・レクリエーション施策，住宅施策（独身寮，社宅，住宅資金融資），各種社内イベント等

を提供することによって社員の帰属意識が高まり結束が高められる。③労使間の賃金格差が相対的に小さいことが，服装についての差といった地位格差が小さいことと相俟って労働者のコミットメントを促進する。定期的な異動を通じ労働者が，④非専門的なキャリア・コースを歩むことから，他分野の人間や問題について精通しそれ故に部門間の調整に長けた人材が育まれる。また，このように多様な仕事や事業所を渡り歩くキャリア・コースが前提とされるからこそ，組織全体を見渡す広い視点と全組織メンバーに対する協力姿勢が喚起されることになる。

　日本型人事労務管理について概ね以上のような評価が行われたのだが，『ジャパンアズナンバーワン』は日本の産業政策を中心とした政治，教育，福祉など大所高所から日本を論じた書であったし『セオリー Z』も主たる論点は，信頼，ゆきとどいた気配り，親密さなど企業文化にかかわるものであるなど，この時点（1970年代〜80年代初頭）において人事労務管理の分析はあくまで副次的なものにとどまった。しかしながら，1980年代半ば以降，次第に日本的経営に関する分析は，日本企業なかんずく自動車メーカーの高い生産性とその根拠とされた生産システムならびに人事労務管理にフォーカスするようになった。前者についていえば，製造工程における無駄を徹底的に排除しつつ，市場動向に柔軟に対応できるジャスト・イン・タイム生産方式が，後者についてはそうした生産システムを担う労働者の活用や管理のあり方が熱心に研究されはじめたのである。人事労務管理に関しては，具体的に従来同様三種の神器とされる慣行に加え，OJT と部門を跨いだ配置転換による多様な教育訓練（および再訓練）機会の付与，QC サークルや班という集団的職場編成等が脚光を浴びることになった。つまり多様な教育訓練によって幅広い経験と能力を有した労働者を育成し，そうした労働者を活用することで予測困難な問題や技術の変化に柔軟に対応することが可能になるものとされた。具体的に，QC サークルは現場の知恵を結集し改善活動に資するものであり，メイド・イン・ジャパン製品の高い品質を実現する鍵と見なされた。集団的職場編成はリーダーを中心にした自律的なチーム作業を可能とし，それが様々な変化や異常に対する生産のフレ

キシビリティをもたらすものと評価されたのである。

このような日本型人事労務管理の理解とそれに対する高い評価は，次に見る「アメリカ的経営」ならびにアメリカ型人事労務管理の見直し，さらには日本型の模倣という動きへとつながっていくことになる。

第2節 「アメリカ的経営」と伝統的なアメリカ型人事労務管理

1 アメリカ型人事労務管理の特徴：日米比較を通じて

多くの点で「アメリカ的経営」と「日本的経営」は対照的であるとされてきた。さしずめ，株主利益優先（いわゆるシェアホルダーモデル），短期的目標重視，トップダウン型意思決定を特徴とするアメリカ的経営に対し，ステークホルダー間の利害調整優先（いわゆるステークホルダーモデル），長期的目標重視，ボトムアップ型意思決定を特徴とする日本的経営という捉え方がそうした理解のステレオタイプであろう。これについて，前出『セオリーZ』は両者の違いを企業組織特性の相違という形で**表3-1**のように整理している。この整理に従えば，日本的経営における三種の神器の一角をなす終身雇用とは対照的に，アメリカでは短期雇用が一般的とされる。景気後退期には解雇（あるいはレイオフ）し，好転すれば外部労働市場から調達するという雇用慣行が背景となってのことである。このような雇用の差異は，教育訓練・能力開発への取組姿勢にも反映される。すなわち，長期間の雇用を前提にするが故に教育訓練に投じた様々なコストが十分に回収できる日本に対して，いつ何時労働者を解雇するか（あるいは逆に他社に転職されるか）分からないアメリカでは訓練費用や時間を無駄にするリスクがあるため，総じて経営者は教育訓練に消極的だとされるのである。

また，日本の終身雇用の「入り口」にあたる新規学卒一括採用は，ヒトを採用してから仕事をあてがう属人主義的慣行であることを先に述べた。この採用について，アメリカでは入社後担当する特定の職務（job）に対してヒトを採用し配置するのであるが，ここでアメリカにおける職務の重要性を理解しておか

第3章　ヒトの管理をめぐる変遷

表3-1　日米の企業組織特性比較

日本企業（タイプJ）	米国企業（タイプA）
終身雇用	短期雇用
遅い人事考課と昇進	早い人事考課と昇進
非専門的な昇進コース	専門化された昇進コース
非明示的な管理機構	明示的な管理機構
集団による意思決定	個人による意思決定
集団責任	個人責任
人に対する全面的な関わり	人に対する部分的関わり

（出所）　Ouchi（1981：p.58）をもとに筆者作成。

なければならない。アメリカでは，質や量の観点から，要員と一人ひとりの分担となる職務を明確に定め，その範囲を職務区分（job classification）としている。一つひとつの職務が職名（job title）を有しており，それぞれについて職務分析（job analysis）がなされ，その内容が職務記述書（job description）に，その遂行に必要な資格や要件が職務明細書（job specification）に明記されている。以上のように職務は厳密に区分され管理されており，各労働者に与えられた職務区分を超えた働きをすることは，たとえそれが善意によるものであっても許されない。そうした行為は越権と見なされるからである。後に触れる通り，賃金が職務に対して支払われることも含め，この職務が人事労務管理の基礎となっていること，それだけに労使双方が職務を強く意識していることがアメリカの大きな特徴であり，また職務概念が曖昧な日本との顕著な相違点であることをしっかりと認識する必要があるだろう。話を採用に戻せば，アメリカでは採用にあたって，職務明細書が求める要件を有しているかどうかを判断基準にするのである。つまり，高レベルの職務であれば豊富な経験と高い職務遂行能力を有している者を，逆にエントリーレベルの平易な職務であれば新規学卒者など経験の少ない者をといった具合に，当該職務にふさわしい者が採用され配置されることになる。ヒト本位の日本に対して，アメリカは仕事＝職務本位の管理，換言すれば職務主義的管理が行われていることが理解できるであろう。

　続いて，日本の年功序列について，この表は「遅い人事考課と昇進」という

表現を用いている。これに対して，アメリカでは「早い人事考課と昇進」が一般的であり，したがって人事考課の評価が直截に処遇へ反映され，同期間でも早い段階で昇進や昇給に格差が生じると同時に，高い評価を得た若年者がそうでない年長者の上司になるということも当然に生じ得る。ここで，アメリカにおける昇進を含めた異動について今少し付言しておこう。ある職務に空席が生じると，掲示板，印刷物，インターネットなどによって，その事実と職務内容，必要とされる資格要件がアナウンスされる。ジョブ・ポスティング（job posting）と呼ばれるこの制度を通じ，募集している職務に興味があり，かつ自身が要件を満たしていると考える労働者が応募し，審査の末に選抜されると昇進ないしは異動することになる。なお，労働組合によって組織化された職場において，組合員であるブルーカラー労働者がこの制度の対象となる場合は先任権（勤続年数）にもとづき選抜が行われることになる。いずれにしても昇進・異動について個人の意向に委ねられているアメリカと，基本的には会社主導で決定される日本は大きな隔たりがあるといえよう。

　今ひとつ年功序列には，能力は経験とともに高まるという前提のもと，賃金が年々上がっていくという意味合いもある。これに対し，アメリカでは賃金が職務とリンクした職務給が一般的であるため，重要性（'job size'）の高い職務に昇進ないしは異動するか，あるいは同一の職務にとどまりつつも一定以上の評価を得なければ昇給しない。基本的には職務の重要性すなわち職務等級によって賃金が決まるという意味で，極めて仕事本位の賃金制度であり，日本の属人的な賃金とは対照的である。ところで，賃金に関してアメリカではホワイトカラーであるのかブルーカラーであるのかによって形態が異なる。前者は，給料（salary）として年俸あるいは月給という形で支払われるのに対して，後者は賃金（wage）として時給，日給，あるいは週給という形で支払われる。両者，とりわけホワイトカラー層の最上位職である役員・幹部社員（executive）とブルーカラー労働者の収入格差は甚大なものとなる。こうした著しい待遇格差は福利厚生制度についても見い出される。日本ではホワイトカラーもブルーカラーも「社員」として一括りにされているが，アメリカではこうした格差故に，

企業においても社会においても両者は異なる階層に属しているものと強く意識されている。この点も日米における人事労務管理ひいては労使関係の大きな相違点といわねばならない。

最後に、表3-1では言及されていないが、アメリカの労働組合もまた日本的経営の三種の神器の一つ、企業別労働組合とは著しく異なっている。同一企業メンバーをホワイトカラーとブルーカラーを問わず組織する企業別労働組合とは異なり、アメリカの労働組合は企業の枠を超え、ブルーカラー労働者を対象に職種別あるいは産業別に組織している。このように企業横断的に組織された組合において組合員は企業の一員という意識が希薄であるため、しばしばアメリカの労働組合は企業に対して戦闘的な姿勢をとり、労使関係は敵対的な様相を帯びることになる。

以上、日本的経営における三種の神器とされる慣行を中心に、日本の人事労務管理と比較する形で、アメリカにおける伝統的かつ典型的な人事労務管理の特徴を指摘した。次に、こうしたアメリカの人事労務管理や労使関係の何が問題視されるようになったのかを見ていこう。

2 アメリカ的経営の危機と伝統的人事労務管理・労使関係見直しの機運

1970年代に入るとアメリカは社会的にも経済的にも危機というべき状況にあった。1960年代後半から相次いだ学生運動（スチューデント・パワー）、黒人による政治運動（ブラック・パワー）、ベトナム反戦運動といった社会運動や、「ヒッピー」に象徴されるカウンターカルチャーの台頭により、社会は混乱に陥っていたのである。既成の価値観を疑問視する一連の運動や文化は、アメリカ企業の職場にも飛び火し、高学歴で豊かな時代に生まれ失業の恐れを抱かぬ若年労働者を中心に、いわゆるテイラー＝フォード主義が貫徹された単純で非人間的な労働への反抗が繰り返されるようになった。具体的にそうした反抗は、労働移動やアブセンティズム（故意の欠勤）、ストライキ、サボタージュ（sabotage：破壊活動）といった形で行われたのである。その象徴的な事件と位置づけられたのがGMローズタウン・ベガ工場で1972年3月に勃発した

「ローズタウン・ストライキ」であった。このストライキは，実態としてラインのスピードアップに対する不満など比較的ありふれた争点によって引き起こされたのだが，職務内容やロボット技術に対する若者の叛乱としてジャーナリズムによって喧伝され，様々な社会的議論を喚起した。同じく1972年に，アメリカにおける労働疎外現象を指摘し，これに起因する労働者の職務不満が生産性を低下させ，産業界に経済的損失を与える一方，労働者のニーズにそぐわぬ労働が，精神病やアルコール中毒等の社会的コストや社会不安を招いていることを訴えた，健康・教育・福祉省のタスクフォースによるレポート『ワーク・イン・アメリカ』（Work in America）が刊行されたこともあって，企業を見る社会の目は厳しくなった。こうして，企業は職務不満やその原因となっている過度に細分化された単純反復的な職務に対し，何らかの手だてを講ずる必要に迫られたのである。

　他方，1970年代とこれに続く80年代のアメリカは経済的にも苦難の時代であった。この時期，アメリカの多くの産業が国内市場と世界市場の双方で大きくシェアを失うこととなったのである。その原因や背景は，多様な観点から論じられてきたが，代表的な見解として，マサチューセッツ工科大学産業生産性委員会による以下のような指摘をあげることができる。すなわち，同委員会報告書は「時代遅れの経営戦略」，「短期的視野（に立った経営）」，「開発と生産における技術的な弱さ」，「人的資源の軽視」，「（企業内外における）協調体制の欠如」，「政府と産業界の足並みの乱れ」の6つをアメリカ産業衰退の主因と見なしたのである。これらのうち「人的資源の軽視」には企業内での教育訓練が手薄であること，「協調体制の欠如」には労使関係が敵対的であることが問題として含まれていた。

　以上のような経緯で，ブルーカラー労働者の受難の元凶として，そしてまたアメリカ産業が苦境に陥った主因の一端として，科学的管理法以来の伝統となっていた徹底的に細分化，単純化，マニュアル化された労働と，ニューディール政策を契機に形成され1950年代に完成を見たとされる労使関係（ニューディール型労使関係）が議論の俎上に上げられるようになった。

より具体的に，前者のブルーカラー労働者が担った労働については，過度な分業，反復性，容易さ・単調さ，社会性の欠如に特徴づけられる職務設計が職務不満をもたらすものと広く認識されるようになった。他方で，後者のニューディール型労使関係については，この労使関係を特徴づける諸慣行のうち，職務規制組合主義（Job Control Unionism），年次調整条項（Annual Improvement Factor）と生計費調整条項（Cost of Living Adjustment），パターン・バーゲニング（Pattern Bargaining）などが批判の対象となったのである。職務規制組合主義とは，多数の職務区分を設定し，各々の職務内容を作業規則（Work Rule）によって詳細に規定すること，異動，昇進，レイオフ，復職（呼び戻し：recall）を先任権（seniority）にもとづき行うことで，管理者による恣意的な管理を排除しようとの意図による組合行動のことである。組合によるこうした強力な規制が，労働力の柔軟な活用を阻むなど作業現場に硬直性や非効率をもたらすものとされたのである。次に，年次調整条項とは労働生産性向上を根拠に（実際は無関係に引き上げられていたのだが），生計費調整条項とは消費者物価指数を根拠にし，毎年賃金の引き上げを実施するという慣行であった。これらの負担が，製品価格に転嫁されることでアメリカ製品の価格競争力が損なわれたものとされたのである。最後に，特定の企業で実現した賃金や付加給付など労働条件の改善を同一産業の競合他社に波及させていくパターン・バーゲニングも，アメリカ企業の高コスト体質を生み出す要因として問題視されるに至った。[14]

こうした問題意識のもと，アメリカ企業では日本的生産システムや日本型人事労務管理をも意識しつつ，次節で概観するような変革が試みられたのである。

第3節　「人的資源管理」言説の台頭と日本型人事労務管理の部分的移入

1　人的資源管理論の展開

ところで，上で見た伝統的な人事労務管理（とりわけ職務設計）や労使関係の部分的否定は，経営者や研究者に従来の管理思想・理念の修正を迫ることになった。それは人事管理（Personnel Management：以下，PM）から人的資源管

表 3-2 PM と HRM の比較

	P M	HRM
①人間観 (＝労働者観)	取り替え可能な存在	価値ある「資源」、貴重な「資産」
②構　造	雇用管理、業績管理、報酬管理、教育訓練・能力開発、労使関係管理から成り立つ	構造は PM と同様。経営戦略との整合性やそれへの貢献、職務構造、組織構造、組織文化が意識されている点、体系立ったシステムとしての実践が志向されている点が異なる
③主要対象	ブルーカラー労働者	末端労働者から管理者層まで対象（労働者についてはホワイトカラー層をより重視）
④労使関係観	敵対的な集団的労使関係を前提	Win-Win な関係を強調しつつ、個別的従業員関係を重視

（出所）田中（2006）、橋場（2009a）をもとに筆者作成。

理（Human Resource Management：以下、HRM）への移行という形で具体化した。PM と HRM の主な相違点は表3-2のようにまとめられるであろう。①人間観（＝労働者観）について、労働者を取り替え可能な存在として軽んじてきたPM に対し、HRM は価値のある資源、貴重な資産としてこれを重視している。②管理の構造について両者に違いはないが、HRM は経営戦略との整合性やそれへの貢献を強く意識し、また職務構造、組織構造、組織文化との関係も視野に含めているという点でより網羅的である。また HRM 研究は、経営戦略との関係性をより重視し、当該研究領域の知見を摂取することで戦略的人的資源管理（Strategic Human Resource Management）という新領域を展開していくことになる。③主たる管理の対象について、もっぱらブルーカラー労働者を対象としてきた PM に対し、HRM はホワイトカラー層をより重視している。これはいわゆるサービス経済化の進展により、サービス部門従事者であるホワイトカラー労働者が増大するという就業構造の動向を踏まえてのことであろうが、後に見るように HRM 理念にもとづく様々な変革は競争力を失った製造業の現場、すなわちブルーカラー労働者の管理を対象にまずは着手されたのである。他方で、これら労働者層のみならず管理者層をも管理対象にしている点が HRM の

際だった特徴といえる。最後に④労使関係観について，労使間の利害対立を前提に敵対的な集団的労使関係を基本とした PM に対して，HRM は相互利益を掲げ Win-Win な関係を強調するのである。また，階級の相違を示唆する労使関係という表現を控え，従業員関係を用いるとともに集団的取引ではなく個々従業員との個別的な取引を重視する。

　以上のように，1970～80年代のアメリカでは，行動科学理論（Behavioral Sciences）や組織行動論（Organizational Behavior）の研究成果を踏まえながら，ヒトの管理をめぐる思想・理念のパラダイム・チェンジが生じたのである。人間尊重を謳いながら，資源という物扱いをしているに過ぎない，あるいは個別的従業員関係の重視は労働組合の軽視や回避に他ならないとの批判もなされたが，HRM は先進的な管理の代名詞として実業界と学界の双方で急速に普及していった。

　それでは，こうした管理思想・理念としての HRM の普及に呼応する形で実際にどのような変革がなされたのかを次に見ていこう。

2　伝統的人事労務管理・労使関係の変革：QWL から HPWS まで

　1970年代から垣間見られるようになった，アメリカにおける人事労務管理変革の試みは「労働生活の質改善」（Quality Working Life：以下，QWL）活動としてはじまった。QWL をめぐる議論には労働者の基本的人権の保護・拡大や経済的・社会的地位の向上を目的とした諸制度あるいは諸政策をも対象とする広義の QWL 論と，作業現場レベルの問題に限定した狭義の QWL 論が存在したが，次第に後者に収斂されていった。そうした狭義の QWL 論において推奨された取組策が職務交替（Job Rotation），職務拡大（Job Enlargement），職務充実（Job Enrichment）から成る職務再設計（Job Redesign）と半自律的作業集団（Semi-Autonomous Work Group）であったが，とりわけ半自律的作業集団に類する手法（その後チームあるいはチーム・コンセプトという呼称が一般的になる）が広く試みられるようになったのである。その後1980年代になると，QWL 問題に対する公共的な関心が薄らぐとともに，労働者の内面的労働意欲の充足＝労働

における「人間性」回復という崇高な目的が後退し，代わって人的資源の有効利用による生産性・品質向上といった経営目標が重視されるようになるなどQWL 施策は変容していったとされる。こうした性格の変化にともない，QWLという用語は次第に姿を消し，以降同種の取組は従業員関与（Employee Involvement：以下，EI）と呼称され，具体的な手法も後述するクオリティ・サークル（QC サークル）や集団的職場編成＝チーム制度など日本の諸慣行が主流になった。

　伝統的人事労務管理変革は以上のような形で試みられたのだが，他方のニューディール型労使関係については，産業構造の転換，組合回避を狙ったいわゆる「南部戦略」，製造拠点の海外移転，時の政権（レーガン政権）による組合敵視政策などの影響によって労働組合運動が後退する中，経営側が攻勢をかける形で変容が迫られた。すなわち雇用保障措置と引き替えにして，先に見た年次調整条項や生計費調整条項という組合が長らく保持してきた賃金引き上げ機会が，廃止あるいは凍結されたのである。さらに，新規採用労働者の賃金削減，有給休暇の廃止を飲まされるなど，労働組合は賃金・付加給付に関する大幅な譲歩交渉（Concession Bargaining）を余儀なくされたのである。こうした譲歩交渉は，一際深刻な経営危機を迎えていたクライスラーに対し全米自動車労働組合（United Automobile Workers：UAW）が譲歩したことが皮切りになったのだが，これは同時に，同業他社の GM やフォードよりも劣悪な労働条件を受け入れたという点でパターン・バーゲニング崩壊のはじまりともなった。

　労使関係の変革として今ひとつ重要なポイントになるのは，労働組合による職務規制の弱体化あるいは排除が試みられたことである。例えば，下で詳細を見るチーム制度は，しばしば賃金システムの一部変更（pay-for-skill，Pay for Knowledge といった多能工化奨励加給の導入）および職務区分・職務分類の削減をともなうが，これは先任権およびそれを通じた職務規制の実質的な放棄を組合に迫ることに他ならない。逆に，職務規制を尊重すれば，労働者の動機づけは弱まり，また職務の壁に阻まれチームワークは覚束無くなる。このようにチーム制度と職務規制はあちら立てればこちらが立たぬトレード・オフの関係にあ

ること，そしてかかる関係性を踏まえ，職務規制の排除を企図してチーム制度が利用されるケースが存在したことを理解しておく必要がある。ともかく，以上の通り，労働条件や職務配置等に対する労働組合の影響力を弱める方向で労使関係の変革・変容は進められたのである。

　他方，第1節で確認したアメリカでの日本的経営の礼賛・ブームはやがて日本的人事労務管理慣行の部分的導入という段階へと至った。その先鞭を切ったのが QC サークル（アメリカでいうところのクオリティ・サークル）であった。この現場レベルでの取組こそが，日本製品が有する高品質・低価格の鍵だと見なされたからである。しかしながら，結果的にアメリカ企業のクオリティ・サークルは，日本の QC サークルに比して参加率，提案件数ともに低調な上，しばしば生産性向上につながるようなテーマがタブー視されることもあって見るべき成果をあげることができなかった。全社的な品質管理，さらには方針管理とリンクし，直接・間接のマネジメント・コントロールが及んでいる日本の QC サークルの本質を理解せず，形式的模倣に終始したことがその原因であったといわねばならない。こうした経緯から，1980年代半ば以降になるとアメリカ企業の関心は結果の伴わないクオリティ・サークルから，日本の集団的職場編成＝チーム制度に移っていくことになった。そのチーム制度とは，一般的に，10人前後の労働者をチームとしてまとめ，そのチームに，隣接するいくつかの作業領域を統合再編したまとまりのある仕事と，各種の裁量権（作業分担，作業方式，休憩時間の決定，作業スケジュールの策定，チーム・メンバーの人選など）を付与する慣行をいう。かつての QWL 活動に端を発するチーム制度も存在したが，トヨタと GM の合弁会社である NUMMI（New United Motor Manufacturing Inc.）の成功以降は，日本を意識したチーム制度が主流となったのである。単独で実施されたクオリティ・サークルとは異なり，チーム制度は多能工化奨励加給や教育訓練プログラムの導入，輪番制による援助者ポジションの設置，チーム・メンバーによる相互業績評価制度の実施，職務区分の簡略化によって補完されるとともに，ピア・プレッシャーなど小集団の特性を活用しつつ運用された。そのため，パフォーマンスの向上につながり得る作業慣行と評価されブームの

様相を呈するようになったのである。しかしながら，地に足の着いた実証的研究が積み重ねられるようになると，多能工化奨励加給を導入したもののそれが機能せず，結果としてジョブ・ローテーションが進展しないという否定的な見解も見受けられるようになった。あるいはまた，日本の工場，日本企業の海外移転工場，アメリカの工場を比較し，それぞれの工場で実践されているチーム制度を比較した調査によれば，日本工場のチーム制度が経営側の意向に添う形で最も活発に機能しており，逆にアメリカ工場のそれが最も低調であったとの結果も報告されている。

　結局のところ，チーム制度がうまく機能しない事例では，厳密な職務区分・先任権およびそれにもとづく職務規制という伝統的な労働組合機能とチーム活動がトレード・オフの関係に陥っている，あるいはチーム作業に労働者を駆り立てるようなインセンティブもサンクション（集団内での社会的制裁や社会的承認）も作用していないことがネックになっていたのである。アメリカの経営者や研究者にそこまでの認識があったのか否か定かではないが，1990年代に入ると，チーム制度の導入によって労働の自律性と職務満足が高まり，その結果，生産性や品質が向上するとの見立てが牧歌的に過ぎた，そもそも日本のチーム制度すなわち集団的職場編成において労働者の自律性は必ずしも高くないという程度の理解はなされるようになった。同時に，いわゆるリーン生産方式の研究が深まっていったことで，チーム制度に限らず，作業組織，雇用慣行，労使関係全般に渡った改革の必要性が認識されるようになったのである。こうして，経営者や研究者達の関心は「ベスト・プラクティス」の体系的導入を意味する「高業績作業システム」（High Performance Work Systems：以下，HPWS）へと移っていった。具体的に，HPWS は選抜的雇用，雇用保障，内部昇進制度（以上，雇用慣行），職務再設計，チーム制度，クオリティ・サークル，TQM，提案制度（以上，作業慣行），変動給（Contingent Pay），奨励給（Incentive Compensation），利潤分配，従業員持株制度（以上，報酬慣行），充実した教育・訓練機会の付与（教育・訓練慣行），労使間での情報共有，地位的格差縮小，態度調査，苦情処理手続，労使間コミュニケーション促進策，組合代表や労働者側代表の

意思決定参加（以上，労使関係慣行）などの慣行から構成される。このようにベスト・プラクティスをシステムとして導入することで，各々の慣行が補完し合いシナジーが生ずると期待されること[24]，奨励給，変動給，利潤分配などの革新的報酬慣行によってインセンティブが付与される一方，チーム作業を通じ社会的承認や制裁といったサンクションがもたらされ得ることから，理論上はQWL・EI，クオリティ・サークル，チーム制度といった単一もしくは部分的な以前の変革よりも高業績につながる働きぶりを担保できるものと考えられるであろう。

　しかしながら，こうした理論・研究上の進展や成果がただちに現実の人事労務管理に反映されるとは限らない。とりわけ，アメリカの組織化された職場においてHPWSを全面的に展開させることはなお容易ではないはずである。往時に比してその規制力に陰りがあるとはいえ，チームワークや改善・提案活動，新たな技能習得などを促すインセンティブにもそして圧力にもなる査定やそれにもとづく賃金格差を許容するほどに，アメリカの労働組合は「物わかり」が良くないからである。同様に，ブルーカラー層とホワイトカラー層を問わずHPWSの目指すところが日本のように無限定な働き方・働かせ方であると捉えることも非現実的である。確かに，職務区分の大括り化（いわゆるブロードバンド化）という動きが見受けられるが，それはあくまでも行きすぎた職務の細分化を是正する試みであり，職務概念の放棄でも，職務内容の無限定化を目指したものでもない。既述のように，職務が人事労務管理の基本であることに変わりはないのである。たとえ労働力活用のフレキシビリティや「働き甲斐」という点で日本型人事労務管理に分があったとしても，これがいわばアメリカが（そして多くの国々が）選択した働き方・働かせ方の基盤なのであり，そこを逸脱した「日本化」は困難なのである。これは逆もまた然りであって，属人主義色の濃い日本型人事労務管理を「アメリカ化」することも困難とならざるを得ない。これについては次節でも考えてみよう。

第4節　日本型人事労務管理の動揺とアメリカ的経営の再評価

1　アメリカ的経営の再評価と日本型人事労務管理への影響

　1990年代初頭にいわゆるバブル経済が崩壊し，その後日本の経済は失われた10年とも20年ともいわれる長い不況に陥ることとなった。[25]深刻な経済状況のもと，日本企業は終身雇用による人件費の固定費化と当時高齢に達しつつあった「団塊の世代」に対する年功的賃金がもたらす人件費負担の増大を経営上のネックと捉えた。こうして，もっぱら中高年労働者をターゲットにした雇用調整が相次ぐようになった。具体的に，1992年頃から新聞報道等によって希望退職のニュースが取り上げられはじめ，1993年に入ると急速な広がりを見るようになったのである。「ヒトを大切にする」ことで知られた日立グループに属する日立ホームテック（現　日立アプライアンス）が希望退職を募り[26]，あるいはまた解雇を意味する「リストラ」が流行語になったのもこの年のことであった。続く1995年には旧日経連が『新時代の「日本的経営」』において，終身雇用を長期蓄積能力活用型グループに属する一部の正規労働者に限定する意図を明言し，長期雇用や正規雇用がもはや当たり前のものではなくなるであろうことを予感させたのである。その後，終身雇用と家族経営の象徴とされた松下電器産業（現　パナソニック）が2001年に希望退職の募集に踏み切った事実は大きな驚きを持って受け止められるとともに，いよいよ三種の神器の一角である終身雇用が終焉しつつあることを実感させたのであった。[27]

　他方，年功序列の見直しは，職能資格制度から職務等級・役割等級制度への移行という資格制度改革，年功賃金から成果主義賃金への賃金改革，情意考課・能力考課・業績考課からコンピテンシー評価・成果評価への移行による評価改革，以上の一連の改革からなる成果主義人事の模索（これについては第7章も参照）という形で進められた。こうして，日本型人事労務管理は変化していくことになるのだが，[28]その際，1990年代初頭以降，第2次世界大戦後最長の景気拡大——雇用の拡大にはつながらない 'Jobless Recovery' でもあったのだ

が——を謳歌するアメリカの経営手法が少なくない影響を及ぼしたとされる。これは，日本の経営者が長らくの業績悪化によって経営に対する自信を喪失したことの表れでもあったのだが，ともかくアメリカ発の経営手法に対する評価がにわかに高まった。1994年の「舞浜会議」における「今井・宮内論争」への関心の高さ，そしてそこで宮内氏の訴えたシェアホルダー型コーポレート・ガバナンスに対する一定の支持の広がりもそうした文脈に位置づけられる。このようなアメリカ的経営再評価の流れの中でサプライ・チェーン・マネジメント（Supply Chain Management），リエンジニアリング（reengineering），コア・コンピタンス（Core Competence），ベンチマーキング（benchmarking），ナレッジ・マネジメント（Knowledge Management）といった経営手法が次々に紹介され，多くの関心を集めたのである。同様の動きは人事労務管理の分野でも見られた。

　そもそも，先に触れた日本での雇用調整や成果主義人事の動きもこうしたアメリカ的経営の再評価と無縁ではない。不況期に繰り返された「リストラ」は，「攻めのリストラ」やリエンジニアリングに伴う中間管理職のダウンサイジング（downsizing），あるいはアウトソーシング（outsourcing）による「選択と集中」を経て業績を回復していったアメリカ企業の体験を模範とした側面がある。他方で，年功序列見直しの方策である成果主義人事についても，職務給という賃金体系，ヘイ・システム（Hay Guide Charts）という職務分析手法，年俸制の前提となる目標管理制度，従業員の行動評価や能力評価の基準となるコンピテンシーなど，その主たる要素の多くをアメリカ発の制度・手法に負っているのである。これ以外にも，定着・普及したかどうかはともかく1990年代以降の不況期に人事労務管理領域において，注目されるようになったカフェテリアプラン，キャリア・ディベロップメント・プログラム（Career Development Program），確定拠出型年金（401k），エンプロイヤビリティー（employability）概念，ファスト・トラック（Fast Track），サクセッション・プラン（Succession Plan）等は全てアメリカから導入が試みられたものであった。

　それでは，これらの手法を取り入れることで日本型人事労務管理が急速にアメリカのそれに接近したのかといえばそうではない。確かに，相次ぐ「リスト

ラ」で雇用保障は揺らぎ，多くの正規雇用は非正規雇用に取って代わられた。あるいはまた，基本給の年功的な要素は極力縮小・廃止される傾向が強まってもいる。しかしながら，その数は絞り込まれたものの，相変わらず正規労働者は相対的に安定した雇用と恵まれた労働条件を手にしている。ヒト本意の採用が中心であることに変わりはなく，一時に比べ珍しくはなくなったが転職が当たり前の社会になったともいいがたい。成果主義人事をめぐっても，当初の混乱期を除き短期的な成果のみで増減する成果主義賃金は姿を消し，やはりヒトに（と同時に仕事にも）着目する役割給が定着しつつある。アメリカにおいて，日本を念頭においたブルーカラー層対象の変革が職務主義と相容れずそれほどの成果をあげられなかったことは既に述べたが，これと同様のことが，アメリカを念頭においた日本の人事労務管理改革についてもいえるのではないか。アメリカの職務主義が強固であったように，今のところ，日本には属人主義が根づいている。ここで属人主義が職務主義より優れている，あるいはこれが不変であると主張する意図はない。属人主義が組織，社会に根づいているというその事実を軽視し，流行に惑わされアメリカを含む諸外国で生まれた新たな人事労務管理慣行を日本のそれに接ぎ木しても，効果が期待できないばかりか，初期成果主義の導入時同様，いらぬ混乱を来すばかりではないのかとの問題提起に過ぎない。

2 HRM領域における近年のトピックと日本型HRMへの示唆

　本章の結びとなるこの項では，属人主義的な日本型人事労務管理の優位性と問題点について改めて考察しよう。その際，近年HRMの研究領域において注目されている組織市民行動（Organizational Citizenship Behavior：以下，OCB）とタレント・マネジメント（Talent Management：以下，TM）という概念や言説が示唆的である。
　まず，日本型人事労務管理の優位性については概ね本章第1節の 2 で論じ尽くされているところだが，大雑把にまとめれば，労働者の責任感や貢献意欲，労使の「信頼関係」を喚起するとともに，それらがベースとなって多様な

技能習得を促し，幅広い業務の遂行，結果が伴う改善活動やチーム作業（メンバー間の助け合い）を可能にしているといったところであろう。翻って，近年アメリカではOCBの重要性が認識され，これを如何に実現するのかがHRMの重要な課題となっている。そもそもOCBは「自由裁量的で，公式的な報酬体系では直接的ないし明示的には認識されないものであるが，それが集積することで組織の効率的および有効的機能を促進する個人的行動[29]」と定義され，具体的には，自発的に他者を助ける，他者の監視がなくとも組織の規則などをまじめに遵守する，自発的に求められる最低水準以上の役割を遂行する，個人的なコストを負ってでも組織にとって最善の利益を模索する，自ら知識，技能，能力を向上させるなどの行動をさす。要は，市民として自発的にとっている行動[30]を職場でも実践してほしいとの要望である。こうしたOCBが注目される背景には，売上高，生産量，製品品質，作業効率，顧客満足，コスト低減などの組織パフォーマンス向上や組織メンバーの定着に好影響を及ぼすものとの期待があるのだが[31]，恐らく多くの働く日本人はこれらの行動をとくに意識もせず，むしろ当然のこととして日々遂行しているはずである。つまり，日本で当たり前（もちろん必ずしも自発的ではないだろうが）のことがアメリカでは当たり前ではないからこそ，こうした行動をあえて呼びかけねばならなくなるのだ。それでは，何故にアメリカではこれら一連の行動が当たり前とはならないのだろうか。各労働者の職務が明確に区分されていること，特定の職務を担うために採用されること，職務に対して賃金が支払われることなど，職務主義が徹底しているため職務をめぐる契約意識が強まり，自分の職務以外のことを引き受けようとのインセンティブが働かないことがその理由と考えられる。職務を明確に設定し，それを管理の基本とする職務主義的人事労務管理にはこうした弊害やコストが伴うことを理解する必要があるだろう。さらに契約意識は組織と個人の関係をドライなものにしがちであることに加え，既述のように狭く設定された職務はしばしば職務不満を抱かせる。それ故，労働者を定着させる（retention）ための配慮や，仕事に没頭し粘り強く取り組ませるための創意工夫，すなわち従業員エンゲージメント（engagement）の促進が求められるのだが，これも職

務主義的人事労務管理が直面する課題といえるだろう。

　しかしながら，他方で職務主義にあって，属人主義には欠けている優位性も存在する。職務の価値を賃金決定の基準にすることで同一価値労働同一賃金の原則を徹底し，男女間や正規‑非正規労働者間の賃金格差是正がはかられ得ること，個々人の職務範囲が明確化することで無限定な労働を抑制し得ることなどをまず指摘できよう。断るまでもなく，どちらも属人主義的管理の国・日本で深刻化している問題である。このように公正・公平といった社会正義の観点からは職務主義に分がある。これとは別に，近年HRM領域で活発に議論されているTMを実践するにあたっても，職務主義的管理が有利となる。そもそも，職務が曖昧な場合，当該の企業や職場に相応しいタレント（才能）が何であるのかを判断し，そのタレントを測定することが困難にならざるを得ない。また，破格の報酬や福利厚生，早期の抜擢など，引く手あまたのタレント人材に相応しい好待遇を用意することは，職務主義的管理のもとでは問題なくとも，属人主義が根ざしている職場の公平観とは相容れないであろう[32]。この点，多くの日本企業は，雇用保障，成長機会，やり甲斐のある仕事，信頼関係，組織文化など非金銭的な魅力を打ち出すことによって，諸外国企業が提示する報酬額との差を埋め合わせてタレント人材の確保・定着をはかることが現実的なのかも知れない[33]。

　いずれにせよ，日本型人事労務管理の本質である属人主義とアメリカ型人事労務管理の本質である職務主義はどちらも二面性を有している。目下，グローバル・スタンダードともいうべき職務主義的管理への移行が日本型HRMの目指すべき道であるとの声が優勢であるように思われるが，本章で確認したように両者の間には大きな隔たりがあるため，こうした方向での変革は容易ではない。そして，苦労の上に到達できたとしても，職務主義的HRMとて万能薬ではなく，従来日本が直面した諸問題の解決が望める代わりに，これまで日本が無縁でいられた問題を抱え込む可能性があることをあらかじめ自覚しておく必要がある[34]。

注

(1) 終身雇用については第4章も参照のこと。
(2) より正確には男性労働者にほぼ限定されてきた。
(3) ここで重きをおくというのは、採用やその後の処遇を決定する際の基準としてヒトを重視するということであって、ヒトという存在を何よりも尊重してきたことを必ずしも意味しない。
(4) 濱口（2009：序章）を参照。
(5) Vogel（1979）。
(6) Ouchi（1981）。
(7) ただし、両書ともに企業別組合という概念・用語を用いてはない。
(8) Ouchi（1981：pp.17-25；邦訳書，1981：38-48頁），Vogel（1979：pp.131-150；邦訳書，1979：160-180頁）。
(9) 他方、日本の終身雇用の「出口」にあたる定年制（通常は60歳で定年となる）は、アメリカ社会では年齢差別禁止法によって禁じられていることに留意せねばならない。
(10) ただし、これはホワイトカラーについてのみ当てはまることである。アメリカでは労働組合員であるブルーカラー労働者は人事考課の対象にはならない。経営側の評価を信頼していないからである。
(11) O'Toole（1973）。
(12) 倉田（1985：76-77頁；1986：47頁），奥林他（1992：第5章），朝日新聞（1972），熊沢（1976：84頁），庄村（2008：48-63，99-103頁）。
(13) Dertouzos et al.（1989）。
(14) Bluestone and Bluestone（1992：pp.103-104；邦訳書，1997：125-126頁）。
(15) 奥林（1991：175-176頁），岩出（2002：27-28頁），橋場（2000：125-128頁）。
(16) 倉田（1986：53-54頁）。
(17) 橋場，2000：138-141頁。
(18) Parker and Slaughter（1988：p.202；邦訳書，1995：352-354頁），篠原（2003：91-103頁）。
(19) Liker et al.（1999：pp.47-49；邦訳書，2005：58-82頁）。
(20) 石田（2003：87-88頁）。
(21) 石田・篠原（2014：38頁）。
(22) 橋場（2005：13-16頁）。
(23) しばしば「高業績作業慣行」（High Performance Work Practices：HPWP）とい

う表記もなされる。

⑭　例えば、雇用保障や内部昇進制度は、より多くの技能・知識を習得しようという従業員の意欲を高めるであろうし、経営側も教育・訓練への投資を回収できる見通しが高まる。さらに、教育・訓練はチーム制度やクオリティ・サークルによる業績への貢献度を高めるといった形で相互補完が実現するとの理解である。

⑮　この間、それぞれ1981～85年期4.32%、1986～90年期5.04%であった実質経済成長率の平均値は、以降1991～95年期1.34%、1996～2000年期0.76%、2001～05年期1.28%、2006～10年期0.26%と推移しておりその低調さが裏づけられる（内閣府「国民経済計算」より93 SNAに基づき算出）。

⑯　日本経済新聞（1993）。

⑰　日本経済新聞（2001）。

⑱　石田（2006：14頁）。

⑲　Organ, et al.（2006：p. 8：邦訳書、2007：4頁）。

⑳　Podsakoff et al.（2005：pp. 516-525）。

㉑　Ibid.（pp. 533-548）, Chen et al.（1998：pp. 927-928）。

㉒　守屋（2014：33頁）。

㉓　このように金銭的報酬（基本給、変動給）と非金銭的報酬（諸給付、業績管理、ワーク・ライフ・バランス、承認、能力開発など）を組み合わせ、労働者のモチベーション、コミットメント、エンゲージメント、定着度を高めようとするアプローチを「総合的報酬」（Total Rewards）という。

㉔　ここで日本型HRMという表現を用いたのは、変革の先に、ヒトという資源を信頼し尊重するという、理念としてのHRMと合致した管理が存在していてほしいとの願いを込めてのことである。

引用参考文献

秋本樹・コール、ロバート・E.、1983、「アメリカ自動車工場におけるQCサークル」『日本労働協会雑誌』第293号。

朝日新聞、1972、「アメリカから──〝モダンタイムス〟ますます深刻」（東京版）10月21日付朝刊。

安保哲夫編著、1994、『日本的経営・生産システムとアメリカ』ミネルヴァ書房。

石田光男、2003、『仕事の社会科学──労働研究のフロンティア』ミネルヴァ書房。

石田光男、2006、「成果主義について考えること」『国際経済労働研究』第958号。

石田光男・篠原健一編著、2014、『[新版]GMの経験──日本への教訓』中央経済社。

岩出博, 2002, 『戦略的人的資源管理論の実相——アメリカ SHRM 論研究ノート』泉文堂。
奥林康司, 1991, 『労働の人間化［増補版］』有斐閣。
奥林康司他, 1992, 『労務管理入門［増補版］』有斐閣新書。
熊沢誠, 1976, 『労働者管理の草の根——現代の労働・状況と運動』日本評論社。
倉田良樹, 1985, 『新しい労働組織の研究』中央経済社。
倉田良樹, 1986, 「アメリカ合衆国における QWL への関心と労使の対応」法政大学大原社会問題研究所編『労働の人間化』総合労働研究所。
篠原健一, 2003, 『転換期のアメリカ労使関係——自動車産業における作業組織改革』ミネルヴァ書房。
庄村長, 2008, 『現代職務設計の思想と現実』ふくろう出版。
田中和雄, 2006, 「人的資源管理の概念と体系」伊藤健市・田中和雄・中川誠士編著『現代アメリカ企業の人的資源管理』税務経理協会。
日本経済新聞, 1993, 「レーダー：人員吸収の余力なく」1月15日付朝刊。
日本経済新聞, 2001, 「社説：日本的雇用慣行に決別する松下電器」7月19日付朝刊。
橋場俊展, 2000, 「『小集団管理』と労働組合」島弘編著『人的資源管理論』ミネルヴァ書房。
橋場俊展, 2005, 「高業績作業システム（HPWS）の概念規定に関する一試論」『北見大学論集』第28巻第1号。
橋場俊展, 2009a, 「人的資源管理とは何か」澤田幹・平澤克彦・守屋貴司編著『明日を生きる人的資源管理入門』ミネルヴァ書房。
橋場俊展, 2009b, 「『高業績パラダイム』の批判的検討——Godard & Delaney の所論を中心に」『法経論叢』第26巻第2号。
橋場俊展, 2013, 「高業績を志向する管理の新潮流——従業員エンゲージメント論の考察」『名城論叢』第13巻第4号。
濱口桂一郎, 2009, 『新しい労働社会——雇用システムの再構築へ』岩波書店。
守屋貴司, 2014, 「タレントマネジメント論（Talent Managements）に関する一考察」『立命館経営学』第53巻第2・3号。
Bluestone, B. and I. Bluestone, 1992, *Negotiating the Future : A Labor Perspective on American Business,* Basic Books.（岡本豊訳, 1997, 『対決に未来はない——従業員参加の経営革命』新潮社）。
Chen, X., et al., 1998, "The Role of Organizational Citizenship Behavior in Turnover : Conceptualization and Preliminary Tests of Key Hypotheses," *Journal of Applied*

Psychology, Vol. 83, No. 6.

Dertouzos, M. L., et al., 1989, *Made in America : Regaining the Productive Edge,* MIT Press.（依田直也訳，1990,『Made in America――アメリカ再生のための米日欧産業比較』草思社）.

Lawler, E. E. III and S. A. Mohrman, 1985, "Quality Circles after the Fad," *Harvard Business Review,* January-February.（邦訳，1985,「宴のあとのクォリティ・サークル」『ハーバード・ビジネス』5月号）.

Liker, J. K., et al. (eds.), 1999, *Remade in America : Transplanting and Transforming Japanese Management Systems,* Oxford University Press.（林正樹監訳，2005,『リメイド・イン・アメリカ――日本的経営システムの再文脈化』中央大学出版部）.

Organ, D. W., et al., 2006, *Organizational Citizenship Behavior : Its Nature, Antecedents, and Consequences,* Sage Publications.（上田泰訳，2007,『組織市民行動』白桃書房）.

O'Toole, J. (ed.), 1973, *Work in America : Report of a Special Task Force to the U. S. Department of Health, Education, and Welfare,* MIT Press.

Ouchi, W. G., 1981, *Theory Z : How American Business Can Meet the Japanese Challenge,* Addison-Wesley.（徳山二郎監訳，1981,『セオリーZ――日本に学び，日本を超える』CBSソニー出版）.

Parker, M. and J. Slaughter, 1988, *Choosing Sides : Unions and the Team Concept,* A Labor Notes Book.（戸塚秀夫監訳，1995,『米国自動車工場の変貌「ストレスによる管理」と労働者』緑風出版）.

Podsakoff, P. M., et al., 2005, "Organizational Citizenship Behaviors : A Critical Review of the Theoretical and Empirical Literature and Suggestions for Future Research," *Journal of Management,* Vol. 26, No. 3.

Vogel, E. F., 1979, *Japan as Number One : Lessons for America,* Harvard University Press.（広中和歌子・木本彰子訳，1979,『ジャパンアズナンバーワン――アメリカへの教訓』TBSブリタニカ）.

Womack, J. P., et al., 1990, *The Machine That Changed the World : The Story of Lean Production,* Free Press.（沢田博訳，1990,『リーン生産方式が，世界の自動車産業をこう変える。』経済界）.

（橋場俊展）

第4章
人的資源管理としての日本型雇用とその変容

　いわゆる終身雇用を核とする日本型雇用管理は，日本経済の成長を支える柱の1つとして，高度経済成長期には一定の機能を果たした。しかしバブル経済崩壊以降の20年間は，非正規雇用の拡大に象徴されるように，その様相を大きく変貌させてきたように見える。本章では，この変容を人的資源管理論の枠組みから整理することによって，その合理性を検証し，従来の日本型雇用における「正規雇用重視志向」が根強く残っている点を踏まえて，現代企業における雇用管理の矛盾点を明らかにする。

第1節　「三種の神器」と日本型雇用管理

　企業経営の成否は，必要な経営資源，すなわちヒト，モノ，カネ，情報をいかにして効率的に調達，配分，運用するのかにかかっているといってもよい。そして，全ての経営資源を管理する主体は人間であるため，人的資源の管理がとりわけ重要性をもつことになる。その中で雇用管理は，企業の利益目的達成に必要な量と質の労働者を採用し，さらに，職務内容・企業への貢献度等を踏まえて，適正に配置（配置転換，昇進，そして退職までをも含む）することに関する活動を統括する機能である。すなわち，従業員の採用から離退職に至るまでの一連の流れを見据えた管理活動として位置づけられる。

　雇用管理が企業活動の一環として展開される以上，その基本原理は「職務に合わせて人を採用・配置する」ことであって，その逆ではない。つまり，あくまで経営資源有効活用のための合理的基準に照らして展開されるものである。しかし他方で，その実際の運用においては，労働力の所有者である労働者に対

する人間的配慮も必要となる。「たとえば配置管理については，本人の希望とか興味を尊重できれば労働力の効率的利用の程度に影響を及ぼす」というような可能性を考慮するならば，雇用管理のあり方全般が，こうした個人的事情への配慮にとどまらず，国や地域，時代によってそれぞれの独自性をもつのは当然のことであろう。

　日本型雇用管理の特徴としてしばしば取り上げられるのが，終身雇用，年功主義的処遇，企業別労働組合であるが，これについてはじめて言及したのがアベグレン，J.である。彼はまた，稟議制，多能工化，ゼネラリスト化，福利厚生施設の充実など，多岐にわたって日本型経営の特徴を捉えている。またその後の諸研究においては，新卒一括採用中心主義，長期雇用を前提とした長期内部育成システム（OJTとOff-JTを中心とする），そして個人の職務責任範囲を必ずしも厳格に規定しないでチームあるいはグループ単位での職務遂行を基本とする「柔軟な職務構造」といった要素が，複合的に絡み合った構造についての考察が加えられてきた。

　アベグレンは，当初終身雇用（lifetime commitment）や年功主義的処遇について，もっぱら日本の伝統に根ざす非効率なものとの見解を示していたが，1973年著作では「労働力の非常に効率的な配分に役立つ」というように評価を一変させている。また，日本に必要なのは，アメリカ的な生産方式，雇用慣行を導入することではなく，日本の社会組織に適合したものであるとの見解を示している。これは，企業組織がその国の社会環境の影響を免れないという「文化相対主義」を表すものであると同時に，経済合理性の追求と人間の志向や社会環境への配慮の適合という2つの課題をもつ雇用管理の本質につながる考え方といってもよい。ただ，企業経営の一機能として雇用管理を考察する場合，第一に必要とされるのは，それが合理性をもった経済活動としていかに展開されるのかという視点からのアプローチであり，文化的側面，心理的側面はそれへの媒介変数として捉えるべきなのであるとの認識は忘れられてはならない。

　日本国内で1970年代に起きたいわゆる「日本的経営論ブーム」はこうしたアプローチの影響を受け，一時期は社会人類学や文化論をベースとしたものが主

流となる。しかし，それらはアメリカ文化を旺盛に吸収してきた日本社会にとって，その文化の根源を見つめなおす契機とはなったものの，過度にこうしたアプローチを重視することによって，雇用管理もまた経済組織としての企業活動の一環であるという側面を過小評価してしまう危険性の併せもつものであった。

そこで，改めて日本型雇用システムの成立の背景と条件を，主として経済的側面から整理するならば，おおよそ以下の要因があげられる。[7]

①持続的経済成長により，企業規模は順調に拡大したため，そこで必要人員数や役職ポストも一般的に増加傾向にあった。
②高度経済成長期の日本はキャッチアップ型経済という特性を有していた。とくにプロセス・イノベーションに力点がおかれていた。そのような背景では，新規学卒者を中心とする協調的，同質的な人材が重要とされた。
③若年労働力は豊富であったため　終身雇用を貫いても，企業内の年齢別労働力構成が著しく歪むことはなく，人件費総額も急速に増加することもなかった。
④1950年代より，日本生産性本部等を中心に，生産力向上に向けた協調的労使関係の構築が重視され，労使間の価値観共有が促進された。[8]
⑤新卒採用中心主義は中途採用労働者の処遇を相対的に低いものとするため，同一企業での長期勤続志向はますます強くなった。つまり，労働者にとって，転職は大きなコストをともなうものであった。

総括するならば，高度経済成長期という特殊な時代・経済環境においては，同一企業で長期間勤続させることによって，長期的観点から人材育成・配置を行うことが，当該企業発展の原動力となると期待されると同時に，労働者個人の生活設計にとっても望ましいという合理的な判断が労使双方に働いていたと考えられるのである。

しかしやや詳細に見ていくと，こうした単純な図式だけで日本型雇用システ

ムが成立していたわけではないことが明らかとなる。

　まず終身雇用についてである。アベグレンは「どのような水準にある日本の工業組織でも，労務者は入社に際して，彼が働ける残りの生涯を会社に委託する。会社は，最悪の窮地においこまれた場合を除いて，一時的にせよ，彼を解雇することをしない。彼はどこか他の会社に職を求めてその会社を離れることはしない」と説明しているが，それはそもそも，企業で働く全ての労働者にあてはまるわけではない。例えば工場では1950年台後半から大量の期間工が使われてきたことに関しては既に多くの先行研究があるし，1960年代に入ると，サービス業でも数多くの女性労働者がパートタイムで雇用されるようになった。彼らは当然のことながら長期雇用を前提にした存在ではなかったし，企業の中核的人材として扱われていたわけではない。むしろ，しばしば景気変動や季節変動に対応して正規雇用労働者の雇用安定を維持するための緩衝材としての意味をもっていた。また，ブルーカラーや女性労働者の大半は定年まで同一企業に勤務し続けることはなかったため，毎年一定数の新規雇用があっても，企業全体として過剰雇用状態に陥るリスクは比較的低いものであった。こうした「終身雇用の範疇には入らない存在」があったからこそ，正規雇用の中で企業の中核的戦力として認められる労働者たちの雇用安定が成立し得たのである。

　ところで，日本における正規雇用（いわゆる正社員）とはどのような存在なのだろうか。『平成26年度労働経済白書』では，その定義として，①労働契約の期間の定めがない，②所定労働時間がフルタイムである，③直接雇用である，④主として大企業では，長期雇用を背景として，勤続に応じた処遇，雇用管理体系（賃金体系，昇進・昇格，配置，能力開発等）が行われる，といった点をあげている。またこの他に，「雇用の保障と引き換えに，転勤や出向をともなう異動・職務変更等を受け入れることが求められる」という点も指摘されよう。そしてこのことが，長時間労働や本人事情をあまり考慮しない転勤等の「無限定な働かせ方」の温床となっているとの批判は根強い。いわば，従業員を「身内の存在」として囲い込んだ上での同質化管理の温床となってきたのである。

　確かに，例えば日本企業における配置転換の頻繁さはかなり目を引く。労働

政策研究・研修機構調査[18]によると、過去5年間に配置転換を実施した企業は74.2％で、うち、職種変更をともなうことがあるという企業は65.1％にのぼる。とくに1000人以上の規模の企業では95.1％が配置転換を実施している。このような頻繁な配置転換が全て本人やその家庭の事情を考慮したものであると考えることには無理がある。正規雇用労働者の「無限定な働かせ方」を示す一端といえよう。

ただし、正規雇用の働き方が全面的に「無限定」であるという説明はいささか極論であるだろう。例えば、転勤命令に関しては、労働契約法第3条第5項、育児・介護休業法第26条でその適用がある程度制限されており、場合によっては「人事権の濫用」「労働協約違反」と認定されるケース（判例）[19]もある。また、職務の量、とくに労働時間の面での無限定性が多くの職場で存在するのは事実だろうが、職務の質（職種等の多様性）的側面に関しては、図4-1に見られるように、実態としてはまったく無限定に柔軟性が求められるような配置転換等が行われているわけではない。また、佐藤博樹[20]はゼネラリスト型と呼ばれる日本のホワイトカラーの約4割がこれまで経験した職能の数が1つであることを指摘し、実際には専門領域が比較的明確になっているとしている。

結局、無限定な働き方とは「会社の敷いたレール」に従って働くということ以上の意味をもつものではない。つまり、職務の「質」の面での働き方の広がりは、査定（人事考課）の結果次第であり、実際には、結果として特定企業での勤続期間を通じて、ある程度限定的な働き方しかさせてもらえない労働者が大半を占めるとも考えられるのである。

なお、いわゆる「エリート正社員」（職務が質量両面において相当程度無限定な働き方をしている者）という労働者層が存在することは、日本企業に限らず、多くの国においてごく一般的に見られる事実である。しかし日本の場合、工職身分撤廃等を通じて次第に正規雇用の領域が広げられ、同時に、全ての正規雇用労働者にエリート的処遇を施すことは不可能となっていったという歴史的経緯にも注目しておく必要がある。このため、エリート的処遇を享受することができるのは正規雇用全体のほんの一部に限定されるようになり、その選抜のため

図4-1 管理職層はこれまでどの程度「無限定」に職種を経験してきているのか

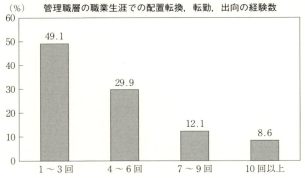

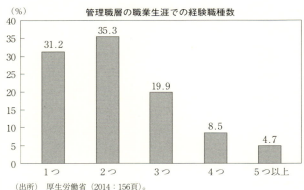

(出所) 厚生労働省 (2014：156頁)。

に，正規雇用全般に形の上での「無限定性」が広げられたとも理解されるのである。ただし，ここで重要なのはむしろ，そのように全ての正規雇用従業員に対して等しくチャンスが与えられるという幻想を抱かせることによって，その同質性を強めるとともに，全体としての忠誠心を高めることができるようになったという点だろう。

次に，新卒一括採用中心主義について見ておこう。

一般論として，このような採用方式は，メリットよりもデメリットのほうが強調される。まず就職を希望する学生にとっては，在学中に就職活動を行う必要があることから，学業と就職活動の両立という問題に直面することに加えて，

失敗した場合のリスクは極めて高い。つまり「再挑戦」や中途採用の道がかなり限定される。このため，選択の幅は狭くなり，十分な時間的猶予のないまま就職先の選択を強いられることになる。他方，企業側にとっては，少しでも早く，そして短期間に優秀な学生を採用するために，機会主義的な採用活動を行う可能性が高くなる。

　また，職務内容が必ずしも明確に定められていない中での採用・就職活動は，入社時点での職務遂行能力や労働環境・条件面でのミスマッチをあまり考慮しない，「様々な可能性を求めての活動」となるがゆえに，なるべく大規模の求職者母集団を形成した上でそこから優秀な人材を選抜していく，という行動に走りがちとなる。これが，求人側，求職側双方にとってコスト増となることはいうまでもない。また，在学中あるいは卒業直後に将来性を含む能力や適性を判断することは極めて困難であり，そのことによるリスクも考慮せねばならない。さらに，このように正規雇用採用ルートを限定することは，雇用の多様性推進の阻害要因となる。これに関してロス，A. は，特定時期に求職者が集中するという「混雑」が発生するがゆえに，労働市場は厚みを失い，正常に機能しなくなると指摘している[23]。

　労働市場の効率性という観点から見たとき，以上のように多くのデメリットがあるにもかかわらず，多くの企業でこうした採用慣行が踏襲されているのは，日本企業の働かせ方の特徴の1つである「柔軟な職務構造」がかかわっているからであろう。そこで労働者に求められるのは，個別企業における職務遂行慣行や考え方に対応できるかどうかという潜在的な力にすぎず，過去の経験や職歴のない状態で入社してきた人材を企業内で育成するほうが望ましいとされるのである[24]。このことは，例えば日本経団連の加盟企業を対象としたアンケート調査の結果[25]において，採用選考にあたって重視している点として「コミュニケーション能力」（86.6％），「主体性」（64.9％），「チャレンジ精神」（54.8％），「協調性」（51.8％）といった項目がならんでいること，また，経済同友会が行った同様のアンケート調査でも「熱意・意欲」「行動力・実行力」といった抽象的な項目が上位を占めていることからも推察できるところである[26]。

さらにいうならば，同質化管理を基本とする状況においては，人材を多様化させることはむしろ弊害であり，なるべく入社ルートを限定しておく必要があったということも指摘しておかねばならない。

　ところで，ここまで述べてきた雇用慣行において，勤続年数が長くなることにはどのような合理的意味があるのだろうか。

　一般論として，同一企業に勤続する年数が長くなるほどその企業固有の技能を身に付けると同時に，企業も転職確率が低くなることによって教育訓練をより充実させるインセンティブが働くために，結果として生産性は上昇するものと考えられる。ILOは1992年から2002年までの欧州13カ国におけるデータを用いて，平均勤続年数の長さと当該産業の生産性の伸びの相関を推計している。この推計結果によると，1年勤続年数が長いと0.16％生産性が上昇するとされている[27]（ただし，勤続年数1年超から9年までのコーホートの生産性が，他の年数階層に比べて高い）。つまり，国や地域による文化的差異には関係なく，ある程度の勤続年数を維持し続けることは，企業にとって生産性に好影響をもたらす可能性が高いのである。最近のデータを見ると，このことはある程度裏づけられる。すなわち，日本の平均勤続年数は男女全体で11.8年となっているが，他国でもほぼ同様の数字（ドイツ11.2年，フランス11.9年，イタリア12.3年，イギリス8.9年等）となっており，日本が突出して長いわけではないのである。[28]

第2節　日本型雇用モデルの変容：非正規雇用の拡大と多様化

　新卒一括採用中心主義と特定企業での長期勤続，そして年功主義的処遇を軸とする内部労働市場重視型の日本型雇用システムが機能してきたのには，高度経済成長期の到来と労働者の企業帰属意識の高まりという社会的背景があった。またそれは，職務区分の柔軟性や「すり合わせ型アーキテクチャ」といった職場の特性と相互作用するものであった。さらに，外部労働市場が未発達であったことも見逃してはならない。だが他方で，人材調達をある程度外部労働市場に頼らざるを得ない新規産業分野や中小企業では実践されにくいものでもあっ

第4章　人的資源管理としての日本型雇用とその変容

た。

　外部労働市場の脆弱さ，不完全さは，翻って内部労働市場の相対的な強さとそれへの依存度の大きさにつながる。高度経済成長期においては，それがいわば企業内福祉の役割をも果たしてきた。ただし，それはあくまで「内部」に入ることができた者にのみ与えられる権利であったともいえる。日本型雇用システムは，実は，ある一定層の労働者の犠牲の上に安定性を保っていたのである。他方，こうした「丸抱え」あるいは「囲い込み」型の雇用管理は，自助努力によるキャリアアップの幅を制限してきたことも忘れてはならない。

　このような特徴が変容しはじめる大きな契機とされているのが，1990年代前半のバブル経済崩壊にともなう「日本型経営システム見直し」の議論（例えば，舞浜会議における激論）と日経連（当時）による1995年の「新日本的経営」モデル提唱である。しかし，実は，それ以前から，とくに労働力の流動化（労働移動の促進）および外部労働市場の活用については，日本型モデルを修正に向けての提言が行われていた。以下はその主なものである。

・経済同友会（1984年）

　これまでの企業内での配転・出向など，いわゆる内部処理によるものと外部労働市場の他，両者の中間的なものとして，「人材の仲介・派遣」を中心とする新しい組織がより広範な問題に柔軟に対応できる労働市場として構築されるべきと提言。

・経済同友会（1987年）

　「変革期の企業経営者には，労働力の流動化を企業活性化のテコとする積極性が求められる」と強調。

・日本生産性本部（1987年）

　「多様化管理」（異質，異能主義に立って個を尊重し活かす，すなわち意志と適性に従った人材の育成，評価，活用）ならびに「労働市場のオープン化」（企業内労働市場のオープン化や連合化をはかり，人材の確保・活用を有効にすること）を提唱。

・労働省（1987年）

　ハイブリッド人材編成（正規雇用抑制と非正規雇用拡大による「異質な人材の総合

図 4-2　津田真澂による労働市場の概念整理

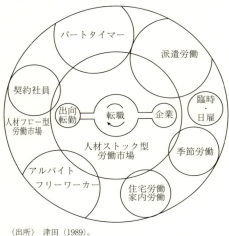

(出所)　津田 (1989)。

化」)，人的資源・報酬ルールの見直し，業務の外部化戦略（別会社化，人材派遣の積極的活用など）を提唱。これは，これまでの同質化管理に代わる「異質化管理」の胎動と位置づけられている。

　また，津田真澂は，労働市場像を「ストック型」と「フロー型」に分類した上で，フロー型労働市場は，労働力不足の領域を補完するだけでなく，企業の環境適応施策に即応してストック型労働力を代替するものとして発展するであろうと指摘している。とくに「フロー型によるストック型の蚕食」が急速に進むと予測している点が注目される（**図 4-2**）。

　日経連1995年提言は，バブル経済の崩壊という新たな経済局面を踏まえて，雇用のみならず，処遇や能力開発等，経営全般にわたる見直しを示唆したものであるので，一応これらの動きとは切り離して考えるべきかもしれない。ただ，雇用システムに関する言及を見ると，企業全体のスリム化，フレキシブル化をはかるために，そしてまた，労働者側の生活や価値観の多様化に対応するために，雇用形態を3グループ（長期蓄積能力活用型グループ，高度専門能力活用型グループ，雇用柔軟型グループ）化した上で，次第に長期蓄積能力活用型を削減し，雇用柔軟化グループや高度専門職グループが増加するべきであるとしており，必ずしも終身雇用型従業員を前提にしない雇用システムへの移行を目指しているという意味では，1980年代後半からの流れを引き継ぐものといってよいだろう。[33]

　この報告は，発表当時日本企業の多くがその歩むべき方向を模索していたこともあり，その後の流れに決定的な影響を与えた。[34] これ以降，非正規雇用の拡

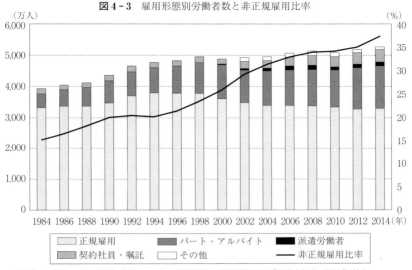

図4-3 雇用形態別労働者数と非正規雇用比率

(出所) 2000年までは総務省「労働力調査(特別調査)」, 2002年からは「労働力調査(詳細集計)」。

大とその多様化(パートタイムだけでなく, 派遣労働などの増加)が急速に進んでいくのである(図4-3)。

ただし, 非正規雇用の拡大という現象を表面的に捉えてはならない。図4-4の通り, 雇用形態の多様化の進行によって, 1990年代には常用雇用労働者の割合は低落傾向に転じたものの, 2012年以降は急激に反転しており, 企業による正規雇用一定確保の志向が垣間見られる。その要因は種々考えられるが, 少なくとも個別の企業が労働力の流動化を無限定に進めようとしているわけではないことは確かだろう。

また, 図4-5および図4-6は, 正規雇用＝長期雇用という従来の枠組みがある程度堅持されていることを示唆している。従来のカテゴリーでいうところの終身雇用タイプの労働者に関する限り, 同一企業に勤続し続ける傾向は, 必ずしも失われてはいないのである。

以上見てきたように, 1990年代半ば以降の変容は劇的なものであるが, 他方で, それまでの正規雇用を中心に据え, これを長期的に雇用し続けることに

図4-4 雇用者に占める常用雇用労働者の割合

(注) 常用雇用労働者とは，雇用契約の形式を問わず，期間の定めなく雇用されている労働者，あるいは有期雇用の契約を繰り返し更新し1年以上継続して雇用されている労働者，および採用時から1年以上継続して雇用されると見込まれる労働者のことをさす。
(出所) 厚生労働省「雇用動向調査」各年度版をもとに筆者作成。

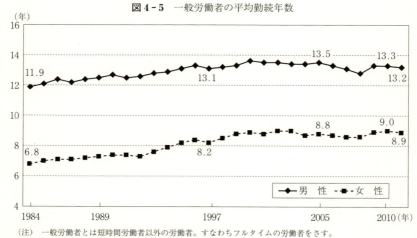

図4-5 一般労働者の平均勤続年数

(注) 一般労働者とは短時間労働者以外の労働者。すなわちフルタイムの労働者をさす。
(出所) 厚生労働省「賃金構造基本統計調査」各年度版をもとに筆者作成。

よって，中核的戦力として育成していこうとする姿勢は，今日に至るまで根本的には変化していないというのが，現代日本における雇用システムの姿ということになる。

図4-6 年齢別に見た初職からの離職回数割合（2012年就業基本構造調査による）

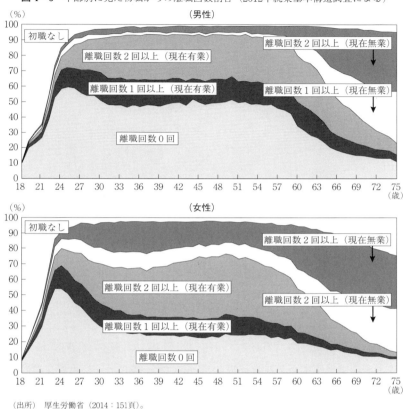

(出所) 厚生労働省（2014：151頁）。

第3節　人材ポートフォリオと「雇用の境界」

　ところで，特定の企業で働く労働者をいくつかに区分し，その合理的な組み合わせを行うべきであるとの示唆は，もちろん日経連だけのものではない。

　アトキソン，J.は，労働市場の需給変動や経済環境の変化に対応して，量的・質的に柔軟に人材活用を行い，同時に適切な労働費用を実現することを目指して，3つのフレキシビリティ（①数量的フレキシビリティ：主として需要変動

図4-7 アトキンソンの「フレキシブル企業」モデル

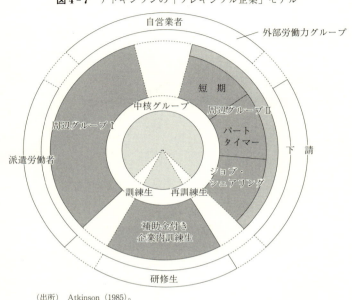

(出所) Atkinson (1985)。

等に対応した従業員数の柔軟な増減、②機能的フレキシビリティ：多技能化、多能工化による職務範囲の柔軟化、③財務的フレキシビリティ：人件費の変動費化）を備えた「フレキシブル企業」モデルを提唱している。そして、とくに重要なのは、企業内で働く労働者を中核グループと周辺グループに分類し、さらにその外側に派遣労働者や自営業者などの外部労働力グループを配置している点である。このうち、中核グループに入り、機能的フレキシビリティを要求されるのは主として正規雇用労働者である。他方で周辺グループは、正規雇用ではあるものの、熟練を必要としない職務に従事し、昇進の可能性もほとんどないグループと、パートタイム労働者や短期契約労働者などのグループに分類されるが、いずれも数量的フレキシビリティを担う存在、つまり需要変動に対応して雇用人員数が増減する層として扱われる（**図4-7**）。

アトキンソンのモデルは、労働力グループについて、ホワイトカラー、ブルーカラーといった職務内容別ではなく、中核と周辺という新たな区分を行った上

第4章　人的資源管理としての日本型雇用とその変容

図4-8　リパックとスネルの人的資源アーキテクチャ

(出所) Lepak and Snell (1999)。

で，不確実性の高くなっている社会環境・経済環境に適応するためには，緊急対応的な措置ではなく，恒常的な方策として，両者それぞれに柔軟性を求めたという点で，特徴的である。ただ，各労働者グループを分類する際の尺度，要素が何であるのか，そしてその決定を行うプロセスがどのようなものであるのかについては，必ずしも明確にはされていない。

リパック，D.P. とスネル，S.A. は，企業に必要な人材を，その「戦略的価値（strategic value）」と「希少性（あるいは特殊性：uniqueness）」という2つの尺度によって4つに分類し，これらを適切に組み合わせる「人的資源アーキテクチャ」を提唱する（図4-8）。彼らのモデルは職務内容ではなく，人的資源の特性によって分類を行った上で，それぞれの象限における人的資源管理施策を具体的に示しており，雇用形態によってその管理方針が異なってくることを明確に示している。ただ逆に，それぞれのグループが担うべき職務内容の具体像がやや曖昧になってしまっている面がある。

平野光俊は，職務内容に関する尺度である「業務の不確実性」と人的特性に関する尺度である「人的資産特殊性」を軸にして，「人材ポートフォリオシステムモデル」を提起している（図4-9）。彼のモデルは職務内容と人的資源特

図4-9 平野光俊の「人材ポートフォリオシステムモデル」

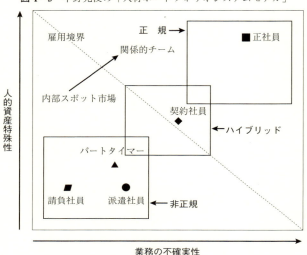

(出所) 平野 (2010)。

性の両方を尺度として用いているという点では，日経連モデルと若干の共通性をもつものの，雇用形態については「正規」「非正規」「ハイブリッド」[35]というように，より単純明快に表している点で，理解しやすいものとなっている。また，直接雇用であるパートタイム労働者，間接雇用である派遣労働者や請負労働者など，非正規雇用の中での多様化にも一定の目配りがなされている。ただ，それぞれのグループの雇用・就業形態とその職務内容には明確な対応関係が示されているわけではない。そのため，平野自身も認めているように，ホールドアップ問題[36]やモラルハザード問題[37]を抑制・回避し，労働者のモチベーションとコミットメントを強化するために，グループ間の移行を行うなどの工夫が必要となることに留意しておかねばならない。

　以上のように，人的資源のポートフォリオ，雇用の境界線設定に関する議論は，いずれも現代企業においては人的資源の特性に合わせた雇用管理を行うことによって，その多様性を高め，経営戦略との親和性を強めるべきであることを示唆しており，雇用形態の差異に着目してこなかった旧来の人的資源管理論

の展開とは一線を画すものとなっている。しかし，人的資源管理の実践的展開を見据えたとき，さらに考慮すべきいくつかの問題が存在する。

そもそも人的資源管理論はヒトを経営資源として扱うがゆえに，経営戦略論との結びつきを強めたとき，あるいは経営戦略実践のための諸活動の一環として位置づけられたとき，いわゆる資源ベースアプローチとしての性格が極めて強くなる。すると，人的資源そのものも，例えば，その市場価値，希少性，模倣困難性といった基準でその有用性が測られるようになる[38]。ただ，競争優位性獲得には直接関係なくとも，日常的な経営に不可欠な職務やそれを担う人材は必要である。そこで，前者を中核的人材，後者を周辺的人材と位置づけ，中核的人材は自らの手で内部育成，能力開発を行っていく一方で，代替人材や補充人材が見つかりやすい後者はなるべく外部労働市場で調達することによって，企業全体のフレキシビリティを高め，市場状況や経済状況のあらゆる変化に対応できる体制をとろうとする。ここに，「make か buy か」という課題が生まれるのである[39]。

make 型の人材調達は[40]，長期にわたる内部での育成を前提とするため，企業特殊技能や機能的フレキシビリティを身につけさせることに向いている。また職場内での複雑な協働，すり合わせを行わせる組織風土を醸成させやすい。ただ，教育投資をはじめとする管理コストは増加する。また有望な人材の途中離職というリスクは避けられないし，そもそも，長期的観点からの育成の結果が，ある時点での経営戦略遂行と適合的であるかどうかの保証はない。他方で，buy 型の人材は，必要に応じて採用・退職（雇止め）を行うため，数量的フレキシビリティと財務的フレキシビリティを実現させやすい。つまり，即時性を確保することによって，当該企業の経営状況，経営戦略との適合性を強いものにすることができる。ただ，短期的な雇用を前提とすることが多いため，教育訓練投資はあまり積極的に行われず，企業特殊技能を身につけさせることができない上に，組織風土になじませるためには別の工夫が必要となる。また，適切な量と質の人材が調達できるかどうか，言い換えれば，調達した人材の実践的な技能・能力の面での現場への適用性は，外部労働市場の状況にかなりの程

度依存することになる。また，一般に，外部労働市場が活性化するほど，外部採用が盛んになり，結果として今度はリテンション問題(41)が発生する。これは内部育成のリスクを増大させるとともに，有能な人材を外部から調達するコストは増大する。

　このように両者は一長一短の性格をもつため，現実的にはこれら2つのタイプを適切に組み合わせて雇用管理を行おうとするのが極めて自然な姿ということになる。そしてその際の決定基準は，主として取引コストにあると言って差し支えない。結局のところ，経営戦略と密接に結び付いた人的資源管理は，人的資源を「コスト」として捉えるアプローチとしての性格を強めるのである。

　取引コスト理論によるアプローチに従えば，取引される経営資源の特性によってそのコストが異なってくるため，「makeかbuyか」の選択もまた資源によって異なる様相を呈する。人的資源の場合，発揮される労働力そのものの特性はもちろんであるが，それを所有する人間の特性（個性）もまた，その調達方法，利用方法に大きく影響する。ところが，競争優位性をもたらす資源としての見方に大きなウエイトをかけると，ともすれば労働者の人格的特性は副次的な要素へとその位置を後退させられてしまう。

　さらに重要なのが，どの人材までを内部育成型とするのか，という境界線設定の問題である。まず，競争優位確立・保持に必要な中核的人材は，その時点での経営戦略の立て方，あり方によって変化する。コア・コンピタンスとされていたものが競争力源泉としての意味を失ったために，それを担っていた人材が余剰となることは十分に考えられるし，それとは逆に，新たなコア・コンピタンスを生み出す可能性のある人材をどの程度確保・保有しておくべきなのかということも大きな課題である。また，市場価値や希少性，模倣困難性といった優位性も技術革新や破壊的イノベーション(42)が起きることによって，瞬時に失われる。つまり，ある企業にとっての「中核」を規定することは極めて難しい判断が要求されるのである。さらに付言するならば，現代社会において経営戦略にスピードと柔軟性が求められることは当然であるとしても，ヒトを扱う人的資源管理がどこまでそれに追随できるのかという問題も残る。つまり，人的

資源の調達や配置転換，整理は，人間の都合や意思をまったく無視して強引に行うことは困難であるため，どうしても他の経営資源に関する措置と比べて，経営戦略適合までにタイムラグが生じることが考えられる。これを最小にするためには，アトキンソンのように各労働力グループに柔軟性を求めるだけでは不十分であり，企業全体のより根源的な柔軟性をもたらす仕組み，いわば「メタ・フレキシビリティ」とでもいうべきものを組織内に構築することが必要となる。

以上のように，総じてポートフォリオに関する議論では，雇用区分の境界線の引き方について，相当の流動性があること，そして，実際の職務遂行のためには区分したものをいかに結合し，融合していくのかという点が重要であることに対する考察が十分になされていないといえるのである。

第4節　日本型雇用管理変容の実態とその矛盾

考察してきたように，雇用管理をポートフォリオの概念にもとづいて新たに展開させることには大きな課題が残されている。しかし，「人的資源の使い分け」を行うことによって，柔軟性を高めるという方向そのものは，それを経営活動の一環として捉えたとき，大きな修正を迫られることはないだろう。1990年代以降の日本企業においてそれが一定程度受け入れられてきたのは，それまでの雇用管理の硬直性に対する認識の高まりが背景にあった。裏を返せば，先に紹介した日本型雇用慣行は高度経済成長という特定の時期においてこそその合理性を発揮することができたものであることの証左といえるだろう。

だが他方で，データをやや詳細に見るならば，その変容は必ずしも直線的に進行しているわけではなく，従来の「正規雇用重視」の考え方は根強く残っていることも既に見てきた。そこで，日本企業における雇用管理はどのような方向に向かおうとしているのか，人材ポートフォリオという観点から検討しておこう。

まず，業務状況や競争上の課題に応じて，各雇用形態の人材をどのように使い分けているのか，その全体像を労働政策研究・研修機構の2010年調査報告で

図4-10 日本企業における業務状況や競争上の課題に応じた人材活用の実態

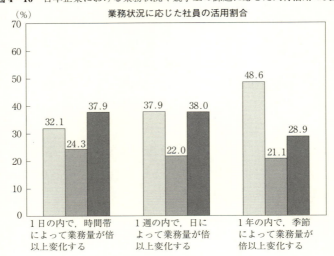

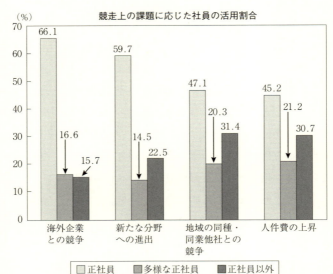

(注) 1:「多様な正社員」とは、ここでは正社員のうち、「一般職社員」「職種限定社員」「勤務地限定社員」「所定勤務時間限定社員」を総称したものとして定義している。
  2:活用割合は、調査対象企業における直接雇用の全労働者に占める雇用形態別労働者割合を、有効回答企業数で平均した値。
(出所) 労働政策研究・研修機構（2010）（事業所調査）。

第4章 人的資源管理としての日本型雇用とその変容

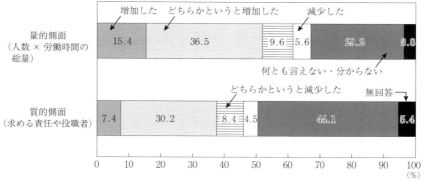

図4-11 非正規雇用労働者の仕事の拡大

(出所) 労働政策研究・研修機構 (2013)。

確認してみよう (**図4-10**)。同調査によれば,より短期間で業務量が変動すればするほど,職務,勤務地,時間等が限定されない形で働く正規雇用労働者の割合は低下する傾向が見られる一方で,正規雇用以外の活用割合が高まっている。「多様な正社員」についても,より短期間で業務量が変動するほど,わずかながら活用割合が高まる傾向が示される。他方,「地域の同種・同業他社との競争」「人件費の上昇」といった課題に直面している場合,非正規雇用労働者の活用を進めており,「多様な正社員」についてもわずかながら活用が進んでいることが分かる。また,業務量にかなりの変動がある場合でも正規雇用が担当する場合は相当数あり,海外への展開や新たな分野への進出といった極めて経営戦略色の強い職務にも正規雇用以外の担当がある程度見られる。つまり,「雇用形態による使い分け」には必ずしも明確な方向性があるわけではない。

もう少し具体的に見ていこう。

第1に,**図4-11**および**表4-1**に見られるように,非正規雇用労働者の従事する職務は,質的にも量的にも拡大している。そして,正規雇用労働者の比率が低い職場ほどこの傾向は明確である。また,非正規雇用でありながら,正規雇用労働者と同じ職務に従事している者が相当数にのぼっている (**表4-2**)。さらに,いわゆる「パート管理職」など,非正規雇用でありながら,企業や職場の

表4-1 非正規雇用労働者の仕事の変化 (単位:%)

	n	仕事の範囲				仕事の内容				仕事の量			
		広がった	変わらない	狭まった	無回答	高度になった	変わらない	簡単になった	無回答	増えた	広がった	減った	無回答
全体	1,979	289	1,366	9	315	295	1,353	8	323	377	1,242	35	325
	100.0	14.6	69.0	0.5	15.9	14.9	68.4	0.4	16.3	19.1	62.8	1.8	16.4
正社員数（企業）													
100人未満	407	13.0	67.8	0.2	18.9	15.5	65.4	―	19.2	17.7	60.7	2.0	19.7
100〜299人	775	12.9	73.2	0.3	13.7	13.9	71.4	0.3	14.5	16.8	66.3	2.5	14.5
300〜999人	488	15.8	68.6	0.8	14.8	16.8	67.4	0.8	15.0	20.3	63.3	1.4	15.0
1000人以上	275	21.5	62.9	0.7	14.9	14.9	69.5	0.7	14.9	27.3	57.5	0.4	14.9
正社員比率（正社員数/従業員数全体×100）													
2割未満	222	18.9	71.6	0.5	9.0	19.4	71.6	0.5	8.6	25.2	63.5	2.3	9.0
2〜5割未満	342	20.5	73.1	―	6.4	21.9	70.8	0.6	6.7	26.0	67.0	0.3	6.7
5〜8割未満	576	16.0	77.6	1.2	5.2	17.7	75.7	0.7	5.9	22.6	68.6	2.8	6.1
8割以上	839	10.1	60.8	0.1	29.0	8.9	61.5	0.1	29.4	12.2	56.9	1.5	29.4

（出所）労働政策研究・研修機構（2014a）。

表4-2 非正規雇用労働者が正規雇用労働者と同じ仕事をしている割合（事業所調査） (単位:%)

	全体	ほとんどの人が同じ仕事をしている	同じ仕事をしている人は半分くらい	同じ仕事をしている人は少数	同じ仕事をしている人はいない	無回答
契約社員	916	47.2	14.2	21.1	11.9	5.7
パート・アルバイト	1,457	25.7	13.6	25.2	30.7	4.8
派遣社員	658	34.0	10.5	18.7	22.8	14.0

（出所）労働政策研究・研修機構（2014a）。

管理的業務，中核的業務を担っている者も一定の割合で存在している（**表4-3**）。

　これらのことは，相対的に正規雇用から非正規雇用への「置き換え」，そして非正規雇用の基幹労働力化が進んでいることを表している。この場合，基幹労働力化とは量的なものと質的なものに大別される。前者は，職場単位での非正規雇用比率の上昇と仕事の量的拡大をさす。すなわち非正規雇用労働者が担う仕事量が相対的に増加し，彼らの働きなくしては職場自体が機能しなくなる

第4章　人的資源管理としての日本型雇用とその変容

表4-3　「パート管理職」の状況
(単位：%)

正社員とパートの両方を雇用している事務所	パートの役職者がいる	役職者の種類（複数回答）			パートの役職者はいない	無回答
		所属組織の責任者等ハイレベルの役職（店長，工場長等）まで	現場の責任者等中間レベルの役職（フロア長，部門長等）まで	所属グループのみの責任者等比較的一般従業員に近い役職（フロア長，ライン長等）まで		
総数　[61.0]　100.0	6.5　(100.0)	(25.4)	(19.3)	(66.4)	91.7	1.8

(注)　1：[　]は全事業所のうち，正社員とパートの両方を雇用している事業所の割合。
　　　2：(　)は「パートの労働者がいる」事業所のうち，従業員の種類に回答のあった事業所を100とした場合の割合。
(出所)　厚生労働省（2011）。

表4-4　雇用形態別・非正規雇用を利用する理由
(単位：%)

	n	専門的業務に対応するため	即戦力・能力のある人材を確保するため	正社員を増やせないから	正社員をより重要な業務に特化させるため	正社員に向けて見極めをするため	景気変動に応じて雇用量を調節するため	長い営業（操業）時間に対応するため	1日，週の中の仕事の繁閑に対応するため	臨時・季節的業務の変化に対応するため	労働コストの節減のため	正社員の育児休業等の代替のため	働く人のニーズに合わせるため	その他	無回答
契約社員	916	40.1	42.4	33.3	11.0	34.8	10.8	5.7	4.9	6.4	30.5	7.6	17.0	6.1	3.8
パート・アルバイト	1,457	22.6	25.0	35.7	14.6	10.2	16.5	14.3	28.5	19.2	46.3	6.7	38.7	6.2	2.2
派遣社員	658	32.7	39.5	33.3	10.0	8.2	27.1	6.2	3.8	27.4	19.5	23.4	8.1	4.1	3.6

(出所)　労働政策研究・研修機構（2014a）。

ような状況である。これに対して後者は，非正規雇用でありながら管理職（あるいはそれに準じる職務）など職場の中核的業務やより高度な業務に従事する労働者の増加をさす。そして，近年の傾向は，この両面において基幹労働力化が進み，もはや非正規雇用＝周辺労働力という一面的な捉え方ができなくなっていることを示しているのである。

　このような状況の進行は，多くの経営者が，非正規雇用を活用する最大の理由として，労務コストの削減や変動費化があげていることと無縁ではない。**表4-4**に示した通り，比較的最近のアンケート調査結果を見ても，パート・アルバイトの場合「労働コスト節減のため」が最大の活用理由となっている。また，派遣労働者や契約社員の場合には「専門的業務に対応するため」や「即戦力・能力のある人材を確保するため」といった回答が上位を占めるが，「正社

員を増員できないから」も3分の1の回答となっており，さほど大きな差はない。また，景気変動や季節変動などへの対応策としての活用をあげている企業も一定の割合を占めている。これらは，ヒトを雇用することにかかわる金銭を，経営資源獲得のための投資としてよりも，できるだけ削減ないしは柔軟な変動が可能なコストとして捉えていることの証左であろう。もちろん，専門的職務に従事する者を含めた全ての非正規雇用労働者に対してそのような扱いがなされているわけではないが，少なくとも，雇用ポートフォリオや人材ポートフォリオ論が描いてきた，職務内容やその価値といった基準にもとづく雇用の境界区分の考え方だけでは整理しきれない現象が起きていることは事実である。[45]

　しかし他方で，前述の通り，平均勤続年数その他については過去20年間大きな変化はなく，新卒一括採用・長期的雇用継続を前提とする正規雇用労働者を戦力として最重視する傾向は根本的には揺らいでいない。[46] その結果，彼らを中核に据える雇用管理（特に採用・育成方針）の変革は進まず，その歪みが賃金や処遇の面での格差拡大という形に表れているのである。

　従来からの正規雇用中心の管理方針・方策を大きく変更しないままに非正規雇用の拡大を進めてきた現代日本企業の雇用管理における矛盾は，以上のように整理することができる。たとえ比較的短期間の雇用であっても，それ相当の職務遂行を担わせる以上，労働者の能力開発や配置，処遇を体系的に調整された管理が必要となるはずであるし，そこでは正規雇用労働者との格差について十分な配慮が行われなければ，職務を遂行していく上での職場の一体性が崩れ，「柔軟な組織構造」あるいは「すり合わせ型アーキテクチャ」といった日本の職場の特徴を失う恐れが増すものと危惧される。この点について，十分な考慮を行った上で基幹化や置き換えを推進していかなければ，いかに経営戦略との適合性を標榜しようとも，長期的には競争優位性の喪失につながりかねない，という問題が内在しているのである。そして，それを防ぐには，非正規雇用労働者の利用と人材ポートフォリオについて，モチベーション，コミットメント，能力開発，キャリアといった観点にも目配りした，より明確な指針と雇用管理機能全体を見据えた体系的な制度構築が必要となる。[47] 連合総研は，「非正社員

雇用の増大や外部労働市場の活用といった業務の外部化は企業収益に対してプラスの影響を与えているとする一方で，人的資源・研究開発力・社員コミットメント・組織運営の効率化などを意味する企業組織力に対しては非正社員化の進展はマイナスの影響を与えている[48]」と述べているが，こうしたマイナスの影響が企業収益にも及ぶ可能性は，ますます高くなっているのかもしれない。

第5節　戦略適合的な雇用管理とは

　雇用管理・人的資源管理が企業活動の一環として行われるものである以上，当該企業の経営戦略や経営方針との適合性が求められるのは当然のことであろう。また，企業をめぐる社会的・経済的環境が激変する現代においては，企業のあらゆる活動に柔軟性がますます必要となっていることも論を待たない。雇用ポートフォリオ，人材ポートフォリオの議論は，本来そうした要求に応えるべく構築されたモデルである。しかし，これまでの考察から，その実際の運用にあたっては，モデルには含まれていない種々の要素が加味されなくてはならないことが明らかとなってきた。

　現代企業においては，長期間にわたる競争優位性の確保と，より高い付加価値の追求が求められる。しかし，それは必ずしも「付加価値の高い人材の確保」によって自動的に達成されるものではない。そこで注目されるべきは，むしろ組織の有する能力・ケイパビリティを生成・維持・向上させる仕組みが寄与する部分だろう。ティース，D. は，資源ベースによって競争優位性を確保しようとする組織が，2つの硬直性，すなわち個別資源のストック強化によって陥る硬直性と各経営資源の相互補完作用が強くなることによって外部資源を導入することが阻害されるという意味での硬直性が生まれやすい，と指摘した上で，それを解決するための能力（ダイナミック・ケイパビリティ）として，内部と外部のコンピタンス（competence）を統合，構築，再構成することの重要性を提起している[49]。この定義に従えば，人材ポートフォリオをいかにして「統合・構築・再構成」していくのかが最も肝要ということになるのである。

では，そのような仕組みの源泉となる能力とは具体的に何をさすのか。ティースは，機会と脅威を感知・構想する「感知力（sensing）」，機会を活用する能力である「具現化力（seizing）」，企業の無形・有形の資産を拡張したり，結合・保護したり，必要に応じて再構成することによって競争優位を維持するという「再構成力（reconfiguring）」という３点をあげている。これらがいわば「メタ能力」としての役割を果たすわけだが，それは，組織あるいはそこに属する個人が有していれば，自ずから発揮されるというものではない。組織がある程度長期にわたって存続する限り，伝統的に蓄積されてきた制度や慣習，経営者・労働者双方の意識や価値観といったものがバイアスとして作用することは避けられないのである。これまでに整理してきた日本の現状はこのことを端的に表しているといえよう。

　ただし，経営戦略適合的な雇用管理を進めようとする中で，こうした一見非合理的にも見えるものを阻害要因と捉えることは正しくない。それは，「経営合理性追求」の名のもとに，そこで働く人々の意志や志向を矮小化し，排除することにつながりかねないからである。少子高齢化社会の到来，男女共同参画型社会構築への要請，経済のグローバル化の進行といった動きが加速する中で，現代の企業経営者には，ダイバーシティ（多様性）を意識し，これをプラス要因として経営に活かしていくことが求められている。そこで必要とされるのは，単純な尺度だけに頼って労働者を分類し，整理することではない。労働力の利用にあたっては，本章冒頭で述べたように，個人への配慮や国，地域，時代といった要素を考慮に入れなければならないという雇用管理の基本スタンスに立ち返り，人的資源の「資源としての特性」（他の資源との相違＝ヒトとしての側面）を意識し，そのモチベーションやコミットメントといった意識に強く働きかける管理のあり方を模索・構築していくことである。さもなければ，雇用管理が本質的に有する不完備契約，限定合理性といった不確定要素を逓減させていくことは困難であろう。

第6節　補論：「多様な正社員」あるいは「限定正社員」をめぐって

　先に示した図4‒10には「多様な正社員」という言葉が使われている。その意味は注記に記した通り，勤務地や勤務時間，職務内容が限定されている正規雇用労働者のことである。これは，「限定正社員」あるいは「ジョブ型雇用」[50]とも表現され，新しい雇用形態として2010年代以降急速に注目され，政府が提示する成長戦略の中でも重要な位置を占めるようになっている。ここでは，それが日本企業の雇用管理にもたらす影響を，これまで述べてきた趣旨に沿って若干整理しておきたい（以下では，「限定正社員」という表記に統一する）。

　「限定正社員」が政策論議になったのは，「多様な正社員構想」（2010年7月厚生労働省雇用政策研究会報告書「持続可能な活力ある社会を実現する経済雇用システム」）において，正規・非正規労働者の二極化解消のための方策の1つとして，「多様な正社員」の環境整備が提言されたことに端を発する。その後の「規制改革会議答申」（2013年6月）では「ジョブ型正社員を増やすことが，正社員一人一人のワーク・ライフ・バランス能力を高め，多様な視点をもった労働者が貢献する経営（ダイバーシティ・マネジメント）を促進することとなり，労使双方にとって有益である」とされている。すなわち，無限定ともいえる働き方を強いられてきた正規雇用労働者改革の第一歩としてこれを位置づける形がとられている。しかし，同じ時期に出された同会議の雇用ワーキンググループ報告書では，その解雇について，「過去の裁判例では，勤務地・職務が限定されていることを考慮し，無限定正社員とは異なる判断を行う事例も多く見られる」，「職務や勤務地が消滅した際には，無限定正社員とは異なる人事上の扱いをうける可能性が大きい」というように，その解雇が通常の正規雇用より容易になることへの期待を示しており，必ずしも労働者側に立った議論としてスタートしたわけではないことは明らかである[51]。また，そもそも正規雇用労働者の職務がどの程度「無限定」であるのかについて厳密に分析が行われた結果の提言ではない。

ところで，厚生労働省の「多様な形態による正社員」に関する研究会報告（2012年3月）によると，当時既に約5割の企業が多様な正社員に該当する雇用区分を導入済みであった。とくに，勤務地限定型の正規雇用制度は，今や数多くの大企業で普及している。にもかかわらず，こうした政策提言が相次いで出されたのは，「人事上，その特性に沿った取り扱いが必ずしもなされていない」（上記ワーキンググループ鶴光太郎座長のペーパー「ジョブ型正社員の雇用ルールの整備について」2013年4月）との認識があったからである。それは，事実上限定正社員の扱いであっても従来型の正規雇用と同様の雇用契約，職務規定等が適用されるために，結局極めて硬直的な運用しかできないとの強い観念が政府や経営者団体にあることを反映していた。

　こうした問題はさておき，もしもこの形態が労働者の生活と雇用の安定を担保するような雇用保障の制度をともなって整備され，「多様な働き方」を実現するものとなるならば，ディーセント・ワーク，ワーク・ライフ・バランスへの第一歩として評価できるのかもしれない。企業側にとっても，労働者側のニーズに対応しつつ，適材適所に配置できる優秀な人材を確保できるというメリットがあるのは事実である。

　しかし他方で，雇用の多様化とその使い分けの現状がここまで見てきたように混沌としたものであるとするならば，新たな雇用形態の導入は，ポートフォリオの整備とその統合・構築・再構成のプロセスをますます複雑なものにするだけでなく，正規雇用間での「選別」と「少数精鋭化」への道具として利用される危険性をはらむことになる。少なくとも，入職時点では職業上の明確な目標や生活設計図をもたない多くの若年労働者にとっては，「限定型」を選択することは自らの可能性を制限してしまうことを意味するため，さしあたっては「非限定型」の正規雇用形態を選択することが一般的な姿となるだろう。それはその後のキャリアアップの過程では，「生き残り」をかけた激しい労働者間競争につながる。結局，限定型，非限定型を問わず，長時間労働が助長される恐れが潜在化するのである。明確な雇用契約違反はある程度抑制されるとしても，日常的な職務遂行の中で職務範囲や労働時間面での「限定」逸脱を完全に

シャットアウトすることは，極めて困難である。新卒一括採用中心主義そのものを根本的に変革し，労働者が自らの職業生活についての将来像を描くことのできるような仕組みが整備されなければ，この制度は企業への帰属意識，忠誠心をかえって強める道具へと転化することが憂慮されるのである。

この制度を労働者の自立的な職業生活設計に資するものとして機能させるには，①個々の労働者の職務範囲の明確化と，それに合わせた職場単位での集団的職務遂行の仕組みの見直し，②雇用契約遵守の文化の醸成，③労働者の自主的な判断を主軸に据えた「非限定型」と「限定型」の相互転換の保障，④両者のバランスのとれた処遇，⑤労使双方の意識変革による，両者間の差別意識排除の徹底とコミュニケーション促進による「職場の一体感」の維持，そして⑥「非限定型」が「自己責任」の名のもとに，それこそ無限定に働かされることを防ぐ仕組みが必要であろう。しかしそれは，企業側の要請する適材適所かつ柔軟な人員配置とは齟齬をきたす可能性があり，同時に，採用・育成・配置・評価という人的資源管理全体の流れ・体系をより複雑なものにする要因ともなる。政府の提言等にこうした点の検討を望むことには無理があるかもしれないが，個別企業での実施にあたっては，避けて通れない課題なのである。

注

(1) 谷本（2000：29頁）。
(2) 長谷川（1989：130頁）。
(3) 黒田（1986：89-90頁）。
(4) 石田（1985：第1章）。また，藤本隆宏の「組み合わせ型アーキテクチャ」と「すり合わせ型アーキテクチャ」という整理も，基本的にはこれと同じ認識にもとづくものである（藤本，2004）。
(5) Abegglen（1958；1973）参照。
(6) 石田（2007）。
(7) 日本的制度雇用研究会（1997）。
(8) ただし，協調的労使関係が労働組合から「対抗する力」を奪い，超過勤務や過重労働に対する歯止めを失わせてしまったことには留意しておかなければならない（熊沢［2013：第3章，第4章］などを参照のこと）。

(9) Abegglen（1958，占部訳，15頁）。

(10) ゴードン，A. によると，大企業では，臨時工（縁辺従業員）の利用は1960年前後にいったんピークを迎えている。例えば東芝の場合，1960年から1962年にかけて，その比率は全従業員の30％を超えている（ゴードン，2012：411-421頁）。

(11) 例えば，1970年の段階で，雇用されている女性のうち12％はパートタイムであった（筒井，1991）。

(12) 高梨（1980）。

(13) 辻（2005）では，同じ正規雇用でも男子労働者と女子労働者で15年勤続者の割合が大きく異なることを指摘している。

(14) ゴードン（2012：411頁）。

(15) 厚生労働省（2014：94頁）。

(16) 久本（2010）。久本は「職務の包括性」という言葉を使って，職務範囲があいまいであること，企業の要請に応じて配置転換などが行われるということを説明している。また，こうした正規雇用労働者の働き方について，濱口は「メンバーシップ型雇用」，菅山は「企業封鎖型労働市場」という言葉を用いて，批判的に説明している（濱口，2009；菅山，2011）。

(17) ここで，同質化管理とは，企業内で働く労働者に同じような職業意識，企業への忠誠心をもたせることによって，管理しやすくすることを意味する。それはまた，異分子排除の思想にもつながりやすいことを指摘しておかねばならないだろう。

(18) 労働政策研究・研修機構（2013）。

(19) 東亜ペイント事件（最二小判昭61.7.14　労判477-6）等の判例により，権利濫用の判断基準として①業務上の必要性があるか，②不当な動機・目的はないか，③労働者の不利益が大きくないか，というようなことがあげられるようになった。

(20) 佐藤（2002）。

(21) 久本（2010）。

(22) 厚生労働省2012年調査結果によると，過去1年間（2011年8月からの1年間）に新規学卒者採用枠での正規雇用を募集した事業所のうち春季の一括採用のみと回答した事業所割合は，全体で70％，1000人以上規模の企業では73％となっている。

(23) Roth（2007）。すなわち，彼は就職協定破り等の行動がそもそも企業側のモラルの問題ではないとするのである。

(24) これを「白い布」仮説と呼ぶ。採用時点では他社の社風に染まらず，白い布のような状態の者のほうが，「何色にでも染めやすい」として重宝されるということであろう。なお永野（2012）では，この仮説の妥当性が検証されている。

⑳　日本経済団体連合会（2013）。
㉖　経済同友会（2012）。
㉗　Auer, Berg and Coulibaly（2004）。内閣府，2006,「平成18年度年次経済財政報告——成長条件が復元し，新たな成長を目指す日本経済」コラム6も参照されたい。
㉘　労働政策研究・研修機構（2014b：214頁）。ただし，アメリカは4.6年で，きわだって短い。
㉙　長谷川廣はこのような管理方策を，労働者の無権利状態のもとでの企業への従属・忠誠心と引き換えに施された，大企業のご都合主義的労務管理政策」であると断じている（長谷川，1989：131頁）。
㉚　1994年2月に千葉県舞浜のホテル，ヒルトン東京ベイにおいて，経済同友会の主催で行われた研究会。ここで，今井敬（当時新日鉄社長）と宮内義彦（同オリックス社長）の間で，日本企業は従業員重視路線をとるべきか，株主重視路線に舵を切るべきか，というテーマについて激論が交わされた。
㉛　日本経営者団体連盟（1995）。
㉜　これら一連の提言の背景には，1986年に施行された労働者派遣法（労働者派遣事業の適正な運営の確保および派遣労働者の就業条件の整備等に関する法律）の存在があることは言うまでもない。ただ，派遣労働者の利用がまだある程度限定的に制度設計されていた段階で，このように経営者団体や政府機関から，これをさらに推し進めようとする動きがあったことには注目しておきたい。
㉝　日経連報告については多くの紹介文献があるが，さしあたり，その後10年間の動向も含めて紹介している澤田（2006）を参照されたい。
㉞　ただ，日経連報告は，雇用ポートフォリオを唯一絶対のものとして企業に提示したわけではなく，その後のもっぱら人件費削減ならびにその物件費への置き換えを目指した非正規雇用の拡大は，日経連が意図したものではなかったとの指摘もある（八代他，2015）。
㉟　平野によれば，ハイブリッドとは，具体的には契約更改を繰り返して企業特殊技能を中程度に高めた基幹化非正規雇用，ないし雇用は保障されるものの拘束性を正規ほど求めず勤務地や職種を限定した正規雇用などをさす。
㊱　例えば，採用後の早期離職のような労働者側の機会主義的行動が考えられる場合には，企業特殊技能などを身につけさせるための教育訓練投資を抑制しようとすること。
㊲　例えば，業務不確実性が高まることによって，雇用主による労働者の行動の観察不可能性が大きくなり，労働者の機会主義的行動のコントロールが難しくなるため

に，彼らの労働力発揮にインセンティブを与えるような契約を設計することが必要となること．
(38) バーニー，J.B. はこの 3 つを競争優位確立に向けて獲得すべき経営資源の尺度として整理している（Barney, 1991）．
(39) Stroh and Reilly (1994), Cappelli (2008)．
(40) 内閣府（2006）では，以下のように産業特性によって雇用システムが make 型かそれとも buy 型かが分かれてくると分析している．

「各産業が持つ技術特性によって雇用システムとの相性が異なることが考えられる．具体的には，IT 産業のように，非連続的な技術革新が短期間に生じるような産業では，企業内で人材を育成するよりも，その時々で必要な技能を持った人材を社外から採用して対応することが求められるため，どちらかというと雇用の流動性の高い国（例えばアメリカ）との相性がよいと考えられる．他方，自動車産業のように，技術革新が従来技術の連続線上にあるような産業では，企業内部においてその企業固有の技能をもった人材を育成することが求められるため，どちらかというと雇用の流動性が低く協調型賃金制の国（例えば日本）との相性がよいと考えられる」．

(41) 優秀な人材が外部に流失しないように引き留め策を講じなければならなくなる，という問題のこと．
(42) 破壊的イノベーションは，従来商品の価値を破壊し，全く新しい技術や価値観のもとで行われることによって，市場を席巻するものであるから，極端な場合，既存技術やその持続的イノベーションのプロセスの市場価値を短期間のうちに無にしてしまうことすらあり得る．すると，それを担っていた人材の処遇をどうするのか，という問題が表面化するのである（Christensen, 1997）．
(43) もちろん，1970年前後からいわゆる能力主義管理の考え方は広まっていたし，製造現場では多能工化の動きは既にはじまっていた．また，「異動のフレキシビリティ」が高まったのもおおよそこの時期とされている（久本，1998：第 2 章）．つまり，1990年代に至るまで，日本企業に経済環境の変化に即した柔軟性追求の動向がなかったわけではない．
(44) 日本経団連（2014）では，「同じ職務」とはどのような状況をさすのかについて，職務の範囲や責任・権限の重さ，労働時間，人事異動の範囲や頻度等の項目にわたって，具体的に提示している．これは，正規雇用と非正規雇用の賃金・処遇格差が大きな社会問題となっていることを相当強く意識していることの表れであろう．
(45) 表 4–4 で示した質問の回答選択肢にはないが，非正規雇用が雇用する側にとって，雇用にまつわる責任の負担軽減につながるという側面も無視することはできな

第4章　人的資源管理としての日本型雇用とその変容

い。すなわち，雇用管理そのものの省力化，簡略化である。労働力を利用する側が雇用主ではない間接雇用の場合，このことはとくに顕著である。伍賀一道は，人材派遣業者について論述する中で，彼らが「雇用主責任代行サービス」を果たすと強調している（伍賀，2009）が，このような目的で非正規雇用活用を進めることによって，採用から配置，育成，処遇そして退職に至るまでの一連の流れを統括・管理することを重視する人的資源管理体系そのものが崩されることが懸念される。

(46)　労働政策研究・研修機構（2014a）によると，管理職従業員の育成・登用方針について，内部育成・昇進を重視する企業が約7割であるのに対して，経験人材の外部調達を重視する企業は1割以下にとどまっている。

(47)　例えば，佐野嘉秀は，定着管理の観点から，法的に配置が要求される請負の現場だけではなく，派遣労働者の働く職場においても，不満や要望にきめ細かく対応し，職場のコミュニケーションを促進する存在としてのリーダーを配置することの必要性を主張している（佐野，2010：210-211頁）。

(48)　連合総合生活開発研究所（2003）。

(49)　Teece（2009）。

(50)　濱口圭一郎は従来型の正規雇用（メンバーシップ型雇用）に対するものとして，このような表現を用いている（濱口，2009）。

(51)　日本経団連は2013年4月の提言「労働者の活躍と企業の成長を促す労働法制」の中で労働・雇用分野における規制緩和を求めており，その中で，限定正社員については解雇権乱用法理がそのままあてはまらない，との見解を示している。つまり解雇規制緩和の要請の一環としてこれを受け取ることができる。こうした主張の背景には，「解雇の四要件」に代表される日本の解雇規制が厳しすぎるとの認識があるだろう。しかしOECD調査による正規雇用の雇用保護法制の強さについての国際比較を見ると，日本はOECD諸国の平均からやや弱い部類（2013年OECD平均2.04，日本1.62，OECD 34カ国中26番目の雇用保護の強さ）である（OECD, 2013）。

(52)　このことは，これまで日本企業で実践されてきた複線型人事制度やコース別人事制度の実態をみれば容易に推し測ることができよう。例えば渡辺（2001）等を参照されたい。

引用参考文献

石田英夫，1985，『日本企業の国際人事管理』日本労働研究機構。
石田英夫，2007，「日本型経営に関する覚書き――人的資源からの考察」『東北公益文

科大学総合研究論集』第13号.
熊沢誠, 2013, 『労働組合運動とはなにか——絆のある働き方をもとめて』岩波書店.
黒田兼一, 1986, 「募集・採用・配置管理」白木他石編『現代人事労務管理論』八千代出版.
経済同友会, 1984, 「ME 化の積極的推進と労使関係——"中間労働市場"の提案」.
経済同友会, 2012, 「企業の採用と教育に関するアンケート調査」.
経済同友会社会問題委員会・雇用問題小委員会, 1987, 「労働力流動化時代に備えて」.
厚生労働省, 2011, 「2011年度パートタイム労働者総合実態調査」.
厚生労働省, 2012, 「労働経済動向調査」.
厚生労働省, 2013, 「平成25年度労働経済白書」.
厚生労働省, 2014, 「平成26年度労働経済白書」.
伍賀一道, 2009, 「派遣労働は働き方・働かせ方をどのように変えたか——間接雇用の戦後史をふまえて」『大原社会問題研究所雑誌』第604号.
伍賀一道, 2014, 『「非正規大国」日本の雇用と労働』新日本出版社.
ゴードン, A./二村一夫訳, 2012, 『日本労使関係史——1853-2010』岩波書店.
佐藤博樹, 2002, 「キャリア形成と能力開発の日米独比較」小池和男・猪木武徳編『ホワイトカラーの人材形成』東洋経済新報社.
佐野嘉秀, 2010, 「生産請負・派遣企業におけるリーダー配置とスタッフの定着化——職場でのコミュニケーションを通じた定着管理」佐藤博樹・佐野嘉秀・堀田聰子編『実証研究日本の人材ビジネス——新しい人事マネジメントと働き方』日本経済新聞出版社.
澤田幹, 2006, 「日経連『新時代の日本的経営』から10年」法政大学大原社会問題研究所編『2006年版日本労働年鑑』旬報社.
社会運動ユニオニズム研究会・労働政策グループ, 2013, 「『ジョブ型正社員』と安倍政権の進める雇用改革」『労働法律旬報』第1802号.
菅山真次, 2011, 『「就社」社会の誕生』名古屋大学出版会.
高梨昌, 1980, 「『不安定雇用労働者』問題」『日本労働研究雑誌』第22巻第6号.
谷本啓, 2000, 「従業員の採用と昇格の管理」島弘編『人的資源管理論』ミネルヴァ書房.
辻勝次, 2005, 「大企業における長期雇用慣行の実態」『立命館産業社会論集』第41巻第1号.
津田真徴, 1989, 「衰退の中での日本の企業と社会」『ビジネス・レビュー』(一橋大学産業経営研究所)第36巻第3号.

筒井清子，1991，「女子労働者の労務管理」吉田和夫・奥林康司編『現代の労務管理』ミネルヴァ書房。

内閣府，2006，「平成18年度年次経済財政報告（経済財政政策担当大臣報告）――成長条件が復元し，新たな成長を目指す日本経済」。

永野仁，2012，「企業の人材採用の動向――リーマンショック後を中心に」『日本労働研究雑誌』第619号。

日本経営者団体連盟（日経連），1995，『新時代の「日本的経営」』。

日本経済団体連合会（日本経団連），2013，「新卒採用（2013年4月入社対象）に関するアンケート調査」結果。

日本経済団体連合会（日本経団連），2014，『多様化する雇用・就労形態における人材活性化と人事・賃金管理』。

日本生産性本部雇用処遇研究センター，1987，『労働市場の変容と総合人材管理』。

日本的制度雇用研究会，1997，「日本的雇用制度の現状と展望」労働省職業安定局編『雇用レポート'97』。

長谷川廣，1989，『現代の労務管理』中央経済社。

濱口圭一郎，2009，『新しい労働社会――雇用システムの再構築』岩波書店。

久本憲夫，1998，『企業内労使関係と人材形成』有斐閣。

久本憲夫，2010，「正社員の意味と起源」『季刊　政策・経営研究』第2号。

平野光俊，2010，「三層化する労働市場」『組織科学』第44巻第2号。

藤本隆宏，2004，『日本のものづくり哲学』日本経済新聞社。

八代充史・牛島利明・南雲智映・梅崎　修・島西智輝編，2015，『『新時代の「日本的経営」』オーラルヒストリー――雇用多様化論の起源』慶應義塾出版会。

連合総合生活開発研究所，2003，「雇用管理の現状と新たな働き方の可能性に関する調査研究報告書」。

労働省人事・労務管理研究会人材調整システムに関する専門委員会報告，1987，「企業活力の維持とこれからの人事・労務管理」。

労働政策研究・研修機構，2010，「多様な就業形態に関する実態調査」。

労働政策研究・研修機構，2013，「構造変化の中での企業経営と人材のあり方に関する調査」。

労働政策研究・研修機構，2014a，「多様な就業形態と人材ポートフォリオに関する実態調査」。

労働政策研究・研修機構，2014b，『データブック国際労働比較2014』。

渡辺峻，2001，『コース別雇用管理と女性労働［増補改訂版］』中央経済社。

Abegglen, J. C., 1958, *The Japanese Factory : Aspects of Its Social Organizations*, Free Press.（占部都美監訳, 1958,『日本の経営』ダイヤモンド社）。

Abegglen, J. C., 1973, *Management and Worker : The Japanese Solution*, Sophia University.（占部都美監訳, 1974,『日本の経営から何を学ぶか・新版日本の経営』ダイヤモンド社）。

Abegglen, J. C., 2004, *21st Century Japanese Management : New Systems, Lasting Values*, Palgrave Macmillan.（山岡洋一訳, 2004,『新・日本の経営』日本経済新聞社）。

Atkinson, J., 1985, "Flexibility, Uncertainty and Manpower Management," *IMS REPORT*, No. 89, Institute of Manpower Studies.

Auer, P. J. Berg and I. Coulibaly, 2004, *Insights into the Tenere-Productivity-Employment Relationship*, Employment Analysis and Research Unit.

Barney, J. B., 1991, "Firm Resources and Sustained Competitive Advantage," *Journal of Management*, Vol. 17, No. 1.

Cappelli, P., 2008, *Talent on Demand : Managing Talent in an Age of Uncertainty*, Harvard Business Press.（若山由美訳, 2010,『ジャスト・イン・タイムの人材戦略——不確実な時代にどう採用し, 育てるか』日本経済新聞出版社）。

Christensen, C. M., 1997, *The Innovator's Dilemma*, Harvard Business School Press.（玉田俊平太監修／伊豆原弓訳, 2001,『イノベーションのジレンマ——技術革新が巨大企業を滅ぼすとき』翔泳社）。

Lepak, D. P. and S. A. Snell, 1999, "The Human Resource Architecture : Toward a Theory of Human Capital Allocation and Development," *Academy of Management Review*, Vol. 24, No. 1.

OECD, 2013, *Employment Outlook*.

Roth, A. E., 2007, "The Art of Designing Markets," *Harvard Business Review*, Vol. 85, No. 10.

Stroh, L. K. and A. H. Reilly, 1994, "Making or Buy Employees : The Relationship between Human Resources Policy, Business Strategy and Corporate Restructuring," *Journal of Applied Business Research*, Vol. 10, No. 4.

Teece, D. J., 2009, *Dynamic Capabilities and Strategic Management*, Oxford University Press.（谷口和弘他訳, 2013,『ダイナミック・ケイパビリティ戦略——イノベーションを創発し, 成長を加速させる力』ダイヤモンド社）。

（澤田　幹）

第5章

企業内教育訓練・能力開発の課題
——キャリア形成支援との関連から——

　　　　内的キャリア形成と外的キャリア形成を密接にリンクさせる日本型雇用
　　　システムのもとでの教育訓練・能力開発は，1990年代後半以降の社会環
　　　境，経済環境，そして労働者の意識の変化，多様化にともない，次第に限
　　　界を露呈させた。その中で注目されるようになったのが，エンプロイアビ
　　　リティ論であり，キャリア論である。本章では，これらが労働者の「自
　　　立」につながるか否かという点も意識しながら，人的資源管理の一機能と
　　　しての教育訓練・能力開発のあるべき姿を提示していく。

第1節　日本型雇用管理のもとでの教育訓練，能力開発

　一般論として，教育の成果は，何よりも第1にそれを受けた個人のものとして具現化される。したがって，成果をあげられるかどうかは，あくまで個人の責任となる。しかし，それが企業内の活動である人的資源管理のプロセスとして行われる場合には，少々様相が異なる。教育を受ける個人（労働者）だけでなく，実施主体である企業側もまた，どのような成果を期待できるのか，そしてそれは費やした費用や時間に見合うものであるのかについて関心をもたざるを得ない。つまり，教育訓練等にかかる費用や時間は一種の先行投資と捉えられ，それが回収可能であるかどうかが実施にあたっての重要な基準となる。企業におけるヒトへの投資が収益を生むための合理的活動であることを示したベッカー，G. S. は，労働者の技能が教育や訓練，経験によって蓄積されることで形成され，長期間にわたって発揮されるものと規定した上で，企業内における訓練を一般的なそれと企業特殊的訓練に分類し，個別企業の枠を超えて発

揮され得る一般的生産能力を身につけるための一般的訓練は，従業員が転職した場合にその費用を回収できなくなる恐れがあるため，企業としては消極的になると説明している[1]。また，カペリ，P. は，雇用契約そのものが本来このようなリスクを有していることを，「不完備契約」(incomplete contract) の概念を用いてやや具体的に説明している[2]。

不完備契約としての側面を単純に解すれば，長期勤続が予想される労働者への教育ほど，リスクが少ないことから，費用や時間をより多くかけて行うインセンティブが働き，逆に，雇用の流動化が進めば進むほど，こうした投資は抑制されることになる。しかし，こうした不完備性が不可避であるからこそ，求める職務内容や水準に労働者を確実にフィットさせ，リスクを少しでも減じることによって，安定的な職務遂行を実現するためには，たとえ短期間しか就労が見込めない労働者に対してでも，ある程度の企業内教育訓練・能力開発が不可欠であるという考え方もできよう。

とくに，人的資源管理理論は，人的資源の調達（募集・採用）から育成・配置・処遇・退職までの一連の流れを体系的に整理しようとするものであるから，教育訓練や能力開発についても管理プロセス全体の中での位置づけを明確にして，これを実施することが求められる。この点について，上林憲雄は，教育訓練投資を十分に行い，学習・成長させることができれば，人はむしろ競争優位に向けて大きな源泉となり得る，と理解されている点に人的資源管理理論の大きな特徴の1つを見出している[3]。そしてその戦略的重要性は，多くの企業が認識しているところである。例えば，2013年に労働政策研究・研修機構の行ったアンケート調査を見ると，自社の競争力の源泉として，技術力（現場力）や顧客ニーズへの対応力など，人的資源が個別に有する能力をあげる企業が多く，また，競争力をさらに高めるための強化すべきものとして，「人材の能力・資質を高める育成体系」と回答する企業が52.9％にものぼっているのである（図5-1）。

だが他方で，教育の成果が最終的には労働者個人に帰属し，企業側が期待する投資効果も，労働力を実際に発揮する人間の思惑やモチベーション次第であ

第5章　企業内教育訓練・能力開発の課題

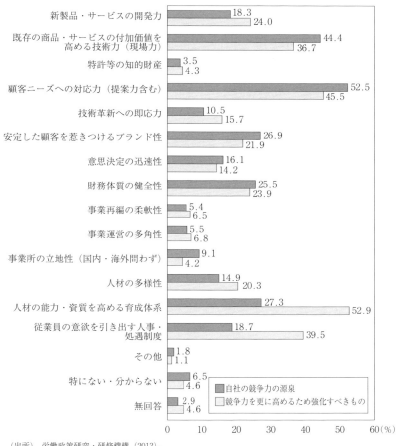

図5-1　自社の競争の源泉と，競争力をさらに高めるために強化すべきもの（複数回答）

（出所）労働政策研究・研修機構（2013）。

るということは事実である。つまり，企業内で行われる教育の内容は，個人の成長意欲やキャリア意識の変化・多様化などにある程度の影響を受けざるを得ない。したがって，戦略的有用性や費用対効果だけに偏したものは，企業・労働者双方にとって実りの少ないものとなってしまう。それは，組織風土や組織文化，労働者の意識や価値観とも密接にかかわるものなのである。

　それでは，日本企業の教育訓練・能力開発はどのように行われてきただろう

図 5-2 日本の典型的巨大製造企業における教育訓練体系図

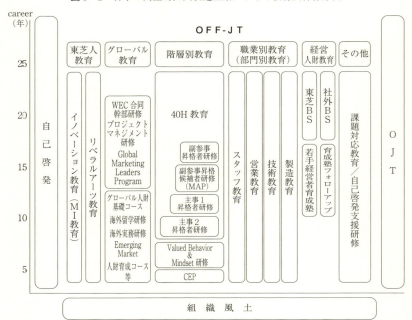

(出所) 東芝のサイトより (https://www.toshiba.co.jp/saiyou/about/kensyu.html 2015年9月7日アクセス)。

か。**図 5-2** は，日本の典型的巨大製造企業の教育訓練体系を表したものである。ここで注目されるのは以下の点だろう。

①OJT（On the Job Training）と OFF-JT（Off the Job Training）という二本の柱を有していること

②入社時の研修から管理職研修まで，階層別教育が行われていること

③将来の幹部（中核的人材）候補育成が視野に入れられていること

④組織風土が基盤におかれ，職種別（部門別）に必要なスキルを身につける教育だけではなく，企業人としての幅広い教養や創造性発揮に向けた教育が行われていること

もちろん，これはあくまで大規模製造企業のホワイトカラー労働者の例であって，このような整備された教育体系を有している企業は多数派ではないの

かもしれない。ただ，これが典型的な体系であるとされるのは，第4章で述べた日本型雇用システム，すなわち新卒一括採用中心主義と長期勤続（終身雇用）をある程度前提とした，make 型の人材調達メカニズムと密接に関連しているからである。このような体系では，主として OJT によって企業特殊技能や固有の「仕事の運び方」，「すり合わせ方」を習熟させる一方で，新規学卒者に対して社会人として一般に備えるべき見識や知識等を身につけさせることによって，戦力としての高度化がはかられる。転職を前提としない労働者のキャリア形成は，主に当該企業内での昇進・昇格とリンクして行われる（外的キャリアと内的キャリアの同一視）ため，階層別教育は労働者個人にとっても，内部労働市場を活用しようとする企業にとっても重要な意味をもつ。労働者個人にとってのキャリアの具体的な成果としては，外形的なものが優先され，内面的なそれは副次的なものと見なされてきたのである。また，全ての土台となる組織文化や組織風土も，このような教育体系の中で醸成されていく。つまり，日本企業の典型的企業内教育訓練・能力開発は，人材育成という点ではその雇用システムのもとでの長期的人事計画と不可分の関係にあるのだが，それと同時に，労働者の企業への一体感，忠誠心を強固なものにする装置としても機能してきた。言い換えれば，取引コストの観点から考えられる経済的合理性という観点だけではなく，文化，風土，価値観といった非経済的側面においても，企業がこれに注力することには大きな意味があったのである。

　これらは，勤続期間が比較的長期間になると予想される正規雇用労働者の能力を高め，企業の収益性向上や長期的発展に資する仕組みとしては，確かに一定の合理性を有する。労働者にとっても，自らが長期間にわたってその企業で働くであろうという意識があるからこそ，組織文化や企業特殊技能を身につけることに意義を見出すことができる。しかし，現代の日本企業では非正規雇用の活用と雇用形態の多様化が急速に進みつつあり，上記の範疇には当てはまらない労働者が数多く存在している。また，これにともなって，自らのキャリア形成のあり方について，特定企業には必ずしも依存しない（外的キャリアと内的キャリアの分離）者が増えていることも事実である。

第2節　エンプロイアビリティと「自立的能力開発」論

　日本型雇用慣行の変容と成果主義型処遇制度の台頭が顕著になった2000年前後より，これまでの教育訓練・能力開発方針を転換しようとする機運が高まった。その議論の中心となったのが，エンプロイアビリティ（employability）論[5]である。

　この用語がはじめて用いられたのは，20世紀初頭にまでさかのぼる。そして，1950年代までは労働者の肉体面あるいは精神面での健康の有用性に関する議論として捉えられていたが，その後，アメリカでは雇用情勢の複雑化にともなって，職務遂行能力や知識，スキル，適性なども，その「移転可能性」という観点から考察の対象とされるようになった。1990年前後以降は，雇用する側からは，労働者が環境変化に柔軟に対応する能力をこれに含めて考えられるようになり，また雇用される側にとっては，自らのキャリア形成とその連続性維持のための手段としてエンプロイアビリティを重視する傾向が強まった。総じていうならば，それは「雇用され得る能力」を意味し[6]，したがって，労働市場における需要と個人の能力との間にある「距離」に着目した議論ということができる。

　ここで注意しておかなければならないのは，アメリカの議論が，経済環境の激変や市場の不安定性を契機にしてその範囲を広げてきたことである。つまり，これは必ずしも労働者の自立的なキャリア形成への積極的な意味をもつものという観点から考えられてきたわけではない。もともと随意雇用原則（employment at will doctrine）が判例法として確立しているアメリカでは，正規雇用労働者にとっても雇用は絶対的に保証されているものではない。しかしそのままでは，労働者のモチベーションに悪影響を及ぼす可能性があることから，「雇用を保証しない代わりに，現在の所属組織を離れても，他の組織で現在と同等以上の条件で雇用されるような能力を身につけてもらうための能力開発に対する支援を行うようになった（エンプロイアビリティ保障）[7]」という側面は見逃

されてはならないのである。エンプロイアビリティそのものがこうした社会的要請の中でクローズアップされてきたものであるが故に，これを安直に労働者自立論に結びつけて論じることはできないのである。

　日本でエンプロイアビリティ普及を提言したものとしては日経連の NED (Nikkeiren Employability Development) モデルがよく知られている[8]。これは，職務で発揮される能力を「当該企業の中だけで発揮される能力」，「当該企業の中では発揮することができない能力」，「中と外の両方で発揮される能力」に区分し，キャリア・ステージ（能力形成のレベルに応じた段階）ごとに，企業による支援や仕事を通じて身につけた能力か，あるいは自助努力により身につけた能力なのかという整理を行って，エンプロイアビリティを次第に労働者自身が身につけていくべきであることを示唆したものである（図5-3）。つまり，「企業・従業員相互依存型」から「従業員自律・企業支援型」への切り替えの提案である。

　この「従業員自律・企業支援型」という方向性は，1990年代半ばより各種経済団体の提言などで打ち出されていた労働者の自律・自己責任論を引き継ぐものである。ただ，能力開発に従業員の主体性を求めるという考え方は当時としてはそれなりに目新しかったものの，具体的内容として提示されるのは，「OJT を中心とした企業での人材育成と自己啓発（一部企業の支援をともなうことがある）との組み合わせ」であり，「キャリア・ステージの初期には OJT などに重点があるが，進むにつれて自己啓発などに重点が移っていく」という，それまでの日本企業の実態をかなりの程度踏襲したものにとどまっている。つまり，外部労働市場で評価され，労働移動を可能にする能力よりも，「当該企業の中で発揮され，継続的に雇用されることを可能にする能力」に重点がおかれているのである。したがって，非正規雇用として不本意ながらも職を転々とする労働者がどのようにして自律的にエンプロイアビリティを確立していくのかという点についての検討は十分ではない。これでは，各企業にとって，外部労働市場からの優秀な人材獲得への道筋はつけられないため，新卒一括採用中心主義の雇用慣行から脱却をはかる方向へのインセンティブはさほど働か

図 5-3　日経連の NED モデル

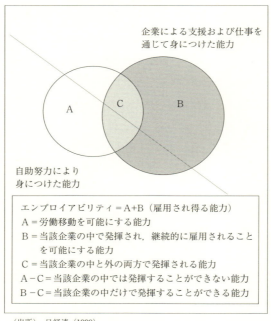

(出所)　日経連 (1999)。

ず，労働コストの削減や変動費化，需要変動への対応といった目的以外での積極的な非正規雇用活用は促進されないのはやむを得ないことだったかもしれない。

その後出された厚生労働省報告書[9]では，エンプロイアビリティを「労働市場価値を含んだ就業能力，即ち，労働市場における能力評価，能力開発目標の基準となる実践的な就業能力」と定義しているが，その内容としては，職務遂行に直接必要な能力だけではなく，非能力的側面，例えば適性やモチベーション，人間性までもがその範疇に入れられている（**図 5-4**）。流動化する労働市場において，円滑な労働移動をはかるためには，労働者の雇用に際しての客観的な尺度を設定するとともに，労働者が自らの能力を客観的に知り得る仕組みを整備し，能力開発をはかる指標を構築する必要があることは当然であろう。しか

第5章 企業内教育訓練・能力開発の課題

図5-4 「エンプロイアビリティ」として要求される具体的能力

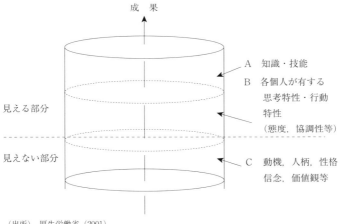

(出所) 厚生労働省 (2001)。

し，動機，人柄，性格，信念，価値観などといった「見えない部分」の項目については，厚生労働省自身も認めているように，明確な価値基準を作成することは困難である。にもかかわらず，このように範囲を広げることによって，求め，求められるべきエンプロイアビリティとは何なのか，労使双方にとって分かりにくいものになってしまっている。また，それが職務満足や組織コミットメントに正の影響をもたらすかどうかは必ずしも明確にされていない。

結局のところ，この時期に提起されたエンプロイアビリティに関する議論は，従来の日本型雇用システムやそれを基盤にした正規雇用労働者のキャリア形成を念頭において行われたものであり，労働者の自律・自立を促すという大きな役割を果たすことはできないものだったのである。

雇用管理の側面から考えると，エンプロイアビリティの高い人材を組織内にとどめたいという意志が働くことは当然だろう。つまり，少なくとも潜在的には，それが競争優位につながるとの判断がなされ，離職防止策が講じられることになる。しかしそのためには，彼らのエンプロイアビリティをなるべく正確に判断し，それに見合った処遇（賃金，昇進，職務内容）を用意しなければならない。つまり，人的資源管理各施策の連動性はより高度なものとして設計され

る必要が生まれる。

　他方で，能力開発が企業外で通用するエンプロイアビリティを高める可能性があるならば，そのようなことにコストを支払うことに躊躇する経営者が出てくることは避けられない。場合によっては，「企業収益に直接結びつかないコスト」として株主から批判されることすらあり得る。しかし，企業内でのみ通用するエンプロイアビリティ向上施策とそうでないものを明確に区分することは簡単ではなく，ここに一種のジレンマが生まれる。しかし，そのために能力開発全般に消極的になってしまうことは，本末転倒である。むしろ，企業外での通用性の如何にかかわらずエンプロイアビリティ向上支援策を積極的に展開することによって，外部労働市場での労働者による評価を高めると同時に，内部の労働者の「組織への誇り」を高めることが望まれるだろう。

　元来，雇用形態や勤務形態の如何にかかわらず，一定期間企業に対して労働力と時間を提供し，結果として人生設計に多かれ少なかれ影響を受けている労働者に対して，その生活設計，人生設計にある程度の責任を負うことは，雇用する側として当然とるべき責任として考えられなければならない。2010年にISO（国際標準化機構）が定めた指針 ISO26000「企業や組織の社会における正しいあり方（社会的責任）」では，「職場における人材育成および訓練」を重要課題とし，「必要に応じて」という限定つきではあるが，余剰の労働者，自己の職が危機に瀕している労働者にエンプロイアビリティ向上の機会を提供するよう求めている。また，ILO（国際労働機関）第101回総会（2012年5～6月）では「若年層の雇用危機」が重要な議題として取り上げられ，その解決のために，政府がエンプロイアビリティの向上のために労働市場で必要とされる資格の標準化を実施するなど，教育訓練と実際の就業との結び付きを強化するべきこと，労働市場政策の効果的な実施を検証し，公共職業訓練プログラムを含めた労働市場政策に適切な資源を割り振るべきことを提言している。こうした社会的要請を勘案するならば，エンプロイアビリティを短絡的に労働者自律（自立）論と結びつけるのではなく，まず企業の社会的責任，あるいは雇用責任として捉えた上で，内部労働市場，外部労働市場双方の人材供給環境を向上させる仕組

みを，企業や産業界，行政によって構築していくべきとの方向性が見いだせるのである。

　このような仕組みがない状態で「自己責任によるエンプロイアビリティ向上」を強いられるならば，労働者は，厳しい市場環境に身をさらされながら，求職あるいは「企業内生き残り」をかけての労働者間競争を強いられることになる。そして，労働者間の連帯の機運は弱められる。小越洋之助は，こうした動きが，労働者から「自律」の名のもとに集団的労使関係という「健全な前進をはかってきた人間的な営み」を奪い，彼らを企業側と対等な契約関係を結ぶことができない存在にするものであるとして批判している。これは，いわゆる「個別労務管理」の助長に他ならない。非正規雇用の増大や正規雇用の削減が進行する状況において，企業や行政による支援を含めた十分な環境整備を伴わないままエンプロイアビリティと労働者の自立を結びつけて推進することは，彼らをむしろ弱い立場に追い込むのみであって，雇用保障の代替措置としての意味も，労働市場活性化策としての意味ももたないのである。

第3節　能力開発の現状と「格差」問題

　ここまで日本全体の流れを俯瞰してきたが，個別企業では実際にどのように教育訓練・能力開発を展開しているのだろうか。厚生労働省では，毎年度「能力開発基本調査」を実施し，日本企業の教育訓練・能力開発の現況についての分析を行っている。ここでは，同調査の結果から現状を整理しておこう。

　まず，日本企業の代表的な教育訓練制度とされている OJT ならびに OFF-JT の実施割合についてであるが，OFF-JT 実施率のほうが若干高い。ただ，計画的 OJT 実施率は徐々に増加傾向にあり，大企業のみならず，中小企業においても，正規雇用に関してはこの2つが教育訓練の両輪となっていることを物語っている。しかし，正規雇用と非正規雇用の格差はかなり大きく，その差は過去15年間ほとんど縮まっていない（図5-5）。さらに，OFF-JT を受講した労働者に限って，その延べ受講時間平均を見ると，正規雇用労働者と

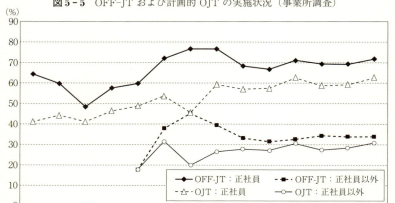

図5-5 OFF-JT および計画的 OJT の実施状況（事業所調査）

(注) 1：計画的な OJT とは，教育訓練に関する計画書を作成するなど，教育担当者，対象者，期間，内容などを具体的に定めて段階的・継続的に実施している OJT を指している。
   2：本文では，原則として「正規雇用」「非正規雇用」という用語を用いているが，この調査では「正社員」「非正社員」と表記されているため，ここでは原文のまま紹介している。
(出所) 厚生労働省「能力開発基本調査」各年度版をもとに筆者作成。

非正規雇用労働者の間には相当の開きがあり，両者の OFF-JT 機会の格差は歴然としている（図5-6）。

　OJT や OFF-JT の内容には，当該企業での職務遂行に必要な能力（企業特殊技能・能力）の開発や蓄積，発揮を期待して行われるものが相当含まれている。したがって，比較的早期に離職する可能性が高い非正規雇用労働者に対する実施割合がさほど高くないことは驚くに値することではないのかもしれない。ただ，非正規雇用労働者の基幹化や正規雇用から非正規雇用への「置き換え」が進んでいるにもかかわらず，実施率の差に大きな変動が見られないことは，人的資源管理としての一貫性の欠如を示しているといえるだろう。(14)

　それでは，転職をも可能とするような，より一般的な職業能力獲得に密接に関連すると思われる自己啓発についてはどうであろうか。自己啓発を支援する企業の割合はかなり多く，正規雇用に関しては7割近くにのぼっている。しかし従業員側の調査を見ると，実際に受講した割合は半数以下にとどまっている。また，過去10年間の推移を見ると，第2節で指摘したような自己責任による職

第5章　企業内教育訓練・能力開発の課題

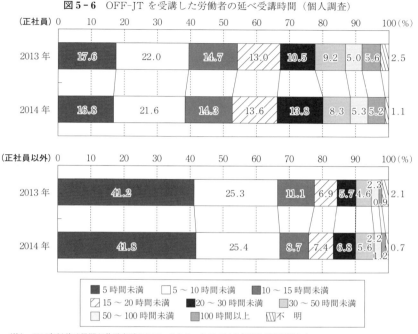

図5-6　OFF-JTを受講した労働者の延べ受講時間（個人調査）

（注）　2012年以前は設問が若干変更されているため，ここでは2年間分だけ掲載した。
（出所）　厚生労働省「平成26年度能力開発基本調査」。

業能力開発の方向性は，現場（事業所レベル）ではさほど広くは浸透していない。また，正規雇用労働者と非正規雇用労働者との間の差は若干縮小する傾向にあるが，それでもなお，2014年度現在で約25ポイントの格差が残っている。他方で，自己啓発を実践した労働者の割合を見てみると，やはり正規雇用労働者と非正規雇用労働者には一定の差がある。それはほぼ平行移動するような推移を描いており，縮まる傾向は見られない（図5-7）。ちなみに，2014年度同調査によると，自己啓発を行う際に会社側から費用補助を受けた者の割合は，正規雇用では46.7％だが，非正規雇用では30.9％にとどまっている。

このデータは，非正規雇用労働者に対するキャリア形成支援問題の深刻さを物語っている。企業側にとっては，一般的に雇用継続期間が短いとされる非正規雇用労働者に対して，当該企業での職務従事に直接影響をもたらす可能性が

図 5-7　自己啓発支援を行った事業所割合と自己啓発を行った労働者割合
　　　　（事業所調査・個人調査）

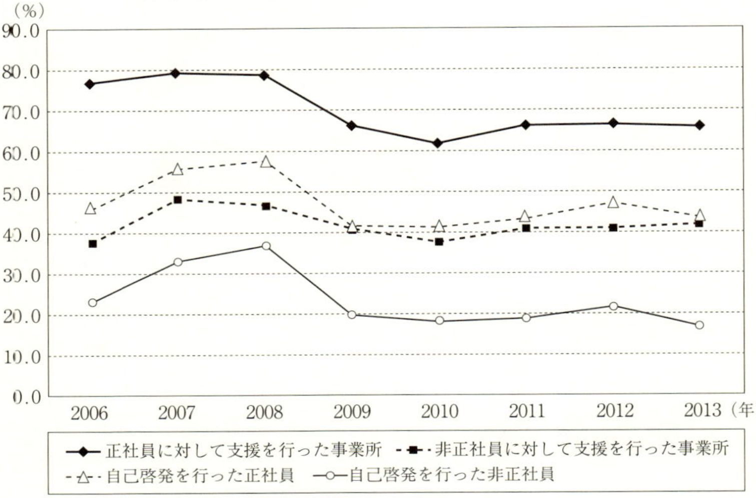

―◆― 正社員に対して支援を行った事業所　　―■― 非正社員に対して支援を行った事業所
-△- 自己啓発を行った正社員　　―○― 自己啓発を行った非正社員

（出所）　厚生労働省「能力開発基本調査」各年度版をもとに筆者作成。

低い自己啓発の支援には消極的になっており，彼らが自発的にエンプロイアビリティを高めていくことへの配慮はあまり見られない。さらに注目されるのは，不安定雇用という立場で自らの将来像に対して明確なビジョンをもつことが困難となっている労働者側にも，自己啓発を積極的に行っていこうとする「自己防衛」の姿勢がさほど顕著ではない点である。こうした傾向の理由を説明できるような明確なデータや根拠は数少ない。しかし例えば，平成24年度「就業構造基本調査」（総務省統計局）のデータによると，年収500万円を境界線にして，自己啓発を行った者と行っていない者の割合が逆転している。すなわち，収入が低いほど，自己啓発実施率は低くなっている。また，非正規雇用の延べ受講時間数は5時間以下に過ぎない者が19.6％（2014年度「能力開発基本調査」による。なお正規雇用の場合は8.1％）にのぼっている。つまり，金銭的あるいは時間的な余裕のなさが，この受講率格差の大きな原因となっていることが推察されるのである。もしそうであるならば，彼らに対する企業や行政の支援はますます不可欠であるということになる。さもなければ，格差は再生産されるばかりであ

り，自らの手でキャリア形成を行うことはいよいよ困難になっていくことは明らかであろう。

　ただし，受講時間数が200時間を超える者の割合は，むしろ非正規雇用のほうが多い。このことは，非正規雇用労働者の中で，おかれている立場や意識にかなりの開きがあることを意味する。非正規雇用労働者といっても，近年ではその内実はかなり多様なものとなっており，それぞれの状況にあわせた施策が必要であることも付言しなければならない。

　また，自己啓発に「問題がある」と回答する労働者は7割から8割に達しており，その内容については，おおよそ時間や費用の面での余裕のなさ，自らの目指すべきキャリア形成の方向性について戸惑い，受講の結果がどのように反映されるのかについての不安感といった項目に大別される（図5-8）。これらはいずれも，正規・非正規の別にかかわらず，多くの労働者が自己の内的・外的両面でのキャリア形成・開発の意識を，長期雇用を前提とした企業内での職務経験の蓄積，昇進等にかなりの比重で依存させてきたこと，そしてその意識からの脱却が十分になされていないことと無縁ではなかろう。すなわち，個人の自立的なキャリア形成という観点からの自己啓発が，企業にとっても，そして個人にとっても，いまだに評価の定まらない段階にとどまっているということを，これらのデータは示している。このことは，個人の職業生活設計についての考え方にも反映している。図5-9を見ると，むしろ非正規雇用労働者の方が自立への意識が若干低く，また，「わからない」という回答が30％にも及んでいる。特定企業に依存して生活することが困難となりつつある現状において，職業生活設計について不安感や戸惑いはかなり大きなものとなっているようだ。

　以上の分析から，おおよそ以下の点が指摘できよう。

　第1に，OJTやOFF-JTを中核とする企業内教育訓練制度は，少なくともその実施状況を見る限り大きく変化していない。教育訓練・能力開発については，エンプロイアビリティ論の喧伝とは裏腹に，「企業側が責任をもつ」という考え方が今でも主流である。注目されるのは，非正規雇用に関してもほぼ同

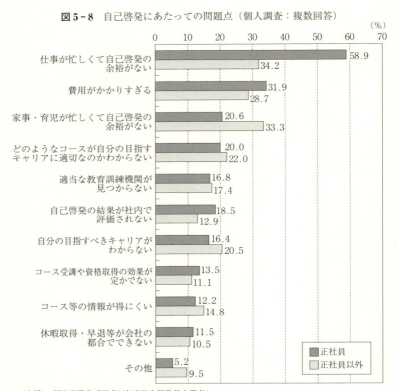

図5-8 自己啓発にあたっての問題点（個人調査：複数回答）

（出所）　厚生労働省「平成26年度能力開発基本調査」。

様の傾向が見られることである（図5-10）。これは，日本企業の職場における職務遂行が，非正規のそれも含めて，今なお集団的，「すり合わせ」的に行われており，その意味での強固な「企業特殊性」が厳然としてあるが故に，労働者個人の自己責任で習得させるだけでは不十分な部分があまりにも多いという考え方が支配的であることの表れといってもよかろう。

　第2に，教育訓練・能力開発などの機会には，正規雇用労働者と非正規雇用労働者との間で大きな格差があり，過去十数年間のデータを見る限り，それはほとんど解消されていない。非正規雇用比率が上昇し，職場における質量両面での彼らへの依存度が急速に高まりつつあるにもかかわらず，このような状況

第5章　企業内教育訓練・能力開発の課題

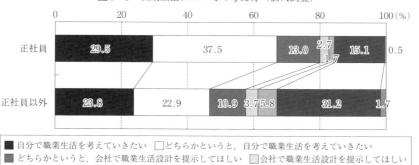

図5-9　職業生活についての考え方（個人調査）

(出所)　厚生労働省「平成26年度能力開発基本調査」。

が続いていることは，非正規雇用労働者の雇用管理，教育訓練・能力開発，そして人員配置へと至る人的資源管理の流れが一貫したものとして設計されていないことを如実に示している。なお，2014年労働政策研究・研修機構調査では，今後の能力開発の方針を聞いているが，正規雇用については「現状より力を入れる」が61.0％であるのに対して，パート・アルバイトは26.3％，派遣労働者は10.0％にとどまっている。つまり，格差はむしろ増大する可能性があるということである。

　第3に，第2節で指摘した，労働者自己責任論との関連である。図5-10に示した通り，日経連の提言から10年以上経過しても，能力開発を労働者個人の責任で行わせるという考え方よりも企業の責任で行うという考え方が相当多数を占めるという状況は変化していない。キャリア形成を自己責任で行わせようとしても，その機会や余裕をもつことができない労働者が少なくないこと，言い換えればそうした体制が整っていないということであろう。そうした体制が整備されなければ，正規・非正規の別を問わず，企業依存型の生活設計からの脱却をはかることは難しい。とくに，もっぱら比較的単純な職務に従事し，不安定な雇用状況におかれている多くの非正規雇用労働者は，自らのスキルやキャリアを上げていくことができず，現在のポジションにとどまらざるを得なくなる。もし外部労働市場がこのような人材の滞留する場所として定着してし

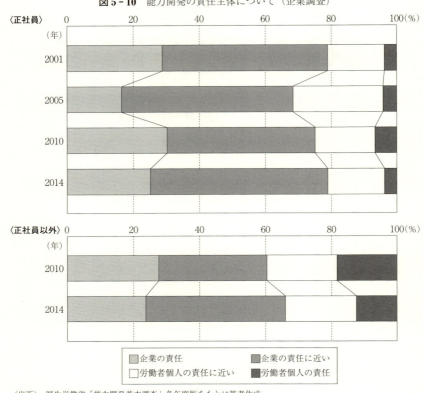

図 5-10 能力開発の責任主体について（企業調査）

（出所）厚生労働省「能力開発基本調査」各年度版をもとに筆者作成。

まうならば，そこから優秀な人材を確保することはほとんど期待できず，企業側にとって，積極的に活用するような魅力的なものとはなり得ない。取引コストの概念で考えても，内部労働市場を重用する傾向に変化がないのは当然のことなのかもしれない。

第4節　自立的キャリア形成への道

以上見てきたように，現代日本企業の教育訓練・能力開発には，いくつかの大きな問題がある。その中で最も重要なのは，それが，正規・非正規の別を問

わず，労働者の自立的キャリア形成を実現させる方向にはなっていないという点であろう。内的キャリアと外的キャリアに密接な関連性が認められる日本型雇用システムのもとでは，特定企業に正規雇用として長期勤続する以外に，自らのキャリアを形成していく道筋は極めて乏しいため，当該企業との結びつきとの関係の中でそれを捉えようとする傾向は改まらない。そして教育訓練や能力開発もその方向性に沿ったものとしてしか展開されない。企業と個人の関係を企業依存型から労働者自律（自立）型へと変革しようとするならば，彼らのキャリア形成のあり方そのものに注目するべきなのである。

　そもそも，キャリアとは何か。シャイン，E. は「人の一生を通じての仕事，生涯を通じての人間の生き方，その表現の仕方」[17]と定義する。スーパー，D. E. は「生涯過程を通じて，ある人によって演じられる（遂行される）諸役割の組み合わせと連続」[18]とする。さらに，厚生労働省職業能力開発局の2002年報告書[19]では，キャリアを「職業経験を通して職業能力を蓄積していく過程」であるとしている。また，金井[20]は，キャリアを考える際の前提として，①キャリアにアップもダウンもない，②キャリアに成功・失敗があるとしても，その評価は自分自身で下すべきものである，③キャリアには主観的側面と客観的側面があり，一見非連続な歩みにも価値を見つけられるかどうかは主観的側面にかかっている，④キャリアとはプロセスである，という点をあげている。要するに，それは個人の生涯を通じて連続的に形成されていくものであり，特定企業での勤続や，それによる経験や技能の蓄積といったものだけを意味するものではなく，また，必ずしも上方向だけを志向するものでもない。ただ，個人の内面にはキャリア・アンカー，つまり環境の変化とは関係なく不変の価値観や欲求があり，これがキャリア形成に大きな影響を与えると考えられている。内的キャリアと外的キャリアが密接な関係をもつ日本企業の場合，端的にいってしまえばキャリア・アンカーは「社内での自己の職務や地位」というように規定できるかもしれない。[21]

　キャリアを職務関連に限定するのか，それとも生活等と結びつけて考えるのかは議論が分かれる。しかし，その連続性，継続性に着目し，近年のワーク・

ライフ・バランス重視傾向を勘案するならば，職務以外の側面が個人にとってのキャリアの価値を決定づけるという点を無視できないだろう。ただし，キャリア・マネジメントを企業の活動の一環としての人的資源管理の枠組みからあまりにも大きく逸脱させて論じることは，この問題をもっぱら個人の自己責任問題へとその焦点をシフトさせてしまう危険性をはらむことには留意しておかねばならない。

　では，なぜ現代の教育訓練・能力開発を考察する上で，キャリア形成が注目されるのだろうか。

　第1に，競争の激化とそれへの対応を迫られた企業の相次ぐ事業再編・縮小や雇用削減などによって，これまで内的キャリアと外的キャリアを重ねあわせてキャリア形成，生活設計を行ってきた正規雇用労働者といえども，退職時までのキャリアの積み上げは必ずしも確実に保証されたものとならなくなった。このため，自らのキャリア形成について強く意識せざるを得ない。

　第2に，少子高齢化社会の到来により，一般的に職業生涯は長期化している。定年退職後の再就職等を考えれば，自らのキャリア形成や生活設計を主体的に考える必要性は増している。

　第3に，増え続ける非正規雇用労働者にとっては，特定企業での長期雇用とそれに伴うキャリア形成は期待できず，労働移動をある程度前提としたキャリア形成を考えることが重要となっている。

　第4に，いわゆる「七五三現象」に見られるように，とくに若年層においては労働市場における需給のミスマッチ問題が表面化している。これは，若年層の働くことへの意識が多様化しているのに対して，従来の長期雇用型の正規雇用を中心に据えた雇用システムそのものが対応できなくなっていることに起因しているものと考えられる。そして，正規雇用の道から外れた者は，その後，キャリアが蓄積されない労働移動の繰り返しと不安定な雇用状況から脱却することが極めて困難になってしまうという運命に直面することになる。

　こうした背景を受けて，労働者は自発的にせよ非自発的にせよ，労働移動をある程度視野に入れた生活設計の必要性に迫られている。この点について，日

第5章　企業内教育訓練・能力開発の課題

　日本経団連は「従来の安定志向的な考え方では，企業も従業員個々人も生き残れない」との危機感を募らせ，「従業員は自らエンプロイヤビリティを高めるための自己啓発を継続的に行い，企業としては，事業経営に必要とされる能力伸張を支援すべく環境整備を図るなど積極的な支援を行う必要がある」，「企業として，従業員一人ひとりの自律を促していく中で，それぞれの能力や適性，意思と意欲に応じた自己選択型のメニューを策定するなど，多様な教育訓練の機会を提供し，キャリア形成支援を積極的に進める姿勢が欠かせない。一方，従業員には，自分の特性や強み・弱みを認識した上で，どのような仕事がしたいのかを明確にして，主体的にキャリア形成に取組む姿勢が求められている」と述べている。また，佐藤厚は特定企業・組織での長期勤続とそこで昇進していくタイプをX型，それ以外のキャリア形成をY型と呼び，X型が揺らぎを見せていることを指摘している。

　そこで目指されるべき方向は3つに大別できる。1つは企業内の昇進ルートや定期人事異動以外に人材配置ができる仕組みを整えて，労働者がその配置候補者として自発的に名乗り出ることができるようにすることである。第2に，非正規雇用から正規雇用への転換（登用）を拡大する方法である。そして第3は，それまでの職務遂行実績やキャリアを客観的に明示できるようにして，たとえ転職してもそれをもち運び，活かすことができるような仕組みである。

　第1の道の代表的なものとして，社内公募制度，社内FA制度などが考えられる。もともと日本企業における人事異動には，多様な職務を経験することによる社内でのキャリア形成という意味合いがあるが，あくまで外的キャリア形成を基軸に据えており，内的キャリアはそのプロセスを通じて形成されるという位置づけにとどまるものである。これに対して，社内公募制度などは，労働者が自らのキャリアを自らの手で切り拓くことを奨励するものであり，従来の企業側主導による配置管理とは異なるルートを形成することによって，労働者の自立的なキャリア形成のあり方を提示するものとして注目される。もちろん，これまでの人事異動が個人都合をまったく無視して行われてきたというわけではないだろうが，新たな制度には，労働者に対してより高い能動性を要求する

という大きな意味がある。そのメリットは，自立的キャリア形成の支援となることの他，日常的なモチベーション向上，配置のミスマッチの解消，優秀な人材の引き留めなど多岐にわたる。ただ，手続きがやや煩雑である上に，人事部主導の長期的人材育成計画との兼ね合いも考慮しなければならない。また，希望通りの異動が認められない場合のモチベーション低下や人間関係悪化も憂慮される。したがって，これらは通常の人事異動を補完する役割にとどまるとの見方が一般的である。

第2の道，すなわち正規雇用への転換については，とくに非正規雇用労働者の多くが正規雇用を望んでいるという現状から，その制度拡充が強く叫ばれている。また，これを「限定正社員」制度採用と結びつけて論じる動きも見られる。しかし，もとよりこの制度は希望者全員に適用されるものではない。また，もしそれが限定正社員などの立場での登用にとどまるならば，おのずから職務範囲などは限定されることになり，全ての労働者のキャリア形成に大きな道を切り拓くことを保証するものとはなり得ない。

第3の道，すなわち特定企業での勤続を前提としないキャリア形成の支援を企業が行う制度として，もっとも典型的なものが，自己啓発への支援である。しかし，それが時間的・金銭的制約と労働者自身の意識の高まりが顕著でないことにより，さほど機能していないことは既に見た通りである。2つ目に考えられるのが，個々の労働者のそれまでのキャリア（その企業の内外を問わず）を明確に示す仕組みと，それを評価する仕組み，すなわち職業能力評価制度やジョブカードなどの積極的利用である。これらを企業横断的に利用可能なものとして整備し，普及させることができれば，キャリアのもち運びが可能となり，外部労働市場の活性化が期待できる。ただし，その評価基準に統一性・一貫性は担保されているのか，職種を超えた転職に対応可能なのか，そして内的キャリアの形成・蓄積をどのように記載し，評価するのか，というように検討・整備されるべき課題は多い。

この他にも，キャリア・カウンセリング制度やキャリア形成のための休暇制度など，自律（自立）的なキャリア形成の支援となる企業内制度についての検

討は少しずつ進んではいる。しかし，企業内で行われるこれらの制度は結局リテンション機能（企業内に人材を引き留め，維持する機能），関係調整・対話促進機能（上司と部下の意志疎通に関するもの），意味付与・価値提供機能（自社で働くことの意味や何のために働くのかといった意識や価値観に動揺を生じさせた際に，手助けする機能）という3つの機能をもたされているにすぎず，当該企業内での有用性のみに着目した運用となっているのが実態である。つまり，スキルや経験の蓄積をさほど必要としない単純な非熟練労働（dead end job）に従事し続けている非正規雇用労働者にとって大きな意味をもつものとしては機能していない。つまり，ここで紹介した個々の企業内キャリア形成支援策は，内的キャリア，外的キャリアの双方を包括したキャリア形成に十分に資する力をもつには至っていないのである。

　もちろん，これまで紹介した様々な制度を組み合わせて実施することによって，内的キャリアの自己理解への支援に注力している事例もあるだろう。しかし元来，企業内で実施できる制度のみによって労働者のキャリア形成を支援していくには限界がある。それは予算的・時間的制約をともなうものである上に，それぞれの企業が有する人材開発能力にはばらつきがある。また，個別企業が実施主体となる限り，雇用契約の不完備性を意識した機会主義的行動を完全に阻止することは困難である。つまり，人材育成の視野が企業内教育訓練・能力開発からキャリア形成へと広がるとき，それをこれまで通り人的資源管理体系の一環として位置づけることには限界が生じてくるのである。労働者の生活やキャリアが特定企業の枠に収まるものでない以上，これは当然のことかもしれない。

　個人のライフスタイルや価値観が多様化し，そのキャリア形成にも様々なアプローチが生まれている現在，その支援の取組も種々の組み合わせによる柔軟性，多様性が求められる。企業内諸制度以外に，外部労働市場の活性化を志向する行政機関，ビジネスチャンスの拡大を意図する人材ビジネス，労働者の雇用・生活安定を目的とする労働組合等の労働者組織，内的キャリア形成に不可欠な人格形成を担う公的教育機関など，その目的とするところは異なっていて

も，労働者の自律（自立）的キャリア形成を手助けするものとしてこれを展開していくための連携は可能であるし，また，必要なのである。この点で注目されるのは，例えばアメリカで取り組まれているコミュニティ・オーガナイジングによる労働力開発である。ここでは，私的・競争的な外部・内部労働市場における人材開発とは区別するために「労働力開発」という言葉が用いられているのだが，それは能力開発を個人のものとして捉えなおし，そこから個人の生活環境や労働環境そのものを改善していこうとする発想の必要性を念頭においたものなのである。

ただいずれにせよ，労働力を利用する企業側には求める人材像（ある時点での必要な技能・能力だけでなく，当該労働者の過去および将来にわたるキャリア展開全体を見据えたイメージ）をより明確に提示していくことが求められる。さもなければ，ミスマッチを防ぎ，目的を明確にした能力開発やキャリア形成を行うことは困難だからである。その意味では，企業が主体的に取り組むべき課題は少なくない。職務遂行のあり方そのものの再設計とも連動させてそれらに取り組んでいくには，相当の長い時間と継続的な努力が不可欠だろう。

注

(1) Becker（1993：pp. 33-51）。
(2) Cappelli（2008：p. 167）。なお，不完備契約とは「起こりうるすべての状況において各取引主体が何をすべきかについて明確に定められていない契約」のことである。長期雇用を志向すればするほど，不確実性が増すことから，不完備に近づくということになる（加藤，2006：56頁）。
(3) 上林（2015：62-77頁）。
(4) シャインによれば，外的キャリアとは履歴書や職務経歴書などに記された仕事の内容・実績・地位などを客観的に示したものであり，他方，内的キャリアとは，仕事への意欲や関与（コミットメント），使命感，達成感，充実感など，働くことにかかわる多様な心理状態を主観的に示すものである（Schein, 1976）。また，ニコルソンによれば，外的キャリアには，①地位，②財産や収入などの物質的成功，③社会的評判，名誉，影響力，④知識やスキル，⑤友情やネットワークのコネクション（資源や情報を得る関係），⑥健康と幸福が含まれ，内的キャリアには①達成の

誇り，②内発的な職務満足，③自尊心，④仕事の役割や制度へのコミットメント，⑤職務充実をもたらす関係（それ自体に価値・意味のある関係），⑥道徳的満足感が含まれる（Nicholson and Waul-Andreus, 2005）。つまり，外的キャリアが目に見える形で形成され，他者からの評価も受けやすいのに対して，内的キャリアは個人の内面的な成長にかかわるものであるため，必ずしも他者の評価を目的として形成されるものではない。職業生活設計にとって，どちらがより重要となるかはケースバイケースであるが，一方が不要になるということでは決してない。

(5) 日本語文献では「エンプロイアビリティ」と「エンプロイヤビリティ」という2つの表記が見られるが，本章では，原則として前者を用いることとし，参考文献・資料を示す場合のみ，その原文にしたがうこととする。

(6) 山本（2014：16-22頁）。

(7) 山本（2014：23頁）。

(8) 日本経営者団体連盟（1999）。

(9) 厚生労働省（2001）。

(10) これはエンプロイアビリティ・パラドックスとも呼ばれる（山本，2014：285頁）。

(11) ISO（2010）。ただし，ISO26000は，既に普及しているISO9000シリーズや14000シリーズのように各企業に認証取得を促すものではなく，あくまで企業や組織が守るべきガイドラインという位置づけであるため，どの程度の実効性をもつのかは，やや疑問視されるところである。

(12) ILO（2012）。

(13) 小越（2000）。

(14) 原は，非正規雇用労働者に対するOJTやOFF-JTが生産性向上をもたらすにもかかわらず，それが彼らの賃金上昇に反映されない，という問題点を指摘している（原，2012：98頁）。

(15) 厚生労働省（2014：177頁）。

(16) 労働政策研究・研修機構（2014a）。

(17) Schein（1976）。

(18) Super（1980）。

(19) 厚生労働省（2002）。

(20) 金井（2003）。

(21) シャインは主なキャリア・アンカーを「管理能力」，「技術的・機能的能力」，「安全性」，「創造性」，「自律と独立」，「奉仕・社会献身」，「純粋な挑戦」，「ワーク・ライフ・バランス」の8つに分類しているが，日本企業で働く労働者の場合，やや極

論すれば，どれを重視するにせよ「会社での仕事を通じての」という修飾語がつくといえよう。
(22) 日本経済団体連合会（2006）。
(23) 佐藤（2011）。なお，このような認識は日本固有のものではない。例えばアーサー，M.B.は1つの組織の中で階段を上るように蓄積されるキャリアを組織キャリア（organizational career）と呼び，それは特定企業での安定的雇用を前提としているため，集中と選択，ダウンサイジングを躊躇することなく展開する現代の企業経営においては限界を露呈しているのに対して，1つの組織にとらわれないキャリア形成，すなわち「境界のないキャリア」（boundaryless career）を歩もうとする労働者が増えている，と指摘している（Arthur, 1994）。
(24) 企業内の特定の業務について，その担当者を社内募集によって集める制度。新規事業や新製品開発などによく用いられる。この制度を実施している企業は42.0％となっている。ただし，実際にこれを利用して異動した者の数を見ると10人以下が実施企業の44.0％となっている（リクルート・ワークス研究所編，2013：119-120頁）。
(25) 労働者が自らの経歴や能力，希望する職種や職務を登録して，他部署への異動を自由に希望できる制度。もちろん，希望が全てかなえられるわけではない。異動希望の聴取や希望者の選抜など煩雑な手続きが必要となるため，社内公募制に比べて実施率は相当低いと思われる（産労総合研究所の調査によると2007年段階で6.5％［産労総合研究所，2007]）。
(26) 産労総合研究所（2007）の調査では，その長所として「社員自らが自立的にキャリア開発を考えるようになる」をあげている企業が82.8％にのぼっている。
(27) 2014年アンケート調査によると，男性非正規雇用労働者のうち53.6％が正規雇用への転換を望んでいる（労働政策研究・研修機構，2014a：72頁）。
(28) 労働政策研究・研修機構（2015）。
(29) 小杉らは企業内で実施可能な諸制度を比較検討した上で，職業能力評価制度をもっとも有効な手段であると結論づけている（小杉・原，2011）。
(30) 例えば厚生労働省は2014年7月にキャリア・コンサルタント養成計画を策定し，翌年には　非正規雇用労働者や障がいをもつ労働者をも視野に入れたキャリア形成支援取り組みの必要性をうたった報告書を公表している（厚生労働省，2015）。
(31) 下村（2015）。
(32) 労働組合がこれに力を入れることは，弱体化する組織を立て直し，組織率を向上させる手段としても注目される。
(33) 詳細は労働政策研究・研修機構（2014b）を参照。

引用参考文献

小越洋之助, 2000, 「雇用壊し・賃金壊し——市場原理主義者の論理とその問題点」 『賃金と社会保障』第1267号.

加藤篤志, 2006, 『取引システムの経済分析』中央経済社.

金井寿宏, 2003, 『働くひとのためのキャリア・デザイン』PHP研究所.

上林憲雄, 2015, 「人的資源管理パラダイムの展開——意義・限界・超克可能性」経営学史学会編『現代経営学の潮流と限界——これからの経営学』文眞堂.

厚生労働省, 「能力開発基本調査」各年度版.

厚生労働省, 2001, 「エンプロイアビリティの判断基準等に関する調査研究報告書」.

厚生労働省, 2002, 「キャリア形成を支援する労働市場政策研究会報告書」.

厚生労働省, 2014, 「平成26年度労働経済白書」.

厚生労働省, 2015, 「キャリア・コンサルティング研究会——企業経営からみたキャリア・コンサルティングの意義や効果に関する好事例収集に係る調査研究報告書」.

小杉礼子・原ひろみ編, 2011, 『非正規雇用のキャリア形成』勁草書房.

佐藤厚, 2011, 『キャリア社会学序説』泉文堂.

産労総合研究所, 2007, 「ホワイトカラーのキャリア開発支援に関する調査」.

下村英雄, 2015, 「キャリア・コンサルティングとその日本的特質——日本的雇用を背景とした3つの機能」『ビジネス・レーバー・トレンド』第484号.

日本経営者団体連盟(日経連), 1999, 「エンプロイヤビリティの確立をめざして——従業員自律・企業支援型の人材育成を」.

日本経済団体連合会(日本経団連), 2006, 「主体的なキャリア形成の必要性と支援のあり方——組織と個人の視点のマッチング」.

原ひろみ, 2012, 「非正社員の能力開発の役割」労働政策研究・研修機構編『非正規就業の実態とその政策課題』労働政策研究・研修機構.

山本寛, 2014, 『働く人のためのエンプロイアビリティ』創成社.

リクルート・ワークス研究所編, 2013, 「人材マネジメント調査2013調査報告書【基本分析編】」.

労働政策研究・研修機構, 2013, 「構造変化の中での企業経営と人事のあり方に関する調査」.

労働政策研究・研修機構, 2014a, 「多様な就業形態と人材ポートフォリオに関する実態調査」.

労働政策研究・研修機構, 2014b, 「労働力開発とコミュニティー・オーガナイジング」(海外労働情報2014).

労働政策研究・研修機構，2015，「雇用ポートフォリオの動向と非正規の正規雇用化に関する暫定レポート」。

Arthur, M. B., 1994, "Boundaryless Career ; A New-Perspective for Organizational Inquiry," *Journal of Organizational Behavior*, Vol. 1, No. 5.

Becker, G. S., 1993, *Human Capital : A Theoretical and Empirical Analysis with Special Reference to Education*, 3rd ed., National Bureau of Economic Research.（佐野陽子訳，1976，『人的資本──教育を中心とした理論的・経験的分析』東洋経済新報社。邦訳は 2nd ed.（1975）に基づくもの）。

Cappelli, P., 2008, *Talent on Demand : Managing Talent in an Age of Uncertainty*, Harvard Business Press.（若山由美訳，2010，『ジャスト・イン・タイムの人材戦略──不確実な時代にどう採用し，育てるか』日本経済新聞出版社）。

International Labour Organization (ILO), 2012, *The Youth Employment Crisis : Time for Action*, International Labour Conference, 101st Session, Report V.

International Organization for Standardization (ISO), 2010, *ISO26000 : Guidance for Social Responsibility*.

Nicholson, N. and De Waul-Andrews, 2005, "Playing to Win : Biologilal Imperatives, Self Regulation and Trade-offs in the Game of Vareer Success," *Journal of Organizational Behavior*, 26.

Schein, E., 1976, *Career Dynamics : Matching Individual and Organizational Needs*, Wesley Pub. Co..（二村敏子・三善勝代訳，1991，『キャリア・ダイナミクス』白桃書房）。

Super, D. E., 1980, "A Life-span, Life-space Approach to Career Development," *Journal of Vocational Behavior*, Vol. 16, No. 3.

（澤田　幹）

第6章

労働時間管理の変化と働く者のニーズ

　この章では、まず1980年代半ばの労働時間短縮（時短）政策をふり返って、柔軟な労働時間管理の諸制度が時短のために設けられたことを明らかにする。その上で、近年の日本の労働時間の現状は、約30年前に描かれていた目標にはほど遠く、それが「二極化」「個別化」していることを確認する。そして、職場のマネジメントの観点から、なぜ柔軟な労働時間管理が時短につながらないのか、その理由を考えたい。

第1節　「時短」「労働者のニーズ」を名目にした規制緩和政策と諸制度

　労働時間管理は、仕事と労働者個人の生活を切り結ぶ、人的資源管理の重要なサブシステムである。日本では、少なくとも1980年代の半ばから、労働時間の短縮（時短）を求める必要性は政府レベルでも確かに認識されていた。しかし、その実態は正社員の長時間労働とパートなど非正規労働者の拡大を通じた「二極化」の特性を維持しつつ、全体として長時間化したままである。[1]

　1980年代後半以降、政策的には「労働者のニーズに応える」という名目で規制緩和が進んだ。第2次安倍内閣（2012年12月～）のもとで議論されている「特定高度専門業務・成果型労働制（高度プロフェッショナル制度）」という名のホワイトカラー・エグゼンプションですら、「働き手のニーズに応えるため」という考え方を強調している。[2] 労働時間法制の規制緩和が進んだ結果、企業が採用できる労働時間管理制度の選択肢は増えてきている。しかし、労働時間管理の諸制度が、必ずしも時短につながっているわけではない。

　「人的資源管理」が新しい労務管理のあり方だとするなら、「人間性尊重」と

いう考え方を無視し得ず，多様な働き方に道を拓く可能性があるはずである。しかし，職場での「働き方」「働かせ方」は，企業や職場が協働システムである以上，集団的な（職場の）コントロールは不可避なのである。それゆえ，労働時間管理の個別化と集団的なコントロールの矛盾は，労働時間と生活時間の調整を個人の困難として押し付ける一方，労働時間の「二極化」を生起し続けている。

1　労働時間短縮政策をふり返る

　1983年に閣議決定がなされた経済審議会「1980年代経済社会の展望と指針」では，労働時間の短縮は労働者の福祉増進，「ゆとりある職業生活」の形成と結びつけて考えられていた。ただ，政策提言の中心は週休2日制の普及・推進に置かれていた。

　これが，1985年の経済審議会「経済審議会報告——拡大均衡の下での新しい成長」では，貿易不均衡，経済摩擦を解消するためにも内需拡大が必要だという観点が付け加えられ，年間総労働時間の政策目標が仕切り直される。具体的な目標として，1990年度までに休日を10日増加することと合わせて，年間総労働時間2000時間への短縮が掲げられることになった。このために，「労使の自主的努力を基本としつつ，企業規模・業種・業態等の実情を踏まえての週休二日制の普及及び年次有給休暇の取得促進等労働時間短縮についての業界団体等（特に金融機関，公務関係等：引用者）への働きかけ」を行いつつ，「現行労働時間法制の在り方の検討等」も行うとした。

　1985年秋からの円高は，経済政策にも影響を与え，輸出依存型から内需中心型への転換が政策課題となった。そして，内需の拡大につながる労働時間短縮は，国際経済において対外経済摩擦を強めていた当時の日本の状況も反映し，政策レベルでも積極的に推進されるべきテーマとされたのである。

　1986年4月『国際協調のための経済構造調整研究会報告』いわゆる「前川レポート」は，市場原理を基調とした施策を主張しながらも，日本の労働時間が欧米に比べて長いことを認め，内需主導型の経済成長と個人消費拡大の観点からも，自由時間の増大が必要であるとした。これに続く1987年の『経済構造調

整特別部会報告——構造調整の指針』いわゆる「新前川レポート」も，内需主導型の経済構造へと転換を進めるために，経済活動に関する一層の規制緩和を基本としながら，消費拡大のための自由時間の増加，ゆとりあるライフスタイルへの移行が重要だとしてる。そのためにも，既存の目標（1990年度年間総労働時間2000時間）に加え，「2000年に向けてできるだけ早期に，…（中略）…アメリカ，イギリスの水準を下回る1800時間程度（例えば完全週休二日制実施，有給休暇20日完全消化のケースにほぼ対応）を目指すことが必要である」と提言している。[7]

この時期，時短は21世紀を展望した日本の安定的な経済成長に資するものとも考えられていた。1986年4月国民生活審議会報告「長寿社会の構図」では，「ゆとり」がキーワードになった。同報告書は「人生80年時代」の「長い就業期間をゆとりを持って過ごせるよう」，「週休二日制の普及，年次有給休暇の消化促進」の他，「恒常的時間外労働の是正を進め，21世紀初頭には，欧米先進国並の労働時間を実現すべき」と結論付けている。[8]

既に1980年代半ばの政策レベルでは，1990年代初頭には年間2000時間を割り，21世紀初頭には1800〜1600時間が目指されていたようである。第104回国会（社会労働委員会：1986年3月20日）では，社会党の糸久八重子氏の質問に対して，小粥義朗氏（当時労働省労働基準局長）が，当面の目標として1990年には年間2000時間を割ると明言していた。あわせて，21世紀に向けての年間総労働時間の目標を明確にしていくと述べている。21世紀に向けての目標は，長期労働政策ビジョン懇談会で取り上げられる。

労働省（当時）の委嘱によって作られた長期労働政策ビジョン懇談会の報告書『勤労者生活の豊かさを求めて』は，「生活の豊かさを実現するために」という観点を強調しながら，他の報告書や提言と同様，大幅な労働時間削減を求めている。[9]そして「勤労者生活の長期展望」として，21世紀初頭の生活像を次のように描き出した。全ての企業で完全週休2日制が定着する。年間20日程度の有給休暇が付与されるとともに完全に消化される。シーズンごとに連続休暇の取得も可能となり，年間の休日数は145日程度（1985年平均年間出勤日数は

261.6日：労働省「毎月勤労統計調査」）になる。その結果，年間所定労働時間は1600時間程度になる。所定外労働時間も，やむを得ぬ場合にのみ行われるようになる。こうして得た自由時間によって勤労者は，積極的な文化活動，スポーツ，レクリエーション活動，または自己啓発による職業能力の開発・向上に取り組むようになる。地域社会活動への参加も幅広く行われるようになる。女性の社会進出が積極的に進み，育児，家事，家計の運営，家庭教育などが夫婦で共同に行われると展望していたのである。[10]

　この報告書は，こうした労働時間短縮のために，いくつかの提言を行っている。官公庁，金融機関が完全週休2日制を率先して急速に実施すること。年次有給休暇の最低付与日数を引き上げること。企業は，年次有給休暇の完全消化を前提に生産計画や要員配置を決定すること。従業員の希望に応じて連続休暇を取得できるよう，年次有給休暇をシーズンごとか特定のシーズンに集中して，計画的に付与すること。営業時間の延長が労働時間の短縮に影響をしないよう交替勤務や時差出勤の実施を進めること。営業時間が必要以上に長くならないように業者間の協議を促すこと。そして，労働時間の短縮は「労使の自主的な努力に待たなければならない」としながらも，「国としても，時代の要請に合わせて法令を整備する」などして，取組を促すべきとしている。[11]

　また，長期労働政策ビジョン懇談会は，個別テーマについて12回にわたり報告と検討を行っている。中でも，第6回会合（1986年7月21日）における宮田義二氏（当時国際産業・労働研究センター理事長）の「労働時間短縮について」という報告では，フレックスタイム制の導入など労働時間管理の弾力（柔軟）化による所定労働時間の短縮につなげるべく労働法規の弾力的運用，親会社に対する行政指導によって下請け企業の残業時間の総量規制を行うこと，36協定がルーズになっているので所定労働時間の2分の1を超える残業については超過割増率を適用すべき，学校の土曜休暇の早期実現，新聞の日曜休刊と土曜日の夕刊廃止の検討，年次有給休暇証明を使った公共交通や宿泊施設の料金割引制度の導入検討など，具体的な提案もなされている。[12]

　ここでのビジョンや提案が，30年も経った今（2016年），どれほど実現されて

いるだろうか。ワーク・ライフ・バランスの実現はまだ実感されておらず，年次有給休暇の完全消化も実現にはほど遠い。残業時間の総量規制は，議論はされているものの，使用者側からの抵抗感は根強い。残業にともなう割増率の引き上げは，2010年4月から1カ月あたり60時間を超える時間外労働に適用されているが，中小企業向けの猶予措置が設けられており，全ての企業に適用されているわけではない。36協定がルーズに運用されているということも，労働政策審議会の議論で労働者側委員からしばしば指摘されている通りだ。それでいて，規制緩和による労働時間管理の弾力化は進められていく。

「経済審議会建議」や「前川レポート」での検討を受け，経済企画庁（当時）は「世界と日本中長期経済研究会（座長：宮崎 勇氏）」を設置した。1987年6月には，同研究会報告書が公表されている。ここでは，先の「経済審議会建議」にならって，「2000年に向けできるだけ早期に先進国としてふさわしい1800時間程度を目指す必要がある」とするとともに，「フレックスタイム制度の導入等，労働時間制度の柔軟化による自由時間と労働時間の組合せ範囲の拡大を図っていく必要がある」としている。つまり，労働時間管理の柔軟化が労働時間短縮につながるという考えを示している。

2 「労働基準法改正」と柔軟な労働時間管理制度

このように1980年代後半の貿易不均衡，内需拡大への解決策として，また国民生活の質的向上や実感できる「豊かさ」という観点から，労働時間短縮が注目されてきた。そして時短に向けての気運が高まる中，1987年9月「改正労働基準法」が可決され，翌1988年4月1日より施行された。この労働基準法改正は「ほぼ40年ぶり」の大改正，とりわけ労働時間制度が大幅に改定されたことから，この年は「時短元年」といわれた。

1987年の改正では，それまで1週48時間労働制の原則を週40時間にあらためた。ただ，全ての事業所や産業への適用はこの段階では完成しなかった。猶予期間や特定産業および企業規模による例外を残していたためだ。結局，一部の例外を除き全面的に週40時間労働制に移行したのは，1998年4月1日以降で

あった。

　また1987年の労働基準法改正は，週40時間労働制を原則とするとともに，「1カ月単位の変形労働時間制」と「フレックスタイム制」，「事業場外みなし労働時間制」と研究開発業務等の「裁量労働制」を法制化した。この改正の本来の目的は，第3次産業の拡大等，社会経済情勢の変化への対応とともに，それまでの議論を受けて労働時間の短縮におかれていた。実際，この改正の際に，年次有給休暇の最低付与日数が6日から，現行の10日に引き上げられ，パートタイム労働者にも年休の比例付与を制度化した。また，労使協定による年次有給休暇の「計画的付与」も認められることとなった。同様に，規制緩和による労働時間管理の柔軟化も，労働時間短縮をねらいとして導入されたのである。

　その後も労働時間短縮に向けた目標や課題は，いくつもの政策文書に盛り込まれ，政府の意思決定として，ことあるごとにオーソライズされていった。

　例えば，『世界とともに生きる日本——経済運営5カ年計画』（1988年5月）では，「労働時間短縮の推進に当たっては，完全週休二日制の普及を基本に，年次有給休暇の計画的付与／取得の促進，連続休暇の普及等による休日の増加及び所定外労働時間の短縮に努める」とし，数値目標を定めている。すなわち，「これらにより，おおむね計画期間中に週40時間労働制の実現を期し，年間総労働時間を計画期間中に，1800時間程度に向けてできる限り短縮する」というものである。また，同報告書の作成にかかわる「国民生活部会報告」では，「変形労働時間制，フレックスタイム制など労働時間の弾力化については，労働者の多様な就業ニーズに応え，自由時間の効率的な活用を可能にしていくとともに，労働時間の短縮につなげることが重要である」としている。

　労働省（当時）は，1991年8月「所定外労働削減要綱」（平成13［2001］年10月休日労働を中心に一部改定）を発表して，年間総労働時間1800時間目標に向けて，所定外労働時間の削減の指針を示した。この要綱は，休日増と残業の削減が日本の職場の労働時間短縮に向けてカギになることを明らかにしている。そして，意識改革や業務体制の改善から，「ノー残業デー」「ノー残業ウィーク」の導入・拡充，フレックスタイム制や変形労働時間制の活用，代休制度の導入や休

日の振替、労使協定に記載される限度時間の短縮などによって、企業の労使が所定外労働時間削減のための措置を講じるべく努力すべきとした。

しかし、年間総労働時間1800時間という目標は、容易には達成できなかった。そのため、幾度となく策定された経済計画においても、そのつど年間総労働時間1800時間を目標とすることが書き込まれることになるが、やがて年間総労働時間1800時間という政府の目標自体、撤回されることになる。

厚生労働省の2006年3月「労働時間等見直しガイドライン（労働時間等設定改善指針）」では、「労使の真摯な取組により労働時間の短縮は着実に進み、旧時短促進法が施行される直前の平成3年には2008時間であった年間総労働時間は、平成16年には1834時間となり、所期の目標をおおむね達成することができた」、「今後とも労働時間の短縮が重要であることは言うまでもないが、全労働者を平均しての年間総実労働時間1800時間という目標を用いることは時宜に合わなくなってきた」としている。このガイドラインは、労働政策審議会労働条件分科会での検討をへて、2008年3月に改正されている。改正されたガイドラインによれば、「全労働者平均の労働時間が短縮した原因は、主に、労働時間が短い者の割合が増加した結果であり、いわゆる正社員等については、平成18年度においては2024時間となっており、依然として労働時間は短縮していない。一方、労働時間が長い者と短い者の割合が共に増加し、いわゆる『労働時間分布の長短二極化』が進展している。また、年次有給休暇の取得率は低下傾向にある。さらに、長い労働時間等の業務に起因した脳・心臓疾患に係る労災認定件数は高水準で推移している。そして、急速な少子高齢化、労働者の意識や抱える事情の多様化等が進んでいる」ことを認めている。

それにもかかわらず、「このような情勢の中、今後とも労働時間の短縮が重要であることは言うまでもないが、全労働者を平均しての年間総実労働時間1800時間という目標を用いることは時宜に合わなくなってきた」とし、20年来の目標に終止符が打たれた。この改正ガイドラインによると、今後の労働時間短縮の取組は、使用者側に対して「今後とも、週40時間労働制の導入、年次有給休暇の取得促進及び所定外労働の削減に努めることが重要である」としなが

図6-1 日本の年間総労働時間の推移（1985年〜2014年）

（出所）『労働力調査』の数値は、（年平均）データより第10表男性「雇用者」「一般常雇」週間就業時間に50（週）をかけたもの（2012年まで）。2014年は、基本集計第Ⅱ-8表男性「雇用者」「正規の職員・従業員」の平均週間就業時間に50（週）をかけたもの。『毎月勤労統計調査』の数値は、各年次版「常用労働者1人平均月間実労働時間（産業大分類・産業調査計：30人規模以上事業所）」に12（カ月）をかけたもの（98年より第2表）。「月間出勤日数」は、『毎月勤労統計調査（事業規模5人以上）』（98年より第2表）をもとに筆者作成。

らも、「個々の労使による自主的な取組を進めていくことが基本となる」と、労働時間短縮に向けた政策的関与を後退させることになったのである。

第2節　日本の労働時間の現状

　図6-1が示すように、日本の年間総労働時間は、1980年代半ばと比べて確かに減少している。事業所単位で見た年間総労働時間（厚生労働省「毎月勤労統計調査」）は、2009年以降、政府目標であった1800時間前後になってきてはいる。ただし、この推計は、いわゆる「非正規労働者」のそれも含んでいるため、長時間労働の実態を表しているわけではない。厚生労働省の2006年ガイドライン

第6章 労働時間管理の変化と働く者のニーズ

図6-2 労働者の属性ごとの労働時間の分布と平均月間労働時間

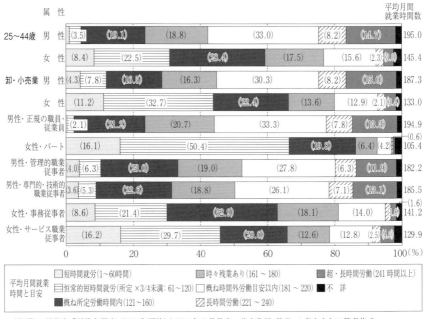

（出所）　総務省「労働力調査（2014年平均）」2015年2月発表。基本集計 第Ⅱ-4表をもとに筆者作成。

が言うように、「全労働者を平均しての年間総労働時間」では意味がないのかもしれない。現に男性正社員の年間平均労働時間（総務省統計局「労働力調査」）は、2014年も2300時間を超えている。同様の推計で1985年は2570時間であったため、ほぼ30年の間に年間230時間は減っている。同じ時期、月間出勤日数は21.8日（1985年）から18.8日（2014年）に、年間で推計すると36日減少している。年間230時間の削減は、36労働日の減少が寄与していると見ることもできる。だが、まず男性正社員の労働時間は年間1800時間にはほど遠く、長いままだといえる。

それに、正社員とパート、男性、女性といった属性によって、労働時間の長さはまちまちだ。図6-2は、「労働力調査」から、そうした属性を考慮して労働時間を比較している。

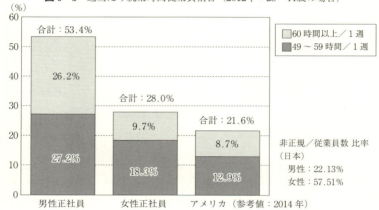

図 6-3 週当たり就業時間従業員割合（2012年：25～44歳の場合）

(注) 25歳から44歳を対象。「正規従業員総数」は，週間就業時間35時間以上のもので，年間就業日数250日以上のものを対象に推計。なお，就労構造基本調査は，5年おきの調査（前回は2007年）。非正規比率は，同第2表より。非正規労働者は，パート，アルバイト，派遣社員，契約社員，嘱託社員，その他の合計。
(出所) 総務省統計局「平成24年 就業構造基本調査」2013年7月12日発表，第36表をもとに筆者作成。アメリカ（参考値：2014年）は，United States Department of Labor 'Bureau of Labor Statistics' Annual Averages 19（2014年版）をもとに筆者作成。

　これを概観すると，家族形成期にある25～44歳の男性で労働時間が長く，女性パートタイム労働者で相対的に労働時間が短いことが指摘できる。「卸・小売業」では，役員を除く雇用者に占めるパート・アルバイト，派遣，契約社員等「非正規の職員・従業員の割合」は，男性が25.1％であるのに対して，女性は69.0％となっている。こうした女性の非正規労働者の比率の高さは，同一産業（この場合は卸・小売業）でも，労働時間の分布の違いとなって現れている。男性「正規の職員・従業員」で労働時間が長く，正社員が多くを占める管理職，専門職・技術職の労働時間の長さにも現れている。さらに，「非正規」比率の多い女性「サービス業従事者」は，相対的に労働時間が短いことも指摘できる。
　とはいえ，女性は労働時間が短いと一般的にまとめることもできない。女性パート労働者の約35％は，正社員並みのフルタイムで働いている（図6-2）。図6-3は正社員（週35時間以上から類推）に占める長時間労働者割合を示している。男性正社員のうち53.4％が長時間労働に従事していることも注目すべき

第6章 労働時間管理の変化と働く者のニーズ

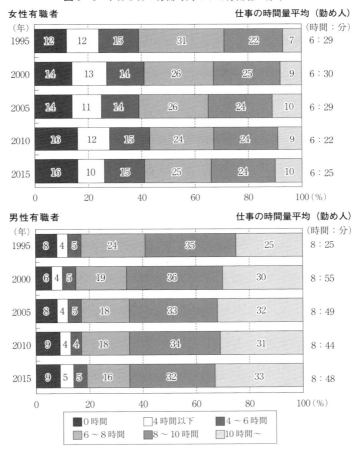

図6-4 平日1日の労働時間でみた労働者の分布

(原注) 4～6時間は，4時間15分以上のことをさし，4時間は含んでいない。
(注) 図中「仕事の時間量平均」は，「勤め人」男女のもの。
(出所) NHK放送文化研究所世論調査部「2015年 国民生活時間調査報告書」2016年2月，38頁図表49および36頁図表45をもとに筆者作成。

であるが，女性正社員の約30％も長時間労働に従事していることはとくに強調しておきたい。この数値は，アメリカよりも大きい。

これらのことは，労働者の日々の生活実感の中にも現れている。図6-4でも，男性の長時間労働の傾向は，はっきりと現れている。女性については，1

日の労働時間が6時間未満とする回答者も41％いるが，8時間以上の者も34％に及ぶ（2015年）。しかも，1995年からの20年間で，1日の労働時間は減っているとは言い難い。

第3節　なぜ労働時間が長いのか

　小倉一哉は，日本人の働きすぎの実態を極めて豊富な調査資料から明らかにしている[21]。それらの先行研究を見ると，日本の労働時間の長さは，まず残業と休日労働を含む所定外労働時間の長さ，および年次有給休暇の取得率の低さに原因を求めることができる。

　所定外労働時間の長さやその労働者割合は，図6-2や図6-3からも分かるが，直近の連合総研『第30回　勤労者短観』からも指摘できる。この調査によると，2015年9月（調査時点）において，男性正社員の51.9％，女性正社員の34.2％が「所定労働時間を超えて働いた」としている。そのうち，男性正社員の26.1％，女性正社員の12.9％が，月当たり所定外労働時間45時間を超えて働いていた。さらに，男性正社員の9.2％，女性正社員の5.3％が所定外労働時間「80時間以上」と回答している[22]。それでいて，賃金不（未）払い残業（いわゆる「サービス残業」）は，依然解消されていない。この調査は，男性正社員の37.5％，女性正社員の41.9％に賃金不払残業があったことを明らかにしている[23]。

　厚生労働省は，2015年11月の「過重労働解消キャンペーン」期間中に実施した重点監督の結果を発表している。それによると，重点監督を行った5031事業場のうち，「労働関連法令違反があった」のは3718事業場（73.9％）に上る。「違反があった」事業場のうち36協定なく時間外労働を行わせている，36協定で定めた限度時間を超えて時間外労働を行わせているなど，労働時間管理に関する違反は2311事業場（62.2％），「賃金不払残業」は509事業場（13.7％）だった。とくに，違法な時間外労働があった事業場（2311カ所）では，「時間外・休日労働が最長の者の実績」で，1カ月80時間を超える時間外労働があったのは1195事業場（51.7％），200時間を超える事業場も38カ所あったという[24]。

第6章 労働時間管理の変化と働く者のニーズ

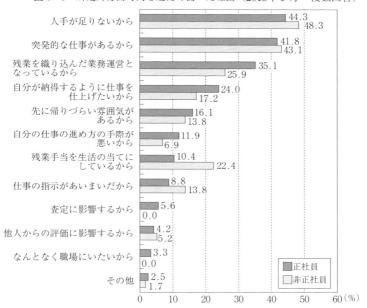

図6-5 所定外労働時間を超えて働いた理由（2015年9月：複数回答）

(注) 管理職（課長クラス以上）も含めて，2015年9月に所定外労働を行ったと回答した人から集計（N=741）。
(出所) 連合総研（2015：17頁，図表Ⅱ-3，QT4）をもとに筆者作成。

そもそも所定外労働が発生するのは，「人手不足」や「突発的な仕事」を理由とするものが多い（図6-5）。その点では，正社員も非正社員も変わりはない。「人手不足」や「突発的な仕事」は，「残業代を生活の当てにしているから」を含めて，非正社員の主な残業理由ともなっている。正社員では「残業を織り込んだ業務運営となっているから」，「自分が納得するように仕事を仕上げたいから」が主な理由として加わる。「目標必達」「勤務完遂」へのプレッシャーが，正社員の残業に影響していると見ることができる。

連合総研の同調査は，未払い残業の理由も明らかにしている。それによると，回答者は「残業手当に限度があるから（男性正社員29.1％：女性正社員13.0％）」，「働いた時間どおり申告しづらい雰囲気だから（同27.8％：30.4％）」「なんとなく申告しなかった（同22.4％：34.9％）」などと回答している。「申告する際に上

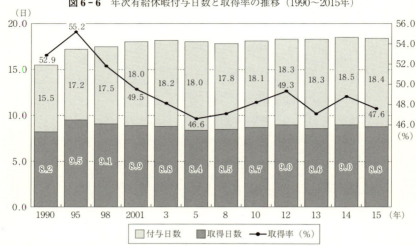

図6-6 年次有給休暇付与日数と取得率の推移（1990～2015年）

（注）「付与日数」には，繰越日を含まない。取得率は，取得日数÷付与日数計。
（出所）厚生労働省「就労条件総合調査」各年度版，第5表をもとに筆者作成。1999年までは「賃金労働時間制度等総合調査」による。

司から調整するように言われたから」という回答も18.2％（合計）あった。

社会経済生産性本部（現日本生産性本部）の調査によると，過半数の企業（53.3％）が残業予算を管理している。大木栄一と田口和雄は，残業手当に目安があり，かつその目安内で仕事を終わらせることが難しい者ほど，労働時間が長いことを定量的に明らかにしている。彼らも指摘する通り，労働時間の長さは当然業務量と関係がある。その業務量は，当然のことながら，職場のマンニングと業務の突発性とも関係してくる。つまり，職場のマネジメントと労働時間の長さは密接に関係しているのである。

一方，年次有給休暇の取得率は低いままだ（図6-6）。2001年以降，年次有給休暇の付与日数は18日程度となったが，同じ時期において取得率が50％を上回ったことはない。年次有給休暇の取得率は，産業による違いも大きい。例えば，最も取得率の高い「電気・ガス・熱供給・水道業」は69.8％である一方，最も低い「宿泊業，飲食サービス業」は32.2％と平均を大きく下回っている。

今から30年も前に予想されていた「年次有給休暇の完全消化」は，未だ実現

していない。政府が2010年に仕切り直した2020年までの目標「希望する労働者が年次有給休暇を取得できる社会を目指す」，目標値70％も既に「ほど遠い」という報道も多い。

　エクスペディアの「有給休暇国際比較調査2015」によると，日本の取得率の低さは韓国（40％）に次いでワースト2になっている（60％）。日本人の「自分の有給休暇日数を知らない人の割合」は53％にも達し，ワースト1位であった。「有休取得に罪悪感を感じる人の割合」も18％と同じくワースト1位で，その理由として「人手不足」をあげる人が最も多いという。この調査をもとに『日本経済新聞』は，「仕事の遅れや同僚への迷惑を懸念する傾向が強い」と解説している。

　全労連女性部の2007年に実施した「女性労働者の健康・労働実態及び雇用における男女平等調査報告」は，女性「正規労働者」4155人を対象に心身の健康状態や勤務実態などを調査している。同調査によると，「休日でも回復せず，いつも疲れている（19.4％）」，「疲れが翌日に残ることが多い（43.5％）」を合わせると，約6割が過労状態である。それゆえ，「やや（48.1％）」「大変（9.6％）」を含めて「健康状態に不安がある」という回答も約6割におよぶ（「病気加療中」も3.9％いる）。それでも「体の具合が悪く休みたくても休めなかった」という回答は61.4％もいる。その理由は，「仕事が多忙（31.0％）」と「人員不足で職場の体制がない（34.8％）」で全体の3分の2を占める。職種別に見て，一般事務職でも同様の傾向が見られる。

　労働者の健康状態を維持するためにも，所定外労働時間の削減は重要である。また，年次有給休暇の取得率向上も必要である。だが，業務が多忙であること，マンニングが不足していることは，いずれにおいても妨げになっていることが分かる。

第4節　労働時間管理とマネジメント

　実は，職場レベルで労働時間を管理するためのルールは，多岐にわたる。三

吉勉は,家電メーカーを対象に職場レベルでの労働時間管理の枠組みを明らかにしている。三吉の研究で,新製品の開発現場は36協定および特別条項で締結される時間外労働の上限が高いという指摘も示唆的である。使用者側の視点からすると,特別条項付き36協定の設定時間は「保険的な性格」だと考えられている。だが,職場の管理職にとって,守らなければならないのは36協定で締結された年間から月間の時間外労働の上限だけではない。三吉の調査対象とした家電メーカーには労働組合があり,労働協約で時間外労働が36協定よりも短いレベルで設定されている。その他にも,休日・休暇,年休,ワーク・ライフ・バランス (WLB) 関係の諸施策についても,労働協約または就業規則のレベルで「年間総労働時間短縮」を目的とした様々な制度があり,それらの実行を担保するための会議体が設けられている (表6-1)。

　一般的に言っても,職場の管理職は,必要に応じてスタッフ部門である人事部などのサポートも受けられるだろうが,日々の業務の中でこれらのルールを前提に部下個人個人に仕事の配分を決め,労働時間の枠組みともすりあわせなければならない。所定労働時間では終わらない仕事は,部下に残業を命じることになるが,その場合は部門ごとの予算とのすりあわせが必要になる。恒常的な残業が発生する場合は,当該部門の人員増を求める必要も生じてくるが,それは企業の総額人件費とも関係してくるので,自分の裁量でマンニングを増やすという選択肢は限られてくる。業務の効率化をはかるにも,管理職自身が長時間労働を余儀なくされ,そうした余裕がもてない場合も多い。部下の教育や指導は,所定外労働時間を使って行うとする管理職も比較的多い。

　さらに,柔軟な労働時間制度を導入すると,労働時間管理はより複雑なものになる。部署単位,個人単位で通常の所定労働時間とは別の管理が必要になるからだ。図6-7は,2001年時点と2015年時点で比較した,企業規模別の柔軟な労働時間制度の採用企業割合を示している。2001年に比べて導入企業割合が増えているのは,1カ月単位の変形労働時間制度と事業場外みなし労働時間制である。大企業では,裁量労働制を導入している企業が,絶対数はわずかだが増えてきている。中小企業では1年単位の変形労働時間制を導入している企業

第6章　労働時間管理の変化と働く者のニーズ

表6-1 労働時間に関する労使関係枠組みの事例

所定労働時間	労働協約（7h45mi/d, 1,853h/y）					
時間外労働時間	36協定（45h/m, 360h/y）					
	労働協約	労働協約の覚書（時間外労働時間 240h/y）				
		個人ごとを支部レベルで確認				
		時間外協約ルール	時間外協定ルールを越える場合の対応			
		（個人ごとの帳票形式）	「アクションプログラム（特別協定）」			
		年　間 （240h/y）	月　間	年　間 （240h/y over）	四半期 （進捗確認）	月　間 （45h/m over）	日　々 （早朝,深夜業）
				支部との同意が必要（個人ごとの帳票形式）			
				「アクションプログラム」を超える場合の対応 追加協定（36協定よりも少ない上限時間）			
	特別条項付き36協定（年間6回まで）					
	一斉定時退社日（非組合員含む：支部によりルールを組み合わせて運用）					
休日・休暇	労働協約	毎週土・日曜・祝日，年末年始，メーデー，夏季休暇，夏季特別休暇 特別休日（所定労働時間を維持するために調整）				
		休日出勤協定（「時間外のルール」の一部，所定・法定休日の勤務について締結，出勤日の1.5勤務日前に申請等の条件付き，連続出勤をコントロール）				
		代休取得のルール（個人ごとの代休取得状況を支部レベルで確認）				
		年休取得計画				
	チャレンジ休暇制度（勤続10年，20年，30年に連続10勤務日）					
年次有給休暇	年間25日付与（1年間の繰越，積立年休制度 最大50日）					
	労働協約	計画取得（個人ごとの年休取得状況を支部レベルで確認）				
		年休取得計画				
		「アクション協定」締結者の付帯条件（20日以上あるいは放棄日数ゼロ）				
法令遵守	法令（産前産後休暇・育児介護休業）への対応					
WLB関係施策	若年労働者や育児・介護をする労働者への時間外労働の制限 （時間外労働，年間240時間まで）					
	休暇制度 （5d/y）	（配偶者出産，家族看護，家族疾病予防及び検診 子の学校行事への参加，不妊治療などを事由とするもの）				
	短時間勤務・隔日勤務・半日勤務・コアタイム勤務など （育児・介護事由によるもの）					
	休職制度（不妊治療を目的とするもの） （暦日/y）					

会議体	WLBに関する研究会・委員会，WLB職場懇談会	
	生産性向上／WLB職場懇談会	
	労働協約によるもの	
		労使協議会（設置根拠は労働協約。3層からなる）
		総実検討委員会（支部―事業場間で設置。時間外，年休取得の実績を議論する）
		職場運営委員会（2カ月に1回：時間外労働，年休取得状況の確認。年休取得の進まない組合員がいた場合議論し，上司に配慮を求める）
職場上司の直接的関与		
	組合支部	
	支部レベルで時間外協定ルールを超えた場合，GM，TMに説明が求められることがある。「アクションプログラム」の運営について，状況により支部三役は上司にヒアリングを行う。休日・深夜業を命じるタイミングに留意する必要がある。	
	個人面談	
	個人レベルの業務目標を設定する段階で，時間外労働時間（月間），年休取得計画につき面談する。	

（注）事例企業は，12の拠点からなる家電メーカーB社。労働組合A社は，電機連合に加盟し，10支部を構成する。36協定は，それぞれの支部と事業場の間で締結される。年間協定の上限時間等は，支部によって違いがある。
（出所）三吉（2012：第1章，17-44頁）をもとに筆者作成。

割合が相対的に多く，フレックスタイム制の導入割合が少ない。

変形労働時間制は，「労働者の生活設計を損なわない範囲内において労働時間を弾力化し，週休二日制の普及，年間休日日数の増加，業務の繁閑に応じた労働時間の配分等を行うことによって労働時間を短縮することを目的とするものである」とされていた。しかし，残業を禁止するものではなく，36協定を結べば時間外・休日労働も可能になる。

フレックスタイム制は，始業・終業時間を労働者が自ら決めることができる。労働者が生活に必要な時間を考えて出退勤の時間をコントロールできれば，ワーク・ライフ・バランスに資する制度だと考えられている。だが，直接，残業時間の削減や労働時間の短縮に結びつく制度ではない。「従来の所定労働時間帯の中に，業務がないのに拘束していた『無駄な時間』があった場合に時短効果が期待できるにすぎない」という指摘もある。

みなし労働時間制は，実労働時間とは関係無く，あらかじめ定めておいた「みなし時間」を働いたものとみなす制度である。そのため「残業隠し」「残業

第6章 労働時間管理の変化と働く者のニーズ

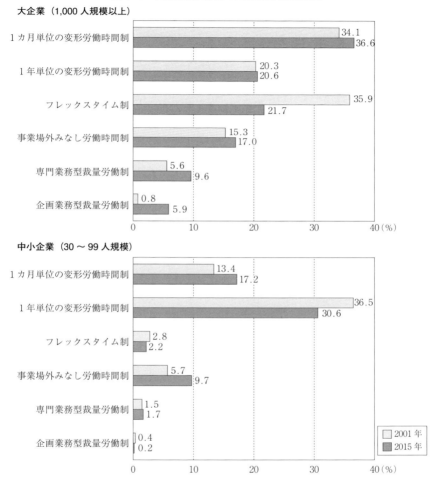

図6-7 企業規模別労働時間制度採用企業割合

(注)「企画業務型裁量労働制」は2000年4月より施行。
(出所) 厚生労働省「就労条件総合調査」各年版をもとに筆者作成。

代削減」の危険性が懸念される制度でもある。日本労働弁護団によると「労基署が、長時間労働が蔓延している出版社等に対して、裁量労働制の導入を指導する例すら見られる」という。みなし労働時間制の中でも、事業場外みなし労働時間制を導入する企業が増えてきている（図6-7）。事業場外みなし労働時

間制は，他の裁量労働制よりも，導入要件が緩いということもある。

事業場外みなし労働時間制は，営業職など外勤の業務に従事するもので，使用者が「労働時間を算定し難いときは，所定労働時間労働したものとみなす」制度である（労基法 第38条の2）。この「算定し難いとき」には，「事業場外で業務に従事するが，無線やポケットベル等によって随時使用者の指示を受けながら労働している場合」や，「事業場において，訪問先，帰社時刻等当日の業務の具体的指示を受けたのち，事業場外で指示どおりに業務に従事し，その後事業場にもどる場合」は含まれない。これらの場合には，適用できないものとされている[36]。これは1988年の通達なので「ポケットベル等」という記述になっているが，現在，外回りの営業職等で携帯電話（スマートフォン）もインターネットにつながる PC やタブレット端末ももたずに業務に従事している者もいないだろう。労働時間制との関係を直接問うたものではないが，スマートデバイスの活用に積極的な企業で，残業時間が多いと感じる企業割合が増えているという調査もある[37]。

事業場外みなし労働時間制を適用されて働く労働者は，労働時間管理の適用除外になっているもの（管理職等），専門業務型裁量労働制の適用者とならんで，「最も長い月間総労働時間数」でも「最も短い月間総労働時間数」で見ても，月当たりの労働時間が長い[38]。営業職は「営業手当」を支払う代わりに残業代を支払わないとする企業も珍しくない。そして営業職の労働時間は，比較的長いことが知られている[39]。[40]

先に述べたように，業務量とマンニングのバランスから労働時間が主に決まってくるとしたら，柔軟な労働時間管理の制度は労働時間の決定において従の位置にあるにすぎない。フレックスタイム制や裁量労働制を適用すれば，労働時間が短くなるとは言えないのだ。あくまでも，柔軟な労働時間管理の制度は，時間配分を工夫する余地を生み出すに過ぎない。業務量やマンニングは組織的に決定されるものなので，柔軟な労働時間管理による時短とは，労働時間に関する責任を労働者個人に負わせることにもなる。

第5節　人的資源管理のためのインプリケーション

　1980年代の半ばから，様々な理由で労働時間の短縮が求められてきた。しかし，それから約30年経過した現在，労働時間の短縮は実効性のあるものになってきているようには見えない。様々な労働時間管理制度が法制化されているが，ジェンダーと雇用形態の違いをまとった労働時間の格差を伴いつつ，長時間労働者の割合はあまり減ってはいない。さらに，様々な労働時間制度の普及によって管理はより複雑になり，個々の職場，個人個人で労働時間管理は「個別化」しているように見える。いわば，「労働者個々人の多様なニーズに応える」ということで，労働時間の管理は労働者個々人の「選択」とされ，業務量の多さからくる「人手不足」が直接労働者個々人の労働時間の長さに反映されているのに，そのことを気付かせないでいる。「周りの目を気にして職場に残っている」というのもナンセンスで，「目標必達」「勤務完遂」のプレッシャーが強まるほど，家族も顧みず遮二無二仕事に取り組む人々の姿が見えてくる。

　近年，ワーク・ライフ・バランスの要求は，総論としては政労使で合意されているように，夢のような要求ではない。むしろ，労働者の日々の現実からすると，切実な要求である。ジェンダーによる雇用形態の違いを容認して，「男性は仕事，女性は家事と（パート）仕事」でバランスをとるというのも，もう受け入れがたいはずだ。ましてや，そうした働き方を選ぶのは「個人の選択」「個人のニーズ」とはいわない。

　労働時間管理は，人的資源管理論の枠組みだけでは完結しない。仕事の量とマンニングが直接かかわってくるからだ。労働時間の短縮やワークライフバランスの観点から，人的資源管理論は「労働者個々人のニーズに応える」という積極面はあるが，仕事量とマンニングをどうすべきかという論点がまだ欠けているように思える。

注

(1) 森岡（1995）は，週60時間以上の男性の長時間労働者と，週35時間未満の女性パートタイム労働者の増加傾向を「労働時間の性別分化をともなった二極分化」と指摘している。
(2) 内閣府（2014：8-9頁）。本章執筆時点（2016年2月），まだ法制化されていない。
(3) 経済企画庁（1983：11，25頁）。
(4) 中央労働基準審議会（1980）は，既に年間総労働時間2000時間目標を掲げていた。
(5) 経済企画庁編（1986：43頁）。
(6) 国際協調のための経済構造調整研究会（1986：4-5頁）。
(7) 経済審議会経済構造調整特別部会（1987）。
(8) 第10次国民生活審議会 総合政策部会政策委員会報告（1986：25，65頁）。
(9) 長期労働政策ビジョン懇談会報告（1980：1，5-6頁）。
(10) 前掲書（8-9頁）。
(11) 前掲書（48-49頁）。
(12) 前掲書（119-121頁）。
(13) 労働基準法第37条1項但し書き，同3項，同第138条。
(14) 「現実的に，青天井」第114回労働政策審議会労働条件分科会（2014年7月7日），「協定の当事者問題」第118回労働政策審議会労働条件分科会（2014年10月28日）など。
(15) 長期労働政策ビジョン懇談会報告（1980：98頁）。
(16) 経済企画庁編（1988：10-11頁）。
(17) 前掲書（95頁）。
(18) 総務省統計局「労働力調査（2014年平均）」第Ⅱ-1表（男女総数）より。
(19) 前掲書，第Ⅱ-10表より。
(20) 前掲書，第Ⅱ-10表より。
(21) 例えば，小倉（2007）。
(22) 連合総合生活開発研究所（2015：16頁，図表Ⅱ-1）より。厚生労働省の定める時間外労働時間の目安では，1カ月当たり45時間が36協定による労働時間延長の限度ということになっている（1998年労働省告示第154号）。また，2～6カ月にわたる1カ月当たり80時間を超える時間外労働は，「脳・心臓疾患（いわゆる過労死など）」を労災認定するための基準の1つとされている（厚生労働省労働基準局 基発第1063号，2001年12月12日）。
(23) 連合総研，前掲書（17頁，図表Ⅱ-4）。2015年9月期，未申告の所定外労働時間の平均は，当該回答者合計で18.1時間であった。

⑷ 厚生労働省（2016年（2月23日発表），表1および表6より。（原注）「重点監督では，…（中略）…より深刻・詳細な情報のあった事業場を優先して対象としているため，労働時間の違反のあった事業場の比率が45.9％（平成26年の定期監督における比率は21.1％）と高くなっている」。
⑸ 連合総研，前掲書（18頁，図表Ⅱ-6），および「資料編」基礎クロス表QT9。
⑹ 社会経済生産性本部（2003：54頁，図3-17）。「管理していない」のは，41.3％。
⑺ 大木・田口（2010：64頁）。
⑻ 2010年6月18日閣議決定「新成長戦略」の目標値の1つ。
⑼ 『日本経済新聞』2016年1月8日付，エクスペディア「有給休暇国際比較調査2015」（調査期間2015年10月6日～10月22日）。日本の取得率の低さは，2014年調査に続いて2年連続。2013年調査まで6年連続ワースト1位だった。それでいて，「仕事に満足している人の割合」も，韓国（19％）より日本の方が低い（17％）（https://welove.expedia.co.jp/infographics/holiday-deprivation2015/ 2016年1月31日アクセス）。
⑽ 全労連女性部（2007：16-19頁）。
⑾ 三吉（2012）。
⑿ 労働政策研究・研修機構（JILPT）（2011：28頁，2-4-6表）を参照。
⒀ 労働省労働基準局長，労働省婦人局長通知「改正労働基準法の施行について」1988年1月1日 基発第1号，婦発第1号。
⒁ 日本労働弁護団（2015：183頁）。
⒂ 前掲書（205頁）。
⒃ 労働省労働基準局長，労働省婦人局長通知，前掲書，1988年 基発第1号。
⒄ デロイトトーマツコンサルティング「ワークスタイル実態調査（2015年版）」（2016年2月22日発表）は，ノートPCやタブレットを活用し，いつでも社外（サテライトオフィスやカフェ等）で勤務可能な働き方を「全社で認めている」，スマートデバイスの活用に積極的な企業は「同業他社と比べて残業時間が多いと感じる」割合が高く（33％），それらの活用に消極的で「認めていない」企業ほど「残業が少ないと感じる（20％）」傾向を明らかにしている（http://www2.deloitte.com/content/dam/Deloitte/jp/Documents/about-deloitte/news-releases/jp-nr-nr160222.pdf 2016年2月27日アクセス）。
⒅ 労働政策研究・研修機構（JILPT）（2014：クロス集計表，77-78頁（厚労省抽出分），190-191頁（事業所DB抽出分））。
⒆ 日本労働弁護団，前掲書，216-217頁。もちろん一定の要件を満たさない場合は，

「営業手当の支払で残業代の支払いに替えることは出来ない」(217頁)。
(40) 例えば，労働政策研究・研修機構 (JILPT)，前掲書, 79-80頁 (厚労省抽出分基本クロス集計表) によると，「営業・販売」職種は，「管理監督職」「技術職」とともに，「最も長い月間総労働時間数 (平均 217.9時間)」でも「もっと短い月間総労働時間数 (平均172.4時間)」でも，月間総労働時間が長い傾向にある。

引用参考文献

大木栄一・田口和雄, 2010,「『賃金不払い残業』と『職場の管理・働き方』・『労働時間管理』——賃金不払残業発生のメカニズム」『日本労働研究雑誌』第596号。

小倉一哉, 2007,『エンドレス・ワーカーズ——働きすぎ日本人の実像』日本経済新聞出版社。

経済企画庁, 1983,『1980年代経済社会の展望と指針』大蔵省印刷局。

経済企画庁編, 1986,『経済審議会報告——拡大均衡の下での新しい成長』大蔵省印刷局。

経済企画庁編, 1988,『世界とともに生きる日本——経済運営5カ年計画』大蔵省印刷局。

経済審議会経済構造調整特別部会, 1987,『経済構造調整特別部会報告——経済調整の指針』。

厚生労働省, 2016,「平成27年度 過重労働解消キャンペーンにおける重点監督実施状況」。

国際協調のための経済構造調整研究会, 1986,『報告書』。

社会経済生産性本部, 2003,『裁量労働制と労働時間に関する調査報告』。

全労連女性部, 2007,「女性労働者の健康・労働実態及び雇用における男女平等調査報告 (2007年実施)」。

第10次国民生活審議会総合政策部会政策委員会報告, 1986,『長寿社会の構図——人生80年時代の経済社会システム構築の方向』。

中央労働基準審議会, 1980,「週休二日制等労働時間対策推進計画」。

長期労働政策ビジョン懇談会報告，労働大臣官房政策調査部編, 1980,『勤労者生活の豊かさを求めて——勤労者生活の長期展望と労働政策の課題』。

内閣府, 2014,「『日本再興戦略』改訂2014——未来への挑戦」(2014年6月24日閣議決定)。

日本労働弁護団, 2015,『働く人のための労働時間マニュアル Ver.2』。

三吉勉, 2012,「労働時間の個人別決定への挑戦——A労組の事例」石田光男，寺井

基博編著『労働時間の決定——労働時間の実態分析』ミネルヴァ書房, 第1章.
森岡孝二, 1995, 『企業中心社会の時間構造』青木書店.
連合総合生活開発研究所, 2015, 『第30回 勤労者短観——「勤労者の仕事と暮らしについてのアンケート」調査報告書』.
労働政策研究・研修機構（JILPT）, 2011,「仕事特性・個人特性と労働時間」第128号.
労働政策研究・研修機構（JILPT）, 2014,「裁量労働制等の労働時間制度に関する調査結果：労働者調査結果」第125号.

（山本大造）

第 7 章

賃金管理と処遇問題

　　賃金は労働の対価であると同時に，所得，費用，インセンティブ，労働の価格といった多様な側面を有している。それだけに，この賃金は労使双方にとって最大の関心事項といっても過言ではない。本章では，賃金と賃金管理の意義や，その変遷を明らかにしつつ，賃金をめぐる諸問題と提唱されている解決策について考察していく。

第1節　賃金と賃金管理

1　賃金とは何か：賃金が有する多様な側面

　賃金とは何か，この素朴な問いに対する答えは，賃金で家計を維持する労働者（従業員）という立場にあるのか，あるいは企業を経営する立場にあるのかによって異なってくるだろう。労働者の権利保護を目的とする労働基準法は第11条で「この法律で賃金とは，賃金，給料，手当，賞与その他名称の如何を問わず，労働の対償として使用者が労働者に支払うすべてのものをいう」と定義づけている。名称は何であれそれが労働の対価として支払われているのであればそれは賃金であるとの解釈であり，労働の対価という賃金が有する重要な側面を的確に捉えている。さらに労働者の立場からすれば，賃金は生計を維持していくための所得を意味する。多くの労働者にとっては，これが唯一の生計維持の手段であるから，総額や支払い形態など賃金のあり方は極めて重要な関心事項となる。他方，経営者からすれば賃金は費用の一部として意識せざるを得ない。より具体的にいえば労働者を雇用する際に企業が負担せねばならない労働費用の主たる部分を，この賃金が占めているのである。

一般的には，労働の対価，労働者にとっての所得，企業側にとっての費用という以上の3側面をもって賃金の本質を説くことが多いが，本章ではより多角的に捉え，やはり賃金が有している「労働者の就業意欲や能力の向上を促すインセンティブ」という性格にも着目したい。無論，金銭による動機づけには限界があることは否定できない。それどころか，金銭による動機づけは，仕事を手段化させ働く喜びや仕事への興味関心を損ねてしまうという悪影響（アンダーマイニング効果）を及ぼすという指摘もある。とはいえ，アルバイトの時給が上がることでやる気が増したという経験を有する読者は多いであろう。したがって賃金に一定のインセンティブ効果があることは納得できるのではないか。これ以外に，賃金を労働の価格と捉える見方も存在する。例えば，後述する職務給はこうした仕事の価値・価格を重視した賃金の最たるものである。

　以上，賃金が有する5つの側面（①労働の対価，②所得，③費用，④就業意欲や能力向上のインセンティブ，⑤労働の価格）を確認した。これらのうち労使の立場の違いが直接的に反映される「②所得」と「③費用」は時として鋭く対立する関係を有している。例えば，費用としての賃金がクローズアップされ，その削減が企業経営上の課題と強く意識されれば，所得という側面は後退を余儀なくされる。第4節でも触れるが，実際，バブル経済が崩壊して以降，次第に費用としての賃金とその削減が叫ばれるようになり，1998年を境にして明確に賃金が下がりはじめたことが各種政府統計資料から見てとれる[(1)]。他方で，もっぱら賃金の削減に主眼をおいてパートタイム労働者や派遣労働者の利用が進められ，正社員の担っている業務と大差の無い業務を委ねられながらも，そうした非正規労働者の賃金が著しく低いものであれば，「①労働の対価」という賃金の側面は軽視されたことになる。かかる事態が実際に起こっており，それが「格差問題」として社会問題化していることは周知の事実であろう。このように，賃金には水と油のような関係に例えても良い，相容れない側面が内包されており，しかもどの側面も重要なのである。要は，片や労働者が公平と感じ，安心して日々暮らしていくことを可能とし，片や企業が健全な企業経営を実現し得るバランスのとれた賃金を実現していくことが肝心となる。ただし，後で見るよう

にそれは容易なことでない。

2 賃金管理の意義

　ここでは，賃金を管理することの意義や重要性について整理してみよう。そもそも，企業は何故賃金管理を行うのか。これについて，例えば権威ある賃金論（厳密にいえば報酬論）のテキストである Milkovich et al（2014）は，賃金管理の目的として，「有効性」（業績の向上，品質向上，顧客および利害関係者の満足度向上，そして労働費用の管理），「公平性」（公平な処遇の保証，従業員個人とその家族のまっとうな生活を可能にすること），「コンプライアンス」（法令遵守），「倫理性」（ある結果がどのようにもたらされたのかについて組織が配慮すること）の4つを実現することと定めている[2]。これらは，先に見た賃金が有する5つの側面（①労働の対価，②所得，③費用，④就業意欲や能力向上のインセンティブ，⑤労働の価格）に呼応しているといえよう。すなわち，③費用をうまくコントロールしつつ，④インセンティブ機能を引き出すことで有効性が達成される。他方，①労働の対価，②所得，⑤労働の価格について法的要件を満たすことでコンプライアンスが徹底され，金額そのものの妥当性・納得性ならびに決定基準の妥当性／納得性が得られれば公平性と倫理性が実現することになるのである。

　さらにいえば，有効性は企業の競争力に直結するであろうし，公平性，倫理性は従業員の確保・定着，労使関係の安定性に多大な影響を及ぼす。また，企業の社会的責任が厳しく問われる昨今，コンプライアンスの如何は企業の存続そのものを左右するだろう。このように考えれば賃金管理が企業経営にとって如何に重要なマターであるかが理解できる。

3 賃金管理の対象：賃金の何を管理するのか

　前項までで賃金には5つの側面があり，いずれも重要であるが故にそのバランスをはかっていくことが賃金管理の重要な役割であることを確認した。ここでは，その賃金管理の具体的なあり方，すなわち何をどのように管理するのかを確認していこう。これについて前出の Milkovich et al（2014）は①内部調整

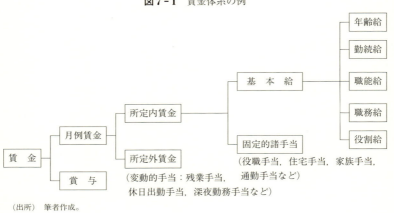

図7-1 賃金体系の例

(出所) 筆者作成。

(組織目標への貢度合いから比較された，職務価値あるいは技能レベルに妥当な賃金水準)，②競争力（競合企業と比較し，人材の確保・定着あるいは製品・サービスの価格という観点から競争力を有した賃金水準），③貢献（従業員の貢献に報いる賃金項目の組み合わせ），④管理（人件費，賃金水準などの統制），以上の4領域にわたる方針決定が賃金管理の基本であると説明している[3]。これら4領域は突き詰めれば，内部の納得や競争力を確保し得るような「賃金額（水準）」と従業員の貢献に報い得る「賃金項目の決定」という2点に集約できよう。前者は賃金の高さに関する管理，後者は賃金の支払い対象に関する管理と言い換えて良い。

　前者から見ていこう。既述のように賃金が費用の一部である以上，経営側はまず賃金額（水準）を管理せねばならない。より具体的には，毎月決まって支給される賃金（月例賃金）の主たる部分（企業規模によっても異なるがおおよそ8割弱程度）を占める基本給（図7-1参照），平均賃金，そして総額賃金という観点から賃金水準のコントロールが試みられる。無論，これら賃金額は労働者の生活に直結する事柄であるから経営者が自由に決定できるわけではない。次節で触れるように関連する法律や労働組合との交渉に規定されながらその枠内で，賃金額の管理が行われることになるのである。

　同時に，賃金をどのような基準で何に対して支払うのかについて経営側は決

定し管理せねばならない。何を基準に賃金を支払うのか、その算定基準のことを賃金形態というが、これは働いた時間を基準とする時間賃金（定額賃金制）と、働いた成果である出来高を基準とする出来高賃金の2つに大別される。前者の時間賃金として、1時間を単位とする日給、1週間を単位とする週給、1カ月を単位とする月給、1年を単位とする年俸が存在する。ここで、月給であっても欠勤分や遅刻分を減額する日給月給という制度があること、年俸の場合でも賃金は毎月支給されねばならないことに注意せねばならない。また後者の出来高賃金については、保険契約を獲得すると保険料の一定割合が支給される保険外交員の歩合給、あるいは乗客の支払った代金の一定割合が支給されるタクシー乗務員の歩合給などが当てはまる。ただし、賃金の全てを出来高で決定するいわゆる完全出来高賃金（完全歩合給）が労働基準法によって禁止されているため、出来高賃金を適用する場合は、時間賃金＝固定給と組み合わせる必要がある。また、出来高賃金が適合するのは、成果を明確に数値化できる、当該労働者（グループ）の貢献だけによってその成果が成り立っている、成果の品質に留意する必要性が低いという条件を満たす職務に限られるとされる[4]。経営側は職務の特性を踏まえ、時間賃金か出来高賃金のいずれかの賃金形態を採用することになるのだが、今日こうした3条件に合致する職務が極めて僅少であることもあって、現状としては99％超という圧倒的多数の企業が時間賃金を用いている[5]。

　他方、何に対して支払うのか、その対償となる項目の組み合わせのことを賃金体系という。図7-1においてその主立った項目が列挙されているが、ここで示されているように、賃金は、月例賃金である所定内賃金、所定外賃金、そして賞与の3つに大きく分けられる[6]。まず所定内賃金とは所定労働時間内の労働に対して支払われる賃金である。この所定内賃金は、さらに基本給と固定的諸手当に分けられる。前者の基本給は先述のように月例賃金の8割弱程度、さらに賃金全体において6割程度を占めるとともに、賞与や退職金を決定する際の算定基準となるケースが多いこともあって、数ある賃金項目の中でもその管理が一際重要になってくる。後者の固定的諸手当とは、特定の条件を満たして

いる労働者に対し毎月固定的に支給される手当のことである。次に，所定外賃金は，所定労働時間外の労働（残業，休日労働，深夜労働）に対して支払われる賃金である。最後に，賞与とは，月例賃金とは別に支払われる賃金で，賞与，ボーナス，夏期手当，年末手当，期末手当等の名目で支給されるものをさし，一般的には夏，冬と年2回の支給がある。

　こうした賃金項目の組み合わせ方によって，賃金の高さ（額），労働費用総額などを一定コントロールできるが，それ以上に重要なのは賃金の性格を規定し得るという点である。例えば，基本給部分の年齢給や勤続給，あるいは固定的諸手当の家族手当を手厚くすれば賃金は年功給や生活保障給という色合いを濃くする。逆にこうした部分を減らし，基本給において職能給，職務給，役割給等を厳格に運用し，(7) 支給額が増減可能な項目の占める比率を高めるならば，賃金は「能力主義的」あるいは「成果主義的」になる。また，企業が利益の一部を定期昇給額の引き上げやベースアップの実施を通じた基本給引き上げという形で労働者に分配すれば賃金を含めた人件費は固定費としての性格を強め，逆に，基本給は据え置き，業績と連動した賞与という形で分配すれば人件費は変動費としての性格を強めることになる。

第2節　賃金をめぐるルールと労使慣行

　前節では，賃金とその管理の概要を説明した。そこでも触れたように，賃金は働く個々人にとって日々生活していくための唯一の手段である。賃金の有するこうした側面を踏まえて，賃金には生活しているだけの金銭が確実に労働者に支給されることを目的とした法的な規制が設けられている。その1つが，最低賃金法にもとづき国が定めた最低賃金額以上の賃金を支払うよう義務づけている最低賃金制度である。最低賃金には，産業や職種にかかわりなく，都道府県単位で設定される地域別最低賃金と，特定地域内の特定の産業について，関係労使が基幹的労働者を対象として，地域別最低賃金より金額水準の高い最低賃金を定めることが必要と認めるものについて設定される特定最低賃金の2種

類が存在する。いずれも，最低賃金を下回る賃金を使用者が支払った場合，その差額を支払うことが義務づけられており，それを拒んだ場合は罰則を課せられることになる。

さらに，労働基準法（第24条）では，賃金の支払いについて①通貨払いの原則，②全額払いの原則，③毎月1回以上の原則，④一定期日払いの原則，⑤直接払いの原則，以上5つの原則（通称，賃金支払いの5原則）を定めている。つまり，現物供与を禁じ，賃金は通貨で支払うべきこと（ただし，本人の同意があれば，預貯金口座への振込が認められている），その際，労働者の合意がない限り控除せず全額を，毎月1回以上，定まった期日に，直接本人に支払うことを義務づけているのである。これも労働者にとっての賃金の重要性を鑑みて，それが毎月確実に労働者本人に支給されることを担保するための措置といえる。

他方で，わが国には，賃金を含めた労働条件を産業ごとに極力均一化することを目的として，2月頃から各企業の組合が一斉に全国的中央組織の労働団体や産業別組織の指導・調整のもと企業と団体交渉（以下，団交）を行うという独特の取組が存在する。これを春季生活闘争，略して春闘と呼ぶ。より具体的には，産業ごとに特定の企業をパターン・セッターに定め，その交渉結果を参考にしながら他企業が団交を行うことで，産業内の賃金その他労働条件を極力平準化しようという試みである。過去にはこの春闘を通じ，広範な産業で労働者が大幅賃金アップを勝ち取った時期もあった。また，春闘の結果が，上述した地域別最低賃金の議論にも影響を及ぼすという意味では，社会的にも意義ある取組といえる。しかしながら，グローバル競争の激化という環境下，企業間で業績の格差が拡大したこと，後に見るように賃金制度の成果主義化が一定進んだことを背景に，皆で賃上げ等労働条件の向上を勝ち取ろうという趣旨の春闘は難しい局面に立たされている。

以上，賃金をめぐる法規制や労使慣行を概観した。これらを踏まえれば，賃金がコストの一部である以上，賃金額等を決定する権限は一義的に企業が有しているとはいえ，決して企業側にフリーハンドが与えられているわけではないことが分かる。前項までに触れた内容と併せ，企業経営者は生計を維持できる

だけの賃金収入や差別のない公正な賃金を求める従業員のニーズに配慮しつつ，企業を取り巻く経営環境や，法律や労使関係にも規定されながら賃金を管理しているのだということを理解せねばならない。

第3節　賃金体系・賃金制度の変遷

　第1節で述べたように，賃金の支払い項目の組み合わせのことを賃金体系という。この節では，戦後わが国で主流となった賃金体系や賃金制度の移り変わりとその背景を見ていきたい。

1　生活給体系の確立：電産型賃金体系の成立と普及

　戦後混乱期のわが国において，人々の最大の関心事項は如何にして日々の生活を成り立たせていくのかということであった。ハイパーインフレが生じていたこともあり，当時占領軍総司令部（GHQ）の方針で結成が承認，奨励された労働組合は生活可能な賃金を求めて激しい攻勢をかけるようになった。こうした中，電力産業労働組合が1946年に示し経営側との合意に至った賃金体系が注目され，その後日本企業の賃金体系に多大な影響を及ぼした。電産型賃金体系として知られるこの賃金体系は，年齢で決まる本人給が44％，勤続年数で決まる勤続給が4％，家族数で決まる家族給が19％といった具合に，賃金の67％が年齢や家族状況で決定されるということを最大の特徴としている[8]。生活を保障することに重きをおいた賃金であると同時に，典型的な年功給といって差し支えない。このように労働者の生活保障を強く意識した生活給体系の萌芽は大正時代にまで遡ることができ，昭和の戦時期に政府によって奨励されてきたが，上に見た電産型賃金体系をもって完成したものとされる。

2　職務給化の試み

　電産型賃金に象徴される生活給体系は，荒廃した社会・経済からの再出発をはからねばならない当時の日本社会において一定の合理性を有していたといえ

る。しかしながら，経済状況が安定化するに従い，経営側は本人の働きぶりと無関係に毎年賃金が上昇する生活給体系を問題視するようになり（年功的に過ぎる処遇は不公平だという声は実は労働者側にもあった），賃金は仕事の対価であるべきとの主張を展開しはじめた。その際に，経営側がアメリカを参考にしつつ着目したのが職務給であった。職務給とは，職務分析の結果定まった職務の難易度・レベル（職務価値）を評価し，それに見合った賃金額を決定するという賃金制度である。同一の職務価値であれば同一賃金となるシングル・レート（単一職務給）と，同一の職務価値であっても熟練度や能力等で賃金に幅をもたせるレンジ・レート（範囲職務給）が存在するが，後者が一般的である。1950年代以降，こうした職務給の導入が模索されたが，結果的に日本に普及・定着することはなかった。これについては以下のような理由が指摘されている。

まず第1に，そもそも日本では職務概念が曖昧であったということである。個々人の職務範囲を明確に定めることなく，集団として仕事を進めることが一般的だった日本の職場に，各職務の詳細な設定を前提とする職務給を導入することには無理があった。逆にいえば，職務が明確に設定され労働者が自身の職務範囲に敏感になると，職務範囲以上の貢献をなそう，新しい仕事に取り組もうといった意欲が削がれてしまう，あるいは多忙な同僚を手助けする，部下・後輩の育成・指導を行なうなどの協力関係が損なわれてしまうということになりかねない。[9]

第2に，職務に応じて賃金を支払うことを原則とする職務給は，年齢や勤続年数に比例した所得上昇と無縁である。職務給のこうした側面は，年齢や勤続年数の違いによる所得格差を受容し，毎年幾ばくかの賃金上昇を期待する労働者のニーズにそぐわないものであったとされる。さらには，職務が遂行できるか否かのみならず，職務や同僚らに対する態度・姿勢までも含め能力と見なし評価するべきだとする日本人労働者の価値観と，そうした点にはこだわらない職務給との相性の悪さも指摘されている。以上は，日本人労働者の公平観（フェアネス）と職務給のミスマッチと表現することができる。[10]

第3に，原則的に，職務等級がより上位の職務に空きがない場合，労働者が

いくら努力し高い成果を上げても大幅な賃金上昇は見込めない。職務給の導入が試みられた当時，労働者の高齢化や高学歴化が進展し，相応しいポストが不足するようになったため，このような問題が顕在化したのである。これも，職務給が日本人労働者の公平観と相容れない側面であるといってよい。

第4に，職務給化によって職種を横断する異動が困難になる。例えば人事担当者が経理という不慣れな職種を担うことになった場合，当然ながら当初は従来の（人事担当時の）職務よりも難易度の低い，すなわち職務価値が低いと評価される職務に就くことになるため，賃金は下がることになる。労働者側としては，こうした異動を受け入れることはできないだろう。経営側にとって，このような事態は職務配置のフレキシビリティを喪失すること，あるいはゼネラリストの養成が著しく困難になることを意味するため，避けねばならなかったのである。

第5に，技術の進展などで職務内容が変化する，あるいは新たな職務が発生するとその都度，職務分析を行わねばならず，その一方で，アメリカとは異なり，職務分析の標準化やそうした評価を専門的に行うコンサルタント会社のサービスは普及していなかった。その結果，職務給運用には大きな負担がともなうことになった。

このように，職務給は労使双方にとって問題の多い賃金制度であると認識されたことから，わが国に浸透することはなかったのである。

3 職能給の導入と定着

1960年代以降に登場し，以降バブル経済が崩壊するまでの長きにわたり定着したのが職能給である。この職能給とは，職務ではなくて仕事を担当する労働者の能力に着目し，その職務遂行能力（体力×適性×知識×経験×性格×意欲）の伸長に応じて決まる賃金のことをいう。このように，職務ではなく労働者の職務遂行能力，換言すれば仕事ではなくヒトを評価することによって，職能給は職務給が直面した諸問題を克服することができた。

まず第1に，各労働者の担当する職務内容を問う必要が無いため，職務区分

が曖昧でチームワークを基本とする日本の職場と相性が良く，さらに労働者の頻繁な異動や多能工化など労働力のフレキシブルな活用を可能とした。同時に，経営側は職務分析を行う煩わしさから解放された。

　第2に，能力は職務経験や教育訓練・能力開発を経て向上していくものであり，また一度身についた能力は失われることがないと解釈することで，基本給に年齢給や勤続給を組み込むこと，あるいはまた職能給自体を毎年引き上げることを「正当化」できた。これによって，毎年幾ばくかの賃金上昇を期待する労働者のニーズに応えることが可能となった。その一方で，能力伸張の多寡を根拠に職能給部分の引き上げ額で労働者間に差をつけることができるため労働者のモチベーションを喚起し得る。またこうした職能給の特質は「賃金は毎年上がって欲しいが，さりとて年功的に過ぎる賃金にも問題がある」とする労働者の公平観にも一定程度，合致していたと見ることができる。

　第3に，繰り返しになるが，職務の内容ではなく，保有能力の評価を原則としているため，役職ポストに就かない（就けない）者についても，役職者相当の能力を有していると見なされる場合は，役職者と同等水準の賃金を支払うことができた。このように職能資格と役職位を切り離すことで，昇進せずとも昇給し得るルートを設け，ポスト不足による労働者のモチベーション低下を回避することができたのである。

　このように，先に見た職務給に伴う様々な問題点をクリアできることから職能給は広く普及した。しかしながら，発揮されている能力すなわち顕在能力のみならず潜在的な能力を含む上に，体力×適性×知識×経験×性格×意欲という多様な要素から構成される職務遂行能力は曖昧で抽象的なものにならざるを得ない。もっともこれについては，異動を通じて様々な職種を体験させるためにあえて抽象的なものにする必要があったともいえる。ともあれ，そうした抽象性故に，労働者の保有している能力やその伸張を客観的に把握することは困難にならざるを得ない。結果的に，職能資格さらに職能給は年功的に運用されることになった。そして，このような年功的賃金に対する企業側の負担感は団塊世代の労働者が管理職適齢期を迎えるようになった1980年末から90年代初頭

に強まり，バブル経済崩壊後にピークを迎えた。

　他方，職能給は保有する能力によって決定される属人的な賃金であることから（年齢給や勤続給と組み合わせた場合，こうした属人的な性格はさらに強まることになる），同等の仕事をしていても，該当する職能資格によって賃金に差がつくということになる。後に見る格差問題の原因の一端は，こうした職能給の属人性に求められるのである。さらに，性格，意欲，生活態度をも能力の一部と見なす幅広い職務遂行能力概念には，労働者に過剰な努力や頑張りを強いることで，過重労働や会社人間を生み出す契機にもなり得ることを見落としてはならない。

4 成果主義賃金導入の試み

　1990年代に入ると，バブル経済の崩壊，経済のグローバル化，円高による人件費圧力の増大などを背景に，職能給の年功的な性質が問題視されるようになった。そもそも職能給は，経験を経るにしたがい能力が年々伸張すること，あるいは毎年賃金が上昇することで労働者のモチベーションが高まることを前提に，労働者の能力が高まれば新製品・サービスを開発ないしは新市場開拓を果たすことで企業成長に貢献し，結果として賃金上昇部分は相殺されるという期待の下，運用されてきた。この意味で職能給は労働力供給サイドの事情を重視した賃金であった。しかしながら，バブル経済崩壊後の「失われた10年」を通して，経営者は企業が市場で支持される経営戦略とビジネスモデルを設定し，それらに合致した仕事や成果によって賃金を決定すること，すなわち，労働力の需要サイドを重視した賃金へ移行せねばならないことを痛感した，概略賃金管理をめぐる以上のようなパラダイム・チェンジがこの時期に起こったとされる。そこで，にわかに経営者の注目を集めたのがいわゆる成果主義賃金である。何が「成果主義」なのかという点について必ずしも明確な共通理解は存在しなかったが，成果主義賃金言説のもと，年齢や勤続年数など属人的かつ年功的な要素を縮小・廃止するとともに，担当している仕事に注目しながら個人の成果や業績といった企業への貢献＝顕在化された能力を重視する賃金体系への移行

が進められたのである。

　当初は，古くから見られた出来高賃金のように短期的な「成果」によって賃金が上下する賃金をもって成果主義賃金であるかのような見解も見受けられたが，こうした賃金は，労働者が短期志向に陥る，労働者間の協力関係が希薄になるなどの問題が指摘されるようになり，広がりを見ることはなかった。これに代わり，主要な成果主義賃金あるいは成果主義人事制度と見なされるようになったのは，①目標管理制度（ある一定の枠内で，従業員自身に業務目標を立てさせ，上司との面談を通じて期首にその目標を確定し，自己責任によって業務遂行し，期末に上司との面談で成果を確認し，評価を行う制度），②年俸制（前年度の業績などを踏まえながら，労働者本人と上司の話し合い・交渉を経て１年単位で賃金を決定する制度。①の目標管理制度とセットで導入されることが多い），③賞与の成果主義化（賞与のうち基本給×月数で決定する部分を縮小し，査定部分や業績連動部分を拡大すること），④職務給（前項を参照），⑤役割給（組織目標への貢献度を意味する役割の価値＝役割等級にもとづき決定される賃金）である。

　これらのうちでも，わが国で次第に優勢になりつつあるとされるのが⑤役割給である。上記の簡単な説明では④職務給との違いが明確に理解しにくいであろうから若干補足しておこう。職務給は既に述べたように，基本的には職務価値によって決定される賃金である。つまり，職務やポストの（市場）価値，換言すれば仕事の価値だけに着目する。これに対して役割給は，役割（非定型業務も含むため職務よりも幅広い概念とされる）の価値に加え，企業への忠誠心，部下育成への取組度合い，保有する能力の伸長など属人的要素にも着目するのである。保有する能力についていえば，コンピテンシー（特定の職務や役割において，継続的に高い業績をあげる原因になっていると考えられる知識，スキル，行動特性のこと）の評価が一般的である。これは従来の抽象的な職務遂行能力ではなく，職務，職掌，部門などを単位としてより具体的に設定される。ともあれ，このように職務給は仕事の価値だけを見るが，役割給は仕事の価値とヒト（その姿勢や保有する能力）の双方を見ているという点に両者の違いを見い出すことができる。この役割給は，役割価値にもとづくという点で，職能給が抱えていた年

表7-1 基本給の決定要素別企業数割合 (単位:%)

年 度	階 層	基本給の決定要素（複数回答)					
		職務遂行能力	職務・職種などの仕事内容	業績・成果	学歴，年齢・勤続年数など	学 歴	年齢・勤続年数など
1998	管 理 職	69.6(85.5)	70.1(48.1)	55.1(72.9)	72.6(64.4)	不 明	不 明
	非管理職	69.2(86.5)	68.8(46.6)	55.3(65.6)	78.5(88.9)	不 明	不 明
2001	管 理 職	79.7(84.0)	72.8(58.5)	64.2(78.1)	73.9(52.8)	31.8(19.1)	72.5(50.7)
	非管理職	77.3(86.2)	70.6(53.0)	62.3(70.1)	80.6(82.4)	34.2(31.8)	79.0(79.7)
2009	管 理 職	68.5(77.3)	77.1(70.9)	45.4(70.0)	57.8(35.2)	16.5(11.7)	56.6(33.1)
	非管理職	67.5(80.0)	71.8(66.2)	44.4(65.3)	65.5(60.3)	20.5(21.0)	63.7(56.7)
2012	管 理 職	70.7(74.0)	72.5(67.7)	42.2(60.4)	48.6(33.1)	14.7(11.9)	47.0(31.3)
	非管理職	68.7(77.4)	68.2(62.0)	40.5(59.0)	61.3(56.9)	20.9(25.8)	58.5(52.0)

(注) 括弧内は従業員1000人以上の企業。
(出所) 厚生労働省「賃金労働時間制度総合調査」1998年，同「平成22年就労条件総合調査」2001, 2009, 2012年。

功的運用やそれにともなう人件費コストの増大といった問題を抑制することが可能になる。他方で，企業忠誠心や能力を見るという点で，与えられた仕事の枠を超え自ら役割価値を高めよう，自らの能力はもとより後輩・部下を育成しようとの姿勢を喚起することから，職務給の弱点を克服し得る。こうして見れば，役割給は職務給と職能給のメリットを併せ持っているといえよう。

このようなメリット故に，役割給が浸透しつつある現状が**表7-1**からも読み取れる。これを見ると，基本給を決定する要素の中で「職務遂行能力」は依然大きなウェイトを占めていることがまず目につく。とりわけ，労働者1000人以上の大規模企業に限れば，管理職と非管理職＝一般労働者の双方について最も高い比率となっている。とはいえ，このことを根拠に従来の年功的な職能給が変わらず賃金制度の主流であり続けていると考えるのは早計である。この調査でいう「職務遂行能力」の詳細な定義は示されていないが，他に選択肢が存在しないことからコンピテンシー評価を実施している企業もまた基本給の決定要素として「職務遂行能力」を選択する公算が高く，併せて「職務・職種などの仕事内容」もこれと拮抗するほどに比率が高いことを考えれば，むしろこの調査結果は属人的要素と仕事の双方に着目する役割給の近年の躍進ぶりを示し

ていると解するべきであろう。他方で，職能給の健在ぶりは認めねばならないが，その場合であっても「年齢・勤続年数など」を基本給決定要素とする企業の比率が顕著に低下していることから，従来とは異なり，年功的要素を除去しつつ，より客観的に職務遂行能力を評価しようとする姿勢がうかがえるのである。

　ともかく，押さえておくべきは，属人的要素のうち「学歴」や「年齢・勤続年数」の比率は低下傾向にある一方で，「能力」は賃金決定要素として最重要視され続けているという事実である。すなわち，企業業績への貢献度合いから導き出された仕事の価値を賃金決定の基盤に据えつつ，ヒトとその能力についても賃金決定要素として保持し続ける。それによって仕事とヒトの両にらみを指向する賃金こそが，1990年代以降試みられた賃金制度改革のひとまずの到達点であった，以上のようにまとめられよう。

　このように優勢となっている役割給と「新生」職能給であるが，属人的要素を併せ持つが故に，かつての職能給が有していた労働者を過労や会社人間へと駆り立てる危険性をも内包していることを見落としてはならない。この点ともかかわるのだが，役割給について日本における成果主義賃金の着地点と見なすべきであるのか，それとも欧米で一般的な（属人的要素を排除した）レンジ・レート式職務給（範囲職務給）への過渡的な存在と見なすべきなのか見解は分かれているのである。

第4節　賃金をめぐる諸問題と解決の方向

　前節までにおいて，賃金や賃金管理の概要と日本における賃金体系・賃金制度の推移を確認してきた。これらを踏まえた上で，ここでは賃金をめぐり近年議論されている問題とその解決策と見なされている手法について考察しよう。

1　賃金にかかわる諸問題

　賃金にかかわる問題点として，長らく賃金が下がり続けてきたこと，さらに

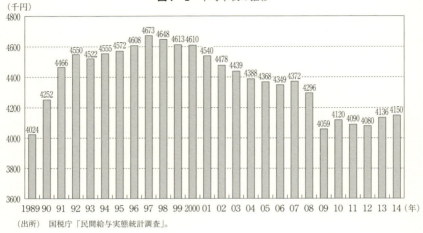

図7-2 平均年収の推移

(出所) 国税庁「民間給与実態統計調査」。

はそれが上がりにくくなっていることをまずあげねばならない。**図7-2**は民間企業に勤める労働者（非正規を含む）と役員の平均年収の推移を示したものである。1998年以降2012年まで一時期を除き低下し続けてきたことが分かる。その後，反転傾向が見て取れるがその足取りは弱々しい。バブル経済崩壊，リーマンショックなど経済環境の悪化によるところが大きいことは論を待たないのだが，より注視すべきはこの間賃金に対する企業の姿勢に変化が認められる点である。例えば**表7-2**が示すように，大企業の従業員給与，役員報酬（賃金＋賞与），株主配当の増減について，日本経済が好調だった1986～89年期にはそれぞれ労働者14％，役員21％，株主6％の増であったのに対して，2001～04年期には役員59％，株主71％増であるにもかかわらず，労働者のみ5％減となっている。これは賃金の問題に限らず，利害関係者の利益をどのように考えるのかというコーポレート・ガバナンスの変化の現れとも捉えられるのだが，そうした動きに伴い労働者への利益分配に向ける企業側の目は厳しくなり，人件費の変動費化が声高に叫ばれ出した。柔軟に人員数を増減し得る雇用の非正規化も，業績や仕事（職務，役割）の価値などによって賃金が上下する成果主義賃金導入も，その具現化の試みであった。一度引き上げると賞与や退

第 7 章　賃金管理と処遇問題

表 7-2　売上高，付加価値，役員報酬，従業員報酬および配当の増減比較

	1986～89年増加率			2001～04年増加率		
	全企業	大企業	小企業	全企業	大企業	小企業
売上高	19	29	39	3	5	10
付加価値	30	18	7	7	11	7
役員給与＋賞与	14	21	13	－4	59	－4
従業員給与	11	14	10	－6	－5	－7
配　当	38	6	75	84	71	29

（注）1：売上高，付加価値および配当は1社当たり。役員給与＋賞与および従業員給与は1人当たり。金融業以外の全法人。
　　　2：大企業＝資本金10億円以上の企業。全国の従業員数1980年代約700万人，2000年代約700万人。
　　　　　小企業＝1000万円以下の企業。全国の従業員数1980年代約1000万人，2000年代600～700万人。
（出所）ドーア（2006：152頁，表4）を一部変更。原資料は財務省『法人企業統計』。

職金も連動して上がる上に，その後引き下げることが困難であることを理由に，企業業績が好転した際，基本給引き上げではなく賞与の増額で労働者に報いようとする企業の姿勢もこれに連なっている。

　本章第1節で確認したように賃金が費用の一部である以上，その抑制に企業が努めることは当然である。しかしながら，これも第1節で明らかにした通り，賃金は労働者の所得でもある。理由は何であれ，生活に支障を来す，あるいは毎年の変動幅が大きく将来の収入が見通せないような賃金では，労働者は安心して働き，暮らすことはできない。そのような状況が個人消費を冷やし，デフレーションを引き起こす一因となることは，政権与党が財界団体に賃上げを迫るという，かつては目にすることのなかった近年の異様な光景からも理解できよう。同時に，賃金は就業意欲や能力向上のインセンティブでもあることから，そうした不十分・不安定な賃金は労働者のモチベーション，ひいては人材の定着にも悪影響を及ぼすことになりかねない。人件費変動費化の過度な追求に伴うこうした負の側面を軽視してはならないであろう。

　次に，賃金をめぐる「格差」も大きな社会問題となっている。ここでいう賃金格差とは男女間ならびに正規労働者―非正規労働者間で認められる賃金額の相違のことである。男女間についてみれば，2015年時点で男性一般労働者（短時間労働者以外の労働者）の所定内賃金を100とした場合，女性一般労働者は

179

72.2, 同様に男性正規労働者を100とした場合，女性正規労働者は74.4となっており，それぞれ経年的に縮小しつつあるものの，男女間格差は厳然と存在している。続いて，正規か非正規かという雇用形態の違いによる賃金の格差を確認しておこう。同じく2015年時点で，正規労働者の所定内賃金を100とすると非正規労働者は63.9になる。これを男女別に見れば，男性の非正規労働者は65.8, 女性の非正規労働者は69.8となる。

仮に男性と女性，あるいは正規労働者と非正規労働者の担う仕事に関して，求められる技能・知識，仕事に伴う責任，負担などの点で明確な差異が認められるのであれば，こうした格差が問題視されることはないはずである。しかしながら，実際には同等の仕事を任されていたにもかかわらず女性労働者や非正規労働者に不当な低賃金が支払われている実態があることは，数々の判例・裁判例からも明らかにされている。また，後者についてはある調査報告によって，正社員とほぼ同等の仕事をしている非正規労働者がいるとする事業所が約6割存在する一方，会社内に自分とほぼ同等の仕事をしている正社員がいると認識している非正社員が約5割存在していることが明らかにされている。さらに，自分とほぼ同等の仕事をしている正社員と比較して，自分の賃金は低いと捉えている非正規労働者は約6割おり，そのうちの6割弱がそうした賃金格差を不満に感じていたのである。このような格差は，男性が主たる稼ぎ手となっている家族や正規雇用がもはや当たり前とは言えなくなった今日の社会において，より深刻さを増している。

2 提唱される解決策：その可能性と課題

上で見た，賃金の下がりがちな（そして上がりにくい）傾向や不安定な側面あるいは格差といった問題に対してどのような処方が提唱されてきたのだろうか。1つは最低賃金の引き上げである。日本労働組合総連合会（連合）や全国労働組合総連合（全労連）など労働組合の全国中央組織（ナショナルセンター）は一貫して最低賃金を全国平均で時給1000円に引き上げることを要求しており，最近わが国の首相もその実現を目指すと表明したことは記憶に新しいところであ

る。この最低賃金引き上げは多分に政策的な課題であり，本書で扱うべき領域を超えているためこれ以上立ち入らないが，地方では最低賃金付近にとどめ置かれることの多いパートタイム労働者の処遇改善のためには引き上げ実現が極めて重要であること，しかしながらその一方で中小企業を中心に経営者側の激しい抵抗が予想されること，それ故に賃金の引き上げが雇用の削減につながらないような政策的配慮が求められることを指摘しておこう。

次に，正規労働者の賃金を安定化させるために，労働組合が能力や業績の評価に介入し，それらを規制することの必要性が指摘されている。例えば，ノルマの達成如何で能力が評価される場合，そのノルマが長時間残業なしでは達成できないような内容であれば基準を下げさせる，評価結果で生ずる処遇格差に上限を設け一定の範囲内に収まるようにするなどの取組である。要は，能力や業績の評価を労働者にとってより納得できるものに改めつつ，評価結果による変動部分に制限を設けるべきとする主張である。労働者の処遇に「メリハリ」をつけることを志向する成果主義の時代にあって，ますます労働組合の自覚と行動力が求められているのだといえよう。

最後に，格差問題の解消策として最も広範に支持されているのは「同一価値労働同一賃金」をベースにした職務給（より厳密にいえば範囲職務給）の導入であろう。同一価値労働同一賃金とは，同等の価値を有する仕事（職務）に従事する労働者には同等の賃金が支払われるべきであるとする理念であり，それにもとづく賃金政策をさす。つまり，同一価値労働同一賃金が実現すれば，従事している仕事の価値が同じである以上，労働者の年齢，性別，雇用形態などとは無関係に同一の賃金が支払われるため，男女間や正規―非正規労働者間のいわれ無き格差が是正されることになる。類似した概念として「同一労働同一賃金」が存在し，しばしば両者は同じ意味で用いられている。正確には，後者はまったく同じ仕事である限り同水準の賃金を支払うべきという原則であるのに対し，前者は同じ価値を有する仕事であれば異なる種類の仕事であっても同一の賃金を求めるという点で，両者は異なる。現実問題として，特定の職場にまったく同じ仕事が複数存在するということは考えにくい。したがって，格差

問題の是正という観点からすれば、同一価値労働同一賃金の実現がより有力な手段ということになる。

確かに、同一価値労働同一賃金にもとづいた範囲職務給が格差是正策として有力であることは間違いない。職務範囲を明確化した上で、市場相場を加味しながら決定されることの多いパートタイム労働者の賃金を一種の職務給と捉えるならば、わが国においても既に職務給が広がりつつあると見なすこともできよう。けれども、正規労働者について範囲職務給への移行がスムースに進むのかは予断を許さない。第3節において述べたように、職務給は過去に導入が試みられながら、わが国に根づくことはなかった。その理由や背景についても詳述しているので繰り返さないが、例えば、協調性や部下への熱心な指導といった点も評価してほしいと考える労働者の公平観、経営側が執着する職務配置のフレキシビリティなどは今日においても職務給の運用を困難なものにするだろう。そもそも担当者の保有する能力如何によって職務の価値そのものが変化するとして、職務評価自体を疑問視する厳しい見方も存在するのである。(17)他方、人的資源管理論や組織行動論の領域においては「職務」を明確に設定することにともなう労使双方の不利益が古くから指摘されている。とりわけ狭く設定された職務の非人間性は、その解消法と併せて「労働の人間化」、「労働生活の質的改善」の名のもと、盛んに議論されて来たところである。第3章でも触れたように近年になると、職務をめぐる契約意識の弊害が、その克服手段とセットとなり、組織市民行動論であるとか従業員エンゲージメント論として活発に語られている。

こうした導入や運用の難しさに加えて、職務給を用いればただちに同一価値労働同一賃金が担保されるわけではないことも理解せねばならない。現状、著しい企業規模別賃金格差が存在し、産業別・職業別・職務別協定など横断的な賃率設定が未成熟なわが国では、職務価値の評価や決定に労働側の意向を反映させる努力が諸外国以上に求められるのである。(18)

以上を踏まえれば、賃金をめぐる諸問題はいずれも容易に解決できるものではないことが分かる。政府（政治）や労働組合が果たすべき役割を果たし、ま

た同時に経営側もヒトという資源を大切に育て活用するという人的資源管理や企業の社会的責任という観点からまっとうな賃金の必要性に理解を示す。このような各アクターの取組や行動を通じ，5つの側面（①労働の対価，②所得，③費用，④就業意欲や能力向上のインセンティブ，⑤労働の価格）のバランスがとれた賃金を実現していくことが不可欠となるのである。

注
(1) 国税庁「民間給与実態統計調査」，厚生労働省「賃金構造基本統計調査」。
(2) Milkovich et al（2014：pp. 18-21）。
(3) *Ibid*.（pp. 21-23, pp. 640-641）。
(4) 遠藤（2014：39-41，82-84頁）。
(5) 厚生労働省「平成22年就労条件総合調査」。
(6) 所定内賃金，所定外賃金に代わり，基準内賃金，基準外賃金という区分を用いるケースも多々見受けられる。所定内・所定外とまったく同じ意味で用いられることもあれば，賞与や割増賃金の算定基準になる部分を基準内，それ以外を基準外とするなど企業独自の定義づけを行っていることもあり，統一的な見解は見い出せない。したがって，本章では所定内賃金，所定外賃金という区分を用いることにする。
(7) ここでわざわざ傍点を付したのは，こうした賃金項目を導入しても，実質的には年功的に運用されることが十分あり得るからである。これについては第3節で述べることになる。
(8) 笹島（2011：43頁）。
(9) 実際，職務区分が厳密な欧米において，自らの職務範囲を超えるような振る舞いはたとえそれが善意によるものであったとしても契約違反と見なされるのである。
(10) 石田（1990：29-37頁）。
(11) 今野（1998：86-87，119頁），石田・樋口（2009：22，42-45頁）。
(12) 厚生労働省「平成27年賃金構造基本統計調査」。
(13) 男女間賃金差別に関する裁判例としては，日ソ図書事件（東京地裁判決，1992年8月27日），塩野義製薬事件（大阪地裁判決，1999年7月28日），京ガス事件（京都地裁判決，2001年9月20日；その後，2005年12月8日大阪高裁において和解）を参照。正規―非正規労働者（パートタイム労働者）間の賃金差別に関する裁判例としては，丸子警報器事件（長野地裁上田支部判決，1996年3月15日）を参照のこと。
(14) 独立行政法人労働政策研究・研修機構（2006：1，10-14頁）。

⒂　森岡（2015：226頁）。
⒃　熊沢（2007：102-105頁）。
⒄　竹内（2008：62-63頁）。
⒅　黒田（2011：79-80頁），小越（2006：73-93頁）。

引用参考文献

石田光男，1990，『賃金の社会科学――日本とイギリス』中央経済社。
石田光男・樋口純平，2009，『人事制度の日米比較――成果主義とアメリカの現実』ミネルヴァ書房。
今野浩一郎，1998，『勝ちぬく賃金改革――日本型仕事給のすすめ』日本経済新聞社。
遠藤公嗣，2005，『賃金の決め方――賃金形態と労働研究』ミネルヴァ書房。
遠藤公嗣，2014，『これからの賃金』旬報社。
小越洋之助，2006，『終身雇用と年功賃金の転換』ミネルヴァ書房。
熊沢誠，2007，『格差社会ニッポンで働くということ』岩波書店。
黒田兼一，2011，「日本の賃金制度改革をめぐる最近の論議――成果主義賃金，役割給をめぐって」『明治大学社会科学研究所紀要』第50巻第1号。
笹島芳雄，2011，「生活給――生活給の源流と発展」『日本労働研究雑誌』第609号。
鈴木良始，1994，『日本的生産システムと企業社会』北海道大学図書刊行会。
竹内裕，2008，『日本の賃金――年功序列賃金と成果主義賃金のゆくえ』ちくま新書。
竹内裕，2013，『賃金決定の新構想――今後の賃金管理はこう変わる』中央経済社。
ドーア，ロナルド，2006，『誰のための会社にするか』岩波新書。
独立行政法人労働政策研究・研修機構，2006，「多様化する就業形態の下での人事戦略と労働者の意識に関する調査」。
浪江厳，2000，『人的資源管理論入門――現代企業の「働かせ方」・「働き方」』サイテック。
森岡孝二，2015，『雇用身分社会』岩波新書。
Milkovich, G., et al., 2014, *Compensation (11th Edition)*, McGraw-Hill.

（橋場俊展）

第 8 章

多様な紛争解決システムと労働組合

人的資源管理における人材戦略は、日本的労使関係の考え方と親和的である。日本の労使関係は、集団的労使関係の枠組みを基軸にしているが、労働組合のプレゼンスが低下している一方、個別労働紛争が増加している。この章では、日本の労使関係の現状を確認して、人的資源管理のためのインプリケーションを考えてみたい。

第1節　人的資源管理の人材戦略と労使関係の捉え方

人的資源管理論は、様々なステークホルダーの中に労働者を位置づけ、経営戦略遂行の視点で労働者のニーズに応えるというスタンスをとる。こうした基本スタンスと「労使のパートナーシップ」をかかげる日本的労使関係は、考え方において親和的であり、人的資源管理論が普及していく際の手本になったはずである。

人的資源管理論で議論される人材戦略にはいくつかのヴァリエーションがある。例えばローラーIIIは、企業の経営戦略との関係で人材戦略には少なくとも3つのタイプがあることを指摘している。1つ目が「ロー・コスト・オペレーター（Low-Cost Operator）」のアプローチである。「ロー・コスト・オペレーター」は、"McJods"というフレーズに言い表されているような低賃金で、将来への見込みが薄く、つまらない（unstimulating）仕事で多数の労働者を処遇することを人材戦略のコアとする。そのため、パートタイム労働者など、雇用は短期的で、意思決定への関与も低いレベルに限られる。2つ目が「高参画型組織（High-Involvement Organizations）」のアプローチである。「高参画型組

織」は，組織業績に応じた報酬を用意し，従業員教育や人材育成を重視する。全ての組織メンバーに情報や知識の共有を促し，意思決定への関与をより高いレベルで認めている。そのため，従業員との長期的な関係を重視するとともに，内部昇進を原則とし，自律的な人材の働きを組織の成功に結びつけて捉えている。3つ目が「グローバル競争型組織（Global-Competitor Organizations）」のアプローチである。「グローバル競争型組織」は，グローバルな競争戦略を実行するために，世界中から優秀な人材を引き付けることに注力する。個人業績に応じた報酬と興味深い仕事を提供するが，技術や知識の高度化，変化の早さを重視して人材の組み替えをいとわない。それでも，最新の技術教育や組織が提供する「チャンス」によって，世界中から人材を引き付け，送り出す。雇用の継続は，本人のスキルと業績，働きぶりによって決められるというアプローチである。

　ローラー III は，これら3つの人材戦略を伝統的なアメリカの大企業に見られた階層型官僚制組織（hierachical Bureaucracy）と対比させている。中でも，「高参画型組織」と「グローバル競争型組織」を人的資本中心（HC-centric）のアプローチとして捉えている[1]。

　「良好で安定した労使関係は日本企業の強みである」というのは，日本経団連の認識であるが，個別企業の経営者にとっても違和感のない認識であろう[2]。実際，厚生労働省の調査でも，企業規模によってトーンは異なるものの，労使関係の認識について「安定的に維持されている（48.0%）」「おおむね安定的に維持されている（42.3%）」との認識は，回答企業全体で90.3%に達する[3]。いわゆる「日本的経営」には様々な議論があるが，その特徴の1つであった「企業別労働組合」を正面から「終焉」「崩壊」したという論説は，あまり見られない。労働組合の組織率は低下しているが，労働関係法令の仕組もあって，それに代わり得る労使関係システムが一般化していないためでもあろう。

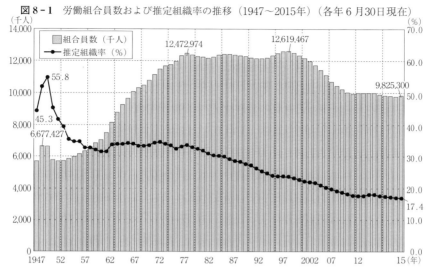

図8−1 労働組合員数および推定組織率の推移（1947〜2015年）（各年6月30日現在）

（出所）厚生労働省「労働組合基礎調査」附表1「労働組合種類別労働組合数，労働組合員数及び推定組織率の推移（各年6月30日現在）」をもとに筆者作成．

第2節　日本の労使関係の現状と個別労働紛争

　雇用者に占める労働組合員数の割合を推定組織率という．推定組織率は1949年の55.8％を最大値として，2015年は17.4％までになっている．組合員数でも1995年以降低下を続け，2010年以降は1000万人を割り込んだままである（図8−1）．

　推定組織率と同様に労働争議の件数も，1980年代の半ば頃より低下傾向が明らかである．直近の2014年でいうと，ストライキ（同盟罷業）など争議行為をともなわないものも含めた「総争議件数」は495件であり，そのうち争議行為をともなう争議は80件にとどまっている．労働争議への参加人数も，同様の傾向を指摘できる（図8−2）．

　JILPTのまとめた『国際労働比較　2015年版』によると，各国の労働争議による年間労働損失日数は，フランスで385万日（2010年），韓国で63万8000日

図8-2 労働争議件数および参加人数の推移（1946～2014年）

（出所）厚生労働省「労働争議統計調査」（時系列表）をもとに筆者作成。

（2013年），イギリスで44万4000日（2013年），アメリカでは29万日（2013年，ちなみに2012年は113万1000日）であった。一方，日本の年間労働損失日数は，2013年が7000日，2012年が4000日であり，国際的に見ても極めて少ない。[(4)]

こうした現状を森岡孝二は，「ストライキがほとんど無いという意味で，いよいよ『ストレス社会』になってきた」と評している。[(5)] もちろん，それは職場の問題や労使のトラブルが少なくなってきたということではない。

厚生労働省「平成26年労働争議統計調査」（2015年8月25日発表 第6表）で，2014年の総争議495件の内訳を見ると，「組合保障及び組合活動」（144件，29.1％），「賃金額（基本給・諸手当）の改定」（110件，22.2％），「解雇反対・被解雇者の復職」（91件，18.4％），「賃金額（賞与・一時金）の改定」（73件，14.7％），「その他の賃金に関する項目」（66件，13.3％）となっている。労働争議は集団的労使関係の枠組みで起こる。労働者側の交渉の主体である労働組合の承認を求める「組合保障及び組合活動」が最大のテーマとなるのは不思議ではない。それ以外では，基本的な労働条件（賃金や雇用）がテーマになっている。

第8章 多様な紛争解決システムと労働組合

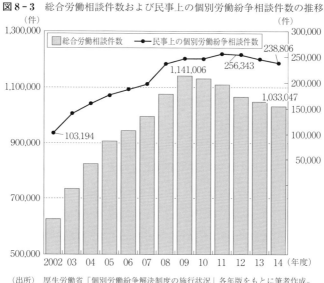

図8-3 総合労働相談件数および民事上の個別労働紛争相談件数の推移

(出所) 厚生労働省「個別労働紛争解決制度の施行状況」各年版をもとに筆者作成。

　労働組合のプレゼンスが低下する一方，労働者個人が労使トラブルの当事者になる個別労働紛争事案は増加傾向にある。**図8-3**は，個別労働紛争にかかわる相談件数の推移を示している。2001年10月「個別労働紛争の解決の促進に関する法律」が施行されてから，全国381カ所（2015年4月1日現在）の総合労働相談コーナーにもち込まれた「総合労働相談件数」は，年々増加の一途をたどり2009年度には約114万1000件の相談があった。それ以降は，やや減少傾向にあるが，依然として年間100万件超の水準にある。これらの相談のうち，個々の労働者と使用者との間で具体的な紛争に発展していると見なされる個別労働紛争事案も制度施行以来増加している。個別労働紛争は，2011年度をピークに減少をはじめたが，それでも年間23万8000件超（2014年度）の水準にある。

　個別労働紛争の内容を見てみると，2009年度に最も多かった「解雇」をめぐる事案が減少傾向にある一方，「自己都合退職」をめぐるトラブルが増加している。何よりも特徴的なのは，近年「いじめ・嫌がらせ」が急増していることである（**図8-4**）。

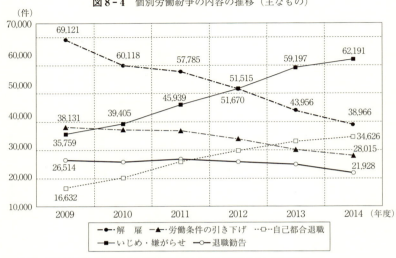

図8-4 個別労働紛争の内容の推移（主なもの）

(出所) 厚生労働省「個別労働紛争解決制度の施行状況」各年版をもとに筆者作成。

　個別労働紛争の相談者の属性は，正社員が約40％と最も多く，次いで労働者の近親者などを意味する「その他」が20％，パート・アルバイトが約16％と続く。使用者（事業主）側からの相談は約10％であり，ほとんどが労働者側からもち込まれた相談である（図8-5）。

　労使トラブルの増加傾向は，いわゆる「労働裁判（労働関係民事通常訴訟事件）」の申立件数にも現れている。労働裁判の件数は，1991年頃まではまだ600件台に留まっていた。1993年以降1000件を超え，毎年100件ずつぐらいのペースで増加し，2012年の新受件数年間3358件が過去最高であった。個別労働紛争相談と同様，労働裁判の申し立ては，ほとんどの場合労働者側からのものになっている。その内容も，「雇用」「賃金」といった基本的な労働条件を巡る訴訟が多くを占める（表8-1）。

　なお「民事上の個別労働紛争相談」という場合，労働基準法等の法令違反事案は含まれていない。全国に約600万（民間で約578万）ある事業所のうち，どのくらいの事業所で労働基準法等の法令違反があるか正確な数字は分からない。[6]

第8章 多様な紛争解決システムと労働組合

図8-5 相談者の種類および労働者の就労形態別相談件数（2014年度）

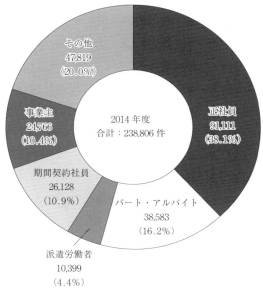

（出所）厚生労働省「平成26年度 個別労働紛争解決制度の施行状況」
2015年6月12日公表，12頁，別添1をもとに筆者作成。

表8-1 労働裁判事件数（当事者別 請求類型別新受件数：地裁）の推移

年次	新受総数	原告・労働者側 被告・使用者側					原告・使用者側 被告・労働者側			その他
		総数	割合（％）	雇用契約存在確認等	賃金等	その他	雇用契約不存在確認・損害賠償等	割合（％）	その他	
2001	2,119	1,995	94.15	423	1,303	269	114	5.38	10	
2004	2,519	2,309	91.66	573	1,427	309	186	7.38	24	
2008	2,441	2,300	94.22	638	1,249	413	126	5.16	15	
2010	3,127	2,951	94.37	951	1,650	350	145	4.64	31	
2011	3,170	3,028	65.52	893	1,728	417	133	4.20	9	
2012	3,358	3,185	94.85	937	1,829	419	158	4.71	15	
2013	3,341	3,207	95.99	926	1,918	363	122	3.80	12	

（注）2006年4月1日より，労働裁判とは別に労使トラブルを迅速に解決するため労働審判制がスタートした。その影響もあって，2006年以降労働裁判の新受件数は一時減少したと考えられる。
（出所）日本労働弁護団『季刊・労働者の権利』2014年10月，第306号，119頁他。

表8-2 労働基準監督官による法令違反摘発状況

○定期監督等実施状況・法違反状況

年	定期監督等実施事業者数	違反事業所数	違反状況				労働基準監督官一人あたり違反摘発件数
			違反率	労働条件の明示（労基法第15条）	労働時間（同32・40条）	割増賃金（同37条）	
2010	128,959	86,075	66.75% 違反内訳	14,816 17.21%	28,691 33.33%	21,826 25.36%	34.79
2011	132,829	89,586	67.44% 違反内訳	14,808 16.53%	29,412 32.83%	21,143 23.60%	36.21
2012	134,295	91,796	68.35% 違反内訳	14,415 15.70%	28,726 31.29%	20,156 21.96%	37.10

○申告処理状況

年	受理件数	申告監督実施事業所数	監督実施率	違反事業所数	主要申告事項			労働基準監督官一人あたり申告監督件数
					違反率	賃金不払	解雇	
2010	38,148	33,077	86.71%	23,624	71.42% 申告内訳	31,852 83.50%	6,945 18.21%	13.37
2011	35,263	29,442	83.49%	21,371	72.59% 申告内訳	29,823 84.57%	6,387 18.11%	11.90
2012	31,352	25,418	81.07%	18,265	71.86% 申告内訳	26,834 85.59%	5,248 16.74%	10.27

(注)　「定期監督」とは，毎月一定の計画にもとづいて実施する定期監督他，労働災害の原因究明の調査など。「申告監督」とは，労働者からの申告にもとづいて実施する監督のこと。労働基準監督官数は，非常勤を含む監督署配置職員数（2010年），厚生労働省「労働基準監督業務について」（事務・事業説明資料）より。本省，労働局配置職員を含めると2,941人
(出所)　厚生労働省「労働基準関係法令に違反する疑いがある企業に対するこれまでの取組」2013年8月8日。

しかし，労働基準監督官が臨検に入った事業所に限っていえば，約70%の割合で法令違反が認められている（**表8-2**）。

このように，労働組合の組織率が低下し，ストライキを含む労働争議の件数も極めて少なくなったが，賃金や雇用といった基本的な労働条件を巡る労使のトラブルは，むしろ近年増加傾向にあるか，高止まりしている状況にある。加

えて，職場の「いじめ・嫌がらせ」問題は社会的に顕在化しながら，この問題に悩む労働者は増えてきている。まさに森岡がいうように2重の意味で「ストレス社会」は，現代の日本の労使関係を言い表すキーワードといえよう。

第3節　集団的労使関係における紛争解決システム

　労使関係において，日本でも労働組合には特別な位置づけが与えられている。国は労働基準法や最低賃金法で最低限の労働条件を定めているが，それを上回る内容で具体的な労働条件を取り決めることは，労使の自主的な話し合いによるものとされている。しかし，実際に労働条件を決定するにあたり，本来は労働者個々人よりも使用者（経営者）の方が権限が強い。そのため，日本国憲法第28条は，労使が対等な立場で労働条件を決定できるよう，労働者の労働三権（労働基本権）を認めている。

　それでも，労働条件について労働者が使用者と対等な立場で話し合いをもとうとしても，使用者はなかなか応じてくれないかもしれない。労働組合法第7条は，労働三権を実質的に担保するために，不当労働行為を禁止している。

　不当労働行為とは，次のような使用者の「してはならない行為」をさす。第1に，労働者の雇い入れや雇用継続の条件として労働組合に加入しないことを求めてはいけない。労働者が労働組合に加入したり，労働組合を結成しようとしたり，労働組合としての正当な活動をしたことを理由に，解雇したり，賃金や昇格で差別したり，仕事を与えないなどの不利益取扱や嫌がらせをしてはいけない（労働組合法第7条第1号）。第2に，使用者は，理由なく労働組合や労働者の代表との話し合いを拒んではいけない（同第2号）。これを使用者の団交応諾義務という。また使用者は，誠実に話し合いに応じなければならない。例えば，話し合いに必要な資料を意図的に開示しなかったり，権限のない管理職を「使用者側代表」として対応させるようなことも禁止されている。これを使用者の誠実交渉義務という。第3に，労働組合への支配介入が禁止されている（同第3号）。労働者が労働組合を作ろうとしているのを妨害したり，労働組合

の運営に口を挟んだり，使用者側の選んだ人物を組合役員に当選させるための工作を行ったり，特定の労働組合に金品を与えるなどして便宜をはかることは禁止されている。第4に，不当労働行為を告発した者，行政機関に通報した者，司法・行政機関の求めに応じて証拠を提出，発言した者などに対して，解雇など不利益な取り扱いをすることも禁止されている（同第4号）。

さらに，争議権を保障するために，労働組合法第1条第2項は，労働組合の正当な権利の行使の範囲内で刑法第35条を適用し，ストライキなどを威力業務妨害等で罰しないものとしている。使用者は，正当な争議行為によって受ける経済的な損失を労働組合や組合員に対して損害賠償請求することができない（労働組合法第8条）。

労働条件を決定する際にも，労働組合には特別な地位が認められている。例えば，使用者が就業規則を作成・変更しようとする場合，事業場の過半数を組織する労働組合（過半数組合）があれば，当該労働組合に意見を求めなければならない（労働基準法第90条第1項）。時間外・休日労働を認めるための36協定を締結する場合，過半数組合があれば当該労働組合と使用者は協定を結ばなければならない（同第36条第1項）。派遣労働者の受入についても，派遣期間の上限が定められている（3年）業務への派遣を継続して受け入れる場合，派遣先企業の使用者は過半数組合に意見を求めなければならない（2015年9月30日施行，改正「労働者派遣法」第40条の2）。労働組合は，労働協約を締結する権利が認められている（労働組合法第14条）。労働協約は，個別労働契約はもちろん，就業規則よりも優先的な位置づけが与えられている（同第16条：規範的効力）などである。

こうした特別な権利が労働組合に認められているのは，本来，労働条件に関して国は最低基準を示すにとどまり，集団的な労使関係をもとにした労使の対等で自主的な話し合いによって，その維持・向上，問題解決にあたることが基本的な考え方になっているからだ。

だが，もともとは基本的な労働条件を巡る話し合いであったとしても，労使対立がもっと深刻になるのは，交渉の当事者としての労働組合を認めなかった

表8-3 集団的労使紛争の調整・処理システム

制度	特徴
労働委員会による あっせん	・一方からの申請によって実施できる。 ・弁護士がいなくても申請できる。 ・話し合いをとりもつだけで、強制力がない。
労働委員会による 調停	・原則として、労使双方の申請が必要。 ・労使双方に調停案を示し、受諾を勧告する。 ・受諾するかどうかは自由なので、強制力がない。
労働委員会による 仲裁	・原則として、労使双方の申請が必要。 ・仲裁裁定が出ると、労使双方は従わなくてはならない。 ・仲裁裁定は、労働協約と同じ効力をもつ。
労働委員会による 不当労働行為の救済命令	・行政命令として強制力をもつ。 ・裁判とほぼ同じ手続きで進行する。 ・命令がでるまでに、時間がかかる。 （例）愛知県労働委員会の平均所要日数は、280日（14年）。 ・不服があるときは、中央労働委員会に申し立てることができる（再審査）。その場合、さらに時間がかかる。 初審375日、再審査468日（14年：中労委平均処理日数）。
中労委（地労委）命令取り消しのための行政訴訟（＝裁判）	地労委 → 中労委 → 地裁 → 高裁 → 最高裁 ・不服申し立て、命令取り消しのための行政訴訟 「事実上の5審制」と言われ、とても時間がかかる。 ・ただし、「緊急命令」の制度あり。

り、使用者が話し合いを拒否したり、誠実な態度で交渉に臨まなかったり、話し合いをもとうとする労働組合を忌避してその運営や組合のリーダーの人選に介入してきたり、労働組合員を解雇するなど不利益に（本人の望まない職務に配置転換したり、人事考課などで評価を著しく下げる等も含む）扱う場面に発展するケースである。言い換えれば、集団的労使関係のもとでは、労使のトラブルが深刻になる場合は、不当労働行為を伴う問題に発展することになる。

不当労働行為からの救済をはかる機関は、各都道府県におかれた地方労働委員会と厚生労働省におかれた中央労働委員会がある。労働委員会は、いずれも公益委員、労働者委員、使用者委員の三者構成になっている。これらを念頭に集団的労使関係のもとでの紛争を調整する仕組をまとめると、**表8-3**のようになる。

どのレベルで紛争解決を目指すかは，それぞれの事案の内容や当事者間の要求や納得のレベルの違いによって異なってくる。だが，労使紛争がこじれた場合，訴訟に発展することもあり，解決までにとても時間がかかることになる。

第4節　多様な紛争解決システム

　職場に労働組合がなかったり，いわゆる「非正規労働者」として働いているなど，労働組合に加入していない場合，労働者個人が直接使用者と交渉して自主的な解決をはかることはたいへん難しくなる。なによりも交渉当事者が労働組合である場合と違い，労働者個人の申し立てに，道義的責任を除いて，使用者が応じる義務は担保されていないからである。労使トラブルを解決しようとする労働者個人は，諦めて転職するか，集団的労使関係の枠組みを使うか，行政の窓口を訪ねることになる。
　労働者個人が集団的労使関係の枠組みで問題解決をはかる手段として，近年「個人加盟ユニオン」（ユニオン系労組）が注目されている。例えば，アメリカの労働組合は，産業別労働組合による組織が基本で，労働者の代表権を得るために事業所や職場（全国鉄道法の適用を受ける職種もある）で委任投票を行い，当該集団の過半数の賛成を必要とする(7)。一方，日本では労働組合を組織する（作る）ことは，比較的容易であると言えよう。
　労働組合を組織することのできる労働者の範囲も，雇用関係の有無に直接影響を受けない（労働組合法 第3条）。それゆえ会社側からの不当な解雇にあい，それを不服として雇用関係の継続を労働組合に加入して要求していくことも可能である。さらに，明文化された雇用契約書がなく，会社側から「個人事業主」として請負契約で就労しているとされても，「下請単価」や仕事の配分の仕方などで，労働組合を作って使用者側に交渉を求めることも可能である。個人加盟ユニオンも，そうした日本の法令の特性を活かし，多様な労働者を組織し，それぞれの職場に支部を構成することが多い。これによって労働者個々人は，問題解決のためのノウハウや支援を受けるだけでなく，少なくとも団交応

諾義務に担保された労使交渉のチャネルをもつことができる。

　個人として行政の窓口を訪ねる場合，2001年1月より施行された「個別労働紛争の解決の促進に関する法律」によって多様な紛争解決の仕組が整備されている。個別労働紛争に関する解決の仕組をまとめると**表8−4**のようになる。

　ポイントのみ指摘しておくと，問題を抱えた労働者個人がまず訪れるのは，総合労働相談コーナーである。ただ相談は受け付けてくれるが，具体的な解決の手段を提案してくれる場所ではない。この段階で，窓口の担当者が「相談」に訪れた労働者に，職場に労働組合はあるか，あればまず労働組合に相談してはどうかと「アドバイス」するケースもあるという。集団的労使関係をもとにした自主的な問題解決のルートが前提であれば，こうした「アドバイス」も的外れとはいえない。法令違反が認められる場合は労働基準監督署の窓口に，民事上の紛争なら労働局等の関係各所に取り次いでくれるのが，ここでの基本的な対応となっている。法令違反がある場合は，労働基準監督署での対応を求めることになるが，何よりも事業所数に対して労働基準監督官の総数は極めて少ない。民事上の紛争なら，都道府県労働局による助言，指導を仰ぐのが最も間口が広いように思われるが，助言・指導に使用者側が応じてくるかどうかは未知数である。第三者による助言・指導によって使用者側の冷静な態度を引き出せる場合はよいが，民事にかかわることには強制力がないため，かたくなな態度に出てくるとそれを崩すことは難しい。労働者の抱える問題によって合理的な方法は様々であろう。だが，いずれも当事者同士の話し合いによって解決をはかるのが基本であり，その点では労使交渉と変わりはない。あくまでも第三者の介入は控えめで，労働者個人にとって強制力の程度は確信がもてるほどではない。それでも個別労働紛争にかかわる相談件数は，増加，若しくは高止まりの状態である。

　難しい紛争になると解決までに時間がかかることもある。労働審判制は，労使トラブルの迅速な解決を目指して2006年度よりスタートしている。労働審判は，3回期日以内で解決できる案件のみを取り扱うので，通常訴訟よりも迅速な解決が期待できるわけである。しかし，パワハラや不当な解雇のように事実

表 8-4　個別労働紛争の調整・解決システム

制　度	特　徴
労基署，労働局の総合労働相談コーナー	・ポスターなどで周知されている。 ・門戸は広く，様々な相談を受け付けてくれる。 ・法令，判例などの情報を提供してくれる。 ・アドバイスにとどまり，解決への強制力はない。 ・法令違反の場合にも，関係各所に取り次いでくれるだけ。
労働基準監督署による監督行政	・労基法違反等，法令違反がある場合に対応してくれる。 ・労働基準監督官による指導，勧告がメインになる。 ・労働基準監督官は，労基法違反の罪には警察官と同じ権限をもっているが，立件―起訴にいたるケースはまれ。 ・助言，勧告には強制力はない。 ・監督官の人数は事業所数に対して極めて少ない。 （監督官総数＝3198人：2013年度全国　非常勤含む）
都道府県労働局（雇用均等室等）による助言，指導	・労働関係民事紛争についても関与できるので，労基署よりは取扱の対象範囲が広い。 ・労働局長名による助言，指導がメインになる。 ・助言，指導には強制力がない。
都道府県労働局の紛争調整委員会による'あっせん'	・相談を受け付け，事情聴取や関連資料の提出を受けて，あっせん手続きに入る。 ・学識経験者から任命されたあっせん委員があっせんにあたる（弁護士など）。 ・処理は比較的速いものの，会社側があっせんに応じないケースも約半数程度あるという。 ・相手側があっせんに応じない場合，打ち切りとなる。 ・あっせんに強制力はない。
労働委員会による個別労働紛争の処理（あっせん）	・労働局の'あっせん'と違い労働者側委員も参加するので，より実態に即した解決案が得られる可能性がある。 ・労使の話し合いによる解決を促すことが基本姿勢。 ・利用はそれほど多くない。 ・相手側があっせんに応じない場合，打ち切りとなる。 ・あっせんに強制力はない。
自治体による相談，あっせん業務（対応は自治体によって異なる）	・労政事務所（例：あいち労働総合支援フロア等）による相談と'あっせん'（例：東京都労働相談情報センター） ・ベテラン職員による熱心な相談と比較的迅速な対応が期待できる。 ・他の制度と同様，相手側があっせんに応じない場合，打切りとなる。あっせんに強制力はない。
裁判所による調停	・調停は，訴訟＝裁判とは違う。 ・裁判所の選任する調停委員が調停にあたる。

	・労使の話し合いによる解決を促すことが基本姿勢。 ・相手側には出頭義務があり,「まったく話し合いに出てこない」ということは,ほとんど無い。 ・紛争当事者のどちらか一方が「打ち切り」を申し出た場合「不調」に終わる。 ・調停案に強制力はない。
弁護士会の仲裁	・弁護士会の仲裁センターを利用する。 ・仲裁人（弁護士）の選定→話し合い→仲裁合意→仲裁が基本的な手続きの流れ。 ・労働問題に詳しい弁護士を選定できる可能性が高い。 ・紛争の当事者が双方,仲裁人による仲裁を受け入れることで合意した場合,仲裁には必ず従わなくてはならない。 ・一定の条件（仲裁合意）を満たせば,強制力がある。 ・料金は,弁護士会の規定による。
認証 ADR (Alternative Dispute Resolution)	・裁判によらない紛争解決方法 ・2004年12月公布「裁判外紛争解決手続きの利用の促進に関する法律」による（施行：2007年4月1日）。 ・法務大臣の認証を受けた「業者」が民事紛争（労働紛争を含む）の解決処理＝示談にあたることができる。 ・信頼性,活用の程度などは,まだ未知数。 ・社労士会「労働紛争解決センター」や特定社労士など。
労働審判制 2006年4月施行「労働審判法」	・申立対象は,個別労働紛争のみ。 ・迅速な解決を目指し,3回以内の期日で和解に向けた話し合いと調停を行う。 ・職業裁判官に加え,労使の審判員も調停に参加するので,実態に即した解決が期待できる。 ・基本的な手続きの流れ 　　　申立—争点整理—証拠調べ—調停 ・3回期日で和解が成立しなければ,労働審判を出す。 ・3回期日で処理できない複雑な事案は取り扱わない。 ・紛争当事者の相手側にも出頭義務がある。 ・調停案に対して,相手側が2週間以内に異議を申し立てない場合,審判は強制力をもつ。 ・審判に異議を申し立てた場合,通常訴訟に移行する。

関係の認定に時間がかかるような案件は,労働審判になじまないとされている。ただ,労働審判に提出した証拠は,通常の訴訟でも証拠として採用されるので,労働裁判と平行して労働審判を活用する手段もあるという。

　個別労働紛争解決システムの特徴をまとめた資料がある（**表8-5**）。この表

表 8-5 主な個別労働紛争解決システムの特徴（2011年）

	労働審判	労働局（紛争調整委員会）のあっせん	労働委員会
仲裁者	審判官，審判員の計3人	労働分野に詳しい弁護士，学者など	公労使による3者
費　用	手数料あり	無　料	無　料
解決までの期間	平均73.1日	助言・指導で1カ月以内，あっせんで2カ月以内	1カ月以内47％，2カ月以内85％
解決率	83.3％	40.6％	57.8％
新規受付件数	3,586件	6,510件	393件

(注)　労働審判は，解決率は高いがパワハラや職場復帰希望の解雇事件にはなじまない。
　　　労働局（紛争調整委員会）のあっせんは，使用者側があっせんに応じない場合が多く，解決率が低い。
　　　労働委員会による紛争処理は，迅速な解決が期待できるが，利用率が低い。
(出所)　「連合通信・隔日版」2012年9月6日，第8640号，13頁をもとに筆者作成。

は，2011年度の実績で見ているが，迅速さ，解決率，利用率の観点から特徴がよく分かる。

第5節　労働組合の課題：なぜ組合離れが止まらないのか

　労働組合の実力は，職場や産業の実態を反映した良い要求が書けること，そしてその要求を実現するための交渉力に現れる。労働組合の交渉力は，数の力による。そのため，組織拡大を目標としない労働組合はない。(8) たいへん切実な内容を伴う個別労働紛争の増加，もしくは高止まり傾向は，労働者が自主的に組織を作り，組織を拡大するためのきっかけになるはずである。しかし，既に見たように，日本の労働組合のプレゼンスは低迷を続けているように見える。なぜ個々の労働者は，職場の問題解決のために労働組合を活用するという選択肢を選ばないのか。

　その答えは簡単ではない。比較的多く指摘されているのは，推定組織率の高かった1970年代半ば頃から，産業構造が変わり，労働者の構成も変わったということである。つまり，（公務を除けば）製造業の男性正社員を中心に組織され

ていた時代から，三次産業で働く人が多くなり，（公務を含めて）性別・雇用形態でも多様な労働力構成になってきたため，労働組合に参加しない（組織されていない）人が増えてきたというものである。

また，正社員の長時間労働と非正規労働者の低賃金も労働組合の組織化や活動の障害となる。1日，1週間，1カ月の各単位で労働時間が長いままだと，本来の業務とは別に労働組合の活動に時間を割くことは，たいへん困難になる。専従職員をおくだけの余裕はなく，ほとんど「ボランティア」で組合活動に携わらなければならない組合役員や代議員にとって，個々人の問題点にきめ細かく寄り添う余裕を見いだすことは並大抵のことではない。しかも労働組合といっても，組織メンバーの要求はつねに一本にまとまっているわけではない。使用者側との交渉に入る前に，組織内の要求をまとめ上げていくだけでもたいへんな調整を必要とする。この調整がうまくなされないと，組織の分裂や組合員の脱退を招きかねないという危機感も潜在的にある。組合活動の「たいへんさ」は，昔から変わっていないのかもしれないが，長時間労働と交渉の成果の読みにくさは，個々の労働者の相談にきめ細かく寄り添う余裕をますます奪っていく。さらに，長時間労働の実態は，せっかく個人加盟ユニオンを活用して問題を解決した労働者が，その経験を活かして他のメンバーに協力するといった継続的な参加を求めることすら難しくさせる。

こうした社会背景や労働実態に加え，既存の企業別労働組合が中心的な役割を果たした戦後日本の労使関係の特質が，近年の組合離れを生起させたともいえる。

日本の労働組合は，戦後の混乱の中で急速に組織を作る必要から，企業別労働組合という形態で組織化を進めた。それでも，戦後直後の時期から少なくとも1960年代にかかる頃まで，時として大規模な労働争議も構えて要求を掲げてきた。そうした労使紛争の高揚に対して，政府，使用者団体，個別企業の各レベルで沈静化をはかってきた結果，1970年代までに日本の労使関係は「運命共同体的労使関係」と評されるまでになった。「運命共同体的労使関係」とは，「企業と労働者の利害は生産性向上によって共通する」という労使協調思想，

定式化した春闘によるベースアップ要求，団体交渉よりも労使協議を優先させる戦術に特徴を見ることができる(11)。こうした労使協調的な「運命共同体的労使関係」も，結局は企業の「支払能力」の論理に抗しきれず，多くの場合，大企業・製造業・男性・正社員以外に恩恵をもたらすことなく，組合離れの原因になってきた(12)。

　とはいえ，1970年代までは，その特徴の1つである春闘によるベースアップ要求も労働者の成果獲得の実感を伴うものであった。この時期の春闘では，パターンセッターとなった個別企業の賃上げ水準を産業別労働組合のネットワークを活かして他企業に波及させ，さらには他産業，地域，中小企業に広げ，「春闘相場」を社会に広げることができていた。しかし，その後，能力主義管理が強化されていく中で，個別処遇化が進むとともに，いわゆる「バブル経済」崩壊後の1990年代半ば以降，「世間相場」よりも企業業績，「支払能力」による総額人件費の決定に組合要求も後退させられていった。熊沢誠は，これを企業別労働組合の「労働者の要求と行動を特定企業の支払能力の範囲内に抑制する傾向」への「里帰り」と鋭く論評している(13)。さらに，経営者の総額人件費抑制の徹底から，労働組合の要求は，春闘での賃上げはおろか，「定昇維持」をなんとか確保するところにまで後退する。経営側の企業業績や「支払能力」といった根拠も，近年では「先行きの不透明感」といったより曖昧な論拠に拡大され，組合要求に対峙してくる。そうした春闘の成果の見えにくさは，せめて労使で「納得のいく」賃金決定基準の模索を通じて，成果主義賃金（役割給）の容認という個別処遇化を一層加速させることになった(14)。やがて2000年代の半ばまでに，ベースアップは「賃金改善」といわれるようになり，ますます個別企業の「支払能力」に抗しがたくなっていった。春闘を通じたベースアップ要求の意義は失われたわけではないが，賃金の個別処遇化と非正規労働者の拡大が重なるとき，多くの労働者の労働組合運動への期待を弱めるだけのインパクトをもっていたといえよう(15)。

　ほとんどの企業別労働組合は，「雇用の安定」を重視するが，1990年代の半ば以降，いわゆる「リストラ」に対してストライキを構えて反対するような

ケースも希になった。日本企業の「リストラ」は，指名解雇や整理解雇よりも希望退職者の募集を優先して実施される実態がある。「雇用の安定を確保するためのリストラ」という経営側の論理に対して，個別処遇化を容認する労働組合は，それに対抗できる明確な論理を展開できなかった。一時的に「リストラ」を容認しても，再び当該企業が労働者を採用できるようになれば希望退職に応じた人から優先的に再雇用するとか，適正要員を見直すために当面の間36協定を結ばないといった形で労働組合が対案を示すことも不可能ではなかっただろう。だが，そうした提案は組織率・組合員数が明らかに減少していく2000年代になっても見ることができなかった。労働者個人の困難に寄り添うのではなく，「希望退職」は労働者個人の選択というタテマエを受け入れる労働組合に期待するものはいないだろう。

　もう1つの特徴である労使協議制は，労使関係の「安定化」と生産性向上を目的に，1955年に発足した日本生産性本部が中心となって普及に努めてきた。**表8-6**に見られるように，労使協議制の導入割合は1994年から2014年で減少傾向にあるが，企業規模別に見ると大企業の4社のうち3社の割合で設置している。しかも，厚生労働省「労使コミュニケーション調査」によると，労働組合のある企業ほど労使協議制が導入されており，経営側から見た成果も「労働組合がある」「大企業」の方が「成果があった」とする割合が高い。

　日本の場合，労使協議制は法令の規制を受けないため，設置が義務づけられているわけではない。話し合いの進め方もテーマによって「説明報告事項」から「同意事項」まで，「労使自治」で定めておくことができる。労働者側の関与が最も強い「同意事項」とされたテーマでも，労使双方が合意しなければ決定を保留するという扱いに留まる。いわば，経営側の成果の認識と承認があってこそ成立する制度と言える。労働組合がある場合は，労働組合の代表者が労使協議会等に出席している場合が多い（表8-6）。労働組合は，経営側の承認を得ることでチャネルを開き，経営計画に関する情報を共有するとともに経営計画の実現に向けて参画することも可能になる。だが，労使協議が不調に終わっても，「団体交渉ではない」という理由で，「スト権確立」など争議権の行

表 8-6 労使協議制の導入状況　(単位：%)

	労使協議制あり	設置の根拠（2004年）			
		労働協約	就業規則	慣行	その他
1994年	55.7				
1999年	41.8				
2004年	37.3	60.4	24.0	10.3	4.4
2009年	39.6				
2014年	40.3				
企業規模別（人）	（2014年）	設置の根拠（2004年）			
5,000以上	74.7	75.5	13.5	9.7	1.3
1,000～4,999	66.0	80.3	11.4	6.8	1.6
300～999	52.8	54.2	27.7	8.3	9.8
100～299	32.7	46.0	30.9	13.4	5.6
50～99	21.4	38.7	36.9	16.9	7.5
30～49	16.4	29.3	56.5	10.0	4.2
労働組合あり		開催時期（2004年）			
		労働組合	定期開催	必要のつど	定期および必要のつど
1994年	80.7				
1999年	84.8	あり	35.7	27.4	36.9
2004年	80.5	なし	26.7	47.2	26.0
2009年	83.3				
2014年	82.6				
労働組合なし		従業員代表の選出方法（2004年）			
		労働組合	組合の代表者	従業員の互選	使用者が指名
1994年	31.6				
1999年	17.1	あり	78.9	28.1	3.6
2004年	15.0	なし	—	72.8	32.9
2009年	19.9				
2014年	15.6				

(出所) 厚生労働省「労使コミュニケーション調査」各年版をもとに筆者作成。

使にはつながらない。

　労使協議制は，大企業ほど労働協約で設置が取り決められていることも多い（表 8-6）。厚生労働省「労働協約等実態調査」によると，労働協約が締結されている場合，その内容は「チェックオフ」や「団体交渉事項」など「労働組合に関する事項」をカバーしていることが多い反面，人事や賃金，労働時間など「労働条件に関する事項」は少なくなる。例えば，ユニオンショップ制の導入

には労働協約が必要になる（労働組合法第7条第1号但し書き）が，「何らかの規定」を含めてユニオンショップ協定を締結している労働組合割合は2011年で64.3％におよぶ。しかも，組合員数・組織率が高い労働組合ほど，ユニオンショップ協定を締結している労働組合が多くなっている。[21]

　ユニオンショップ協定を締結している労働組合は，組合員数も組織率も安定して確保することができるため，「過半数代表」としての地位を確かなものにすることができる。しかし，ユニオンショップ制は諸刃の剣でもある。労働組合が民主的に運営されていれば，組織や交渉力の強化に本来役立ちはする。逆に，労働組合が民主的に運営されていない場合，ユニオンショップ制は「組合を恐れる雰囲気」を作り，「（その会社の）不満分子」の除去装置になりかねない。当該労働組合の方針に不服をもつ労働者が，その組合から脱退したり除名された場合，ユニオンショップ協定にしたがって解雇されるリスクを負うことになるからだ。使用者側は，除名理由に形式上関与していない。使用者側にしてみれば，自ら承認した労働組合の執行部だけ掌握していれば，労使関係は「安定」する。

　このように協調的な「運命共同体的労使関係」は，使用者側の承認があって成立する。使用者側の承認は，経営参画に道を開くとともに組合員数を確保し，「安定的な労使関係」に寄与してきたかもしれない。しかし，やがて使用者側の承認なしには，労使の話し合いに有効性を確保することも，組合員数を維持していくことも難しくなる道でもあった。

　逆にいえば，労働者側からの要求を否認する使用者側の姿勢は，時として強固な連帯をもたらすことはあっても，多くは一般の組合員の組合離れを加速することにもつながりかねない。たび重なる分裂攻撃や執拗な不当労働行為は，なにもかつての日本航空だけに限ったことではない。[22]労働組合の要求が実現する以前に，問題が不当労働行為に発展してしまうとその解決にはより時間がかかる。ましてや職場で唯一（少数）の組合員が支部を構成する個人加盟ユニオンの場合，その関与を忌避する使用者側が，「労使自治」を名目として団体交渉に誠実に臨まなかったり，「企業情報流出」を理由とする懲戒解雇や不当な

配置転換に打って出た場合，職場で一緒になって声をあげてくれる同僚がどれほどいるだろうか。職場での孤立を招くような不安感は，多くの労働者をあえて労働組合の活用という選択肢から遠ざけるだけのものがある。そうした労働者の姿勢を，本来の集団的労使関係の枠組みを強調しながら批判しても，決して組織拡大にはつながらないだろう。

　不当労働行為の痛みは，職場での孤立化を招く痛みとなって労働者を苦しめることになる。不当労働行為からの迅速な救済が期待できない状況下では，「労使自治」の原則も経営側の承認の範囲内で認められるにすぎない。むしろ第三者からの介入や法的規制は，「労使自治」の原則をゆがめるものともとられかねない。それこそ不当労働行為の広範な連鎖というべきものであろう。なぜ組合離れが止まらないのかという問題に対して，こうした不当労働行為の連鎖を食い止める社会的合意が希薄であることを強調しておきたい。

第 6 節　人的資源管理のためのインプリケーション

　ローラーⅢのいう人的資本中心のマネジメントアプローチは，経営戦略実現のために労働者の参画を促すマネジメント・モデルである。経営計画そのものを是とし，その実現に向けて職場から経営者層のふだん気付かないような問題点を提起して，ともに経営計画実現に協力するという労使関係は，人的資源管理論の労使関係観だといえよう。1990年代までの日本の労使関係の大きな趨勢は，経営側の承認をキーとして同様の方向を求めてきた。

　しかし，日本の労使関係の現状をあらためて概観すると，既存の労働組合は，労働者個々人の困難にうまく手をさしのべることができていないように見える。それゆえ，多様な紛争解決システムが設けられている現実がある。

　日本の現実を見た場合，経営参画が求められているグループとそれ以外のグループへの分断が指摘できるかもしれない。それ以外のグループとは，企業側から見て「取り替えのできる」，必ずしも1つの企業で長期勤続を期待しないグループである。こうしたグループの要求に応えることは，経営者側から見て，

はたして経営計画の実現に寄与するものといえるだろうか。競争圧力の高まりを理由とし，背景としては産業構造の変化や労働者構成の多様化を受けて，経営参画が求められるグループの絞り込みがさらに進んだ結果,「人たるに値する生活を営むための」要求が，経営計画実現にも寄与する要求とはパラレルに存在することを私たちはあらためて認識する必要があるように思える。それは長い育成期間が必要という意味で「高度な職種」であっても変わりはない。常に競争にさらされる企業経営において，利潤という量で量られる（財務的指標）を抜きにはできない経営計画と，安全や満足といった（非財務的指標）を重視する職業上の要求，ましてや文字通り質的な労働者の生活上の要求は，優先順位において必ずしも一致するとは限らないからだ。人的資源管理の労使関係観には，こうした認識は「別のテーマ」であるかのようだ。

注

(1) Lawler III（2008：Capter 2）。
(2) 経団連事務局編，（2015：55頁）。
(3) 厚生労働省「平成25年　労働組合活動等に関する実態調査」2014年6月26日発表，19頁，第16表。
(4) 労働政策研究・研修機構（JILPT）（2015：220頁，第7−3表）を参照。
(5) 森岡（2015：130頁）。森岡は，深い洞察力で「このストレス社会への移行は仕事の精神的負荷が大きいという意味での『ストレス社会』への移行でもあった」と見ている。
(6) 2014年7月1日現在の日本の総事業所数は，592万6807事業所。総務省「平成26年経済センサス基礎調査（確報）」2015年11月30日発表，1頁，表1−1より。
(7) アメリカでは労働組合の代表権投票前に，会社主導による反組織化（union-free）キャンペーンが展開されることもある。例えばDelta航空では，2010年，主にAFA（Association of Professional Flight Attendants）に対する客室乗務員職場（未組織）の代表権投票が行われた。投票の締め切り（2010年11月3日）前には，アトランタのDelta航空本社から，客室乗務員一人ひとりに"Your Vote Matters Decision 2010"と題する一連の文書が郵送された。その中には「ここに真実がある」「組合費を年間516ドルも払わなくても，Delta航空のフライト・アテンダントは平均以上の収入を得ている」と明記している文書もあった。

(8) 鈴木（2009：180-187頁）。
(9) 例えば，都留（2002）などを参照。
(10) 呉（2011，第10章）は，自身の広範な調査にもとづいて，個人加盟ユニオンを含む合同組合の先駆的な取組とそれらの諸課題を明らかにしている。呉によれば，「合同組合の組合員はその多くが労働紛争を抱えてその解決を求めて組合に加入するが，…（中略）…紛争が解決するとその6割の組合員が組合を脱退している（326頁）」という。
(11) 平野（1976）。
(12) 連合21世紀への挑戦委員会（2001：16頁）。
(13) 熊沢（2013）は，日本の労使関係史をふり返り，1970年代の「賃金の高位平準化による賃金格差縮小（112頁）」から賃金決定（賃上げ基準）の「企業業績」基準への後退，そして企業規模間の賃金格差拡大を明らかにしている。熊沢は，欧米の労使関係史・労働運動史を広く検討した上で，日本のそれらを詳細に論じ，この命題を導いている（同書，第3章，本文中の引用は82頁および120-122頁）。
(14) 石田（2003：206-215頁）は，労働組合（産別）の賃金政策にかかわる文書を検討し，「経営者の構想する賃金改革と基本的には違いを見いだすのは不可能だ…（中略）…（同書，210頁）」と明確に指摘している。畑井（2003）は，1990年代末，労働組合が成果主義にかなり肯定的な姿勢をとっていたことを明らかにしている。「『能力・実績に応じた組合員間の賃金格差は認めていくべきである』とする労働組合は74％に上っている（236頁）」。
(15) 石田，前掲書は，次のように指摘している。「日本の組織労働者の賃金が多分に個人別取引に委ねられているという事実は，組合員の結束を絶えず風化させる根本的な原因をなしている（199頁）」。
(16) 熊沢，前掲書が明快に指摘しているところによれば，能力主義管理の定着のもとで労働条件決定の個人処遇化を許すことで，過労死に至るような働かせ方に労働組合はチェックをかけることができなくなった。「…（中略）…組合の関わる『集団的労使関係』は労働者個人の受難を扱うものではないと理解されてしまっているようです（141頁）」。既存の労働組合が労働者個人の受難に寄り添えていない実態については，同書（151-156頁）を参照。
(17) 杉山（2011：150-151頁）を参照。
(18) 厚生労働省「平成21年 労使コミュニケーション調査」2010年9月14日発表，第1図を参照。
(19) ここでいう「スト権確立」とは，争議権そのものではなく，労働組合法第5条お

第 8 章　多様な紛争解決システムと労働組合

　　　　よび組合規定に基づく直接無記名投票によって，ストライキ（同盟罷業）を行うこ
　　　　とを組織的に決定した状態をさす。
　⑳　厚生労働省「平成23年　労働協約等実態調査」2012年 6 月27日発表，第 1 図より。
　　　　「団体交渉事項」や「団体交渉の手続き・運営」については70％以上の労働組合が
　　　　協約化しているが，「所定外労働時間」は54.3％，「解雇」55.7％，「基本給（金
　　　　額）」は39.7％，「事業の縮小・廃止に伴う事前協議」21.4％などとなっている。
　㉑　厚生労働省「平成23年　労働協約等実態調査」2012年10月16日公表，統計表第 7
　　　　～14表参照。企業規模で見ると，1000人～4999人規模では75.6％でユニオンショッ
　　　　プ協定がある。ユニオンショップ協定を締結すると，法令等で非組合員となるもの
　　　　を除いて，労働組合に加入しない従業員，組合を脱退したり除名された従業員は，
　　　　その会社を解雇される。ただし日本の場合，このルールに例外を設けて，解雇する
　　　　かどうかの判断を最終的に使用者が決定できるとする「尻抜けユニオンショップ」
　　　　がほとんどである。
　㉒　日本航空における不当労働行為の実態は，さしあたり航空労働運動50年史編さん
　　　　委員会（2006），山本（2011）などを参照のこと。
　㉓　長期の訓練期間を必要とする航空機の乗務員であっても，運航の安全性に対する
　　　　乗員の役割やどの程度まで安全性を確保するべきかという考え方は，経営側と現場
　　　　労働者側では異なることがある。例えば，山本（2000：236-263頁）。

引用参考文献
石田光男，2003，『仕事の社会科学——労働研究のフロンティア』ミネルヴァ書房。
呉学殊，2011，『労使関係のフロンティア——労働組合の羅針盤』JILPT 研究双書。
経団連事務局編，2015，『春季労使交渉・労使協議の手引き2015年版』経団連出版。
熊沢誠，2013，『労働運動とは何か——絆のある働き方をもとめて』岩波書店。
航空労働運動50年史編さん委員会，2006，『明日へのはばたき——航空労働運動50年
　のあゆみ』航空労組連絡会他。
杉山直，2011，「労使協議制の普及と団体交渉の形骸化」労務理論学会編『経営労務
　事典』晃洋書房。
鈴木玲，2009，「連合政策の展開の分析」石田光男・願興寺ひろし『労働市場・労使
　関係・労働法』（「講座　現代の社会政策」第 3 巻）明石書店。
都留康，2002，『労使関係のノンユニオン化——ミクロ的・制度的分析』東洋経済新
　報社。
畑井治文，2003，「成果主義と労働組合」今野浩一郎編著『個と組織の成果主義』中

央経済社(第Ⅴ部第2章)。

平野浩一,1976,「戦後日本における労資関係の展開」木元進一郎編著『労使関係論』日本評論社(第6章)。

森岡孝二,2015,『雇用身分社会』岩波新書。

山本大造,2000,「熟練をめぐる労資関係——フライトエンジニアを事例として」『同志社商学』第51巻第3号(島弘教授古稀祝賀記念号),236-263頁。

山本大造,2011,「日本のエアラインにおける労使関係の特質——JAL客室乗務員職場を手がかりとして」『労務理論学会誌』第20号,31-45頁。

連合21世紀への挑戦委員会,2001,「21世紀を切り開く連合運動——21世紀連合ビジョン」(連合第7回定期大会資料)。

労働政策研究・研修機構(JILPT),2015,『データブック 国際労働比較(2015年版)』。

Lawler III., Edward E., 2008, *TALENT : Making People Your Competitive Advantage*, Wiley.

(山本大造)

終 章

日本型人的資源管理の行方

　　本章は，前章までの考察を踏まえて，日本企業の実像を，人的資源管理論の観点から捉えなおして，本書全体の総括を行う。そして，これからの時代に求められるヒトと組織の方向性について若干の検討を加えていく。

第1節　「ブラック企業」と日本型人的資源管理

「ぼくの夢」
大きくなったら，ぼくは博士になりたい
そしてドラえもんに出てくるようなタイムマシーンをつくる
ぼくはタイムマシーンにのって
お父さんの死んでしまうまえの日に行く
そして「仕事に行ったらあかん」ていうんや

　これは，2000年に父を過労死で失った少年の書いた詩である[1]。
　過労死という言葉が社会的に広く注目されはじめたのは，「ストレス疾患労災研究会」が「過労死110番」という全国電話相談ネットを開設した1988年のことであるが，それから30年近くたった現在でも，**図終－1**に示した通り，死亡を含めた脳や心臓の疾患による労災請求件数に大きな変動はなく，問題解決に向けての進展はほとんど見られない。
　他方，精神障害などで労災認定を請求する件数は，過去15年一貫して増加し続けている。2014年度のデータを見ると，1456件の請求のうち，とくに30歳代，40歳代がいずれも400件以上にのぼっており，本来なら最も労働生産性が上が

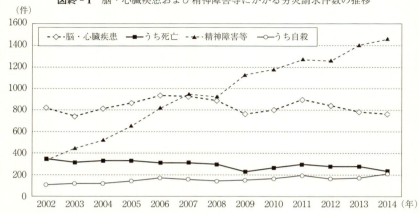

図終-1 脳・心臓疾患および精神障害等にかかる労災請求件数の推移

(注) 精神障害等の「うち自殺」には未遂を含む。
(出所) 厚生労働省調「脳・心臓疾患と精神障害の労災補償状況」をもとに筆者作成。

ると考えられている「働き盛り」世代での問題の深刻さがうかがえる。また，これに起因する自殺件数（未遂を含む）が少しずつ増加していることも見逃せない。

　このような過酷な働かせ方の問題は，近年では，「ブラック企業」[2]という言葉によって，これまでよりも広く認識されるようになっている。この言葉に明確な定義はないが，一般には，無限定ともいえる長時間労働を強いている，残業手当の未払いを含めて不当なほどに賃金が安い，「愛社精神」など聞こえのよい言葉を使って企業への絶対服従を誓わせるなどの行為が見られる企業をさす。また，パワー・ハラスメントが顕著な場合や非正規雇用労働者に対して不当な差別が行われている場合もこれに含められる。要するに，労働法やその他の法令に抵触し，またはその可能性がある条件での労働を強いている企業がこれにあたる。そしてそれは時として，労働者の肉体や精神を完全に破壊してしまうがゆえに，大きな問題となっているのである。

　もちろん，こうした動向について行政がまったく手を打っていないわけではない。2014年11月には過労死等防止対策推進法が施行され，翌2015年に入ると，まず厚生労働省が5月に「長時間労働に係る労働基準法違反の防止を徹底し，

企業における自主的な改善を促すため，社会的に影響力の大きい企業が違法な長時間労働を複数の事業場で繰り返している場合，都道府県労働局長が経営トップに対して，全社的な早期是正について指導するとともに，その事実を公表する」という方針を定めた。続いて7月には「過労死等の防止のための対策に関する大綱」が閣議決定されている。この大綱は，2020年度までに①週当たり労働時間60時間以上の雇用者の割合を5％以下にする，②年次有給休暇の取得率を70％以上にする，③メンタルヘルス対策に取り組んでいる事業場の割合を80％以上にする（2017年まで），という数値目標を掲げている。また，こうした流れを受けて，東京労働局および大阪労働局には過重労働撲滅特別対策班（通称「かとく」）が設置されている。行政が過重労働を行わせる企業に対してかなり強硬な対策に乗り出していることは一定の評価ができるだろう。ただし，事件化された事例は氷山の一角にすぎない。例えば2013年度を例にとると，労働基準監督署による是正勧告は11万2873件にのぼるが，このうち書類送検された件数はわずか1043件にとどまっているのである。

いわゆるメンタルヘルス問題に関しても，ある程度の取組は進んでいる。労働安全衛生法第13条では，事業者は産業医を選任し，労働者の健康管理等を行わせなければならないことが定められているし，同法の2014年改正により，「ストレスチェックの義務化」が規定された。すなわち，2015年12月から各事業所は，ストレスチェック制度を実施する方針を示した上で，これを実施し，結果を労働者本人に通知するとともに，高ストレスと判定された者から申し出があった場合は医師による面接指導を行い，面接結果にもとづいて就業上の措置を講じることが義務となったのである。

こうした施策が組織としての労働者の健康管理への取組を促進するものとなることが望ましいことはいうまでもない。**図終－2**に示した通り，労働者のストレスは従事する仕事そのものだけに起因するわけではなく，個人的要因や仕事以外の要因が複合的に絡み合うことが多い。その解決には上司と部下のコミュニケーション促進などでは不十分であり，専門家を交えた組織的対応が不可欠なのである。しかし，企業や職場に根づいた風土や文化を顧みずにこうし

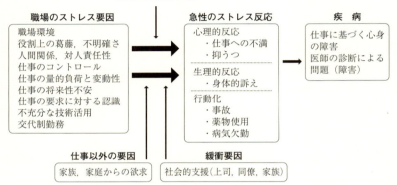

図終-2 NIOSHの職業性ストレス・モデル

(出所) アメリカ労働安全衛生研究所（National Institute for Occupational Safety and Health）のモデルを東京都労働相談情報センターが一部改編したもの（同センターホームページ [http://www.kenkou-hataraku.metro.tokyo.jp/mental/about/material/niosh.html] より転載，2015年9月25日アクセス）。

た施策を導入したとしても，その実効性がどの程度あがるかについて疑問視せざるを得ない。例えば，労働者としては，ストレスチェックの過程でプライバシーが本当に守られるのかという懸念がある上に，高ストレス者が企業内で「ストレス耐性が低い者」としてレッテルを貼られ，差別を呼び起こすきっかけになってしまう恐れもある。医療従事者側がどんなに企業側への情報漏洩防止策を講じたとしても，こうした労働者側の不安感を完全に払拭することは難しいため，ストレスチェックそのものが正確に行われるかどうかは疑わしい。つまり，企業側に対する不満をぶつけたいと考えている労働者や，既に退職を考えている労働者を除くと，職場や職務上のストレスを抱え本当に苦しんでいる労働者が面接指導を希望する事例は相当少なくなるとも考えられるのである。[4]
要するに，当該企業や職場の「外の人間」である専門家（医療従事者）が正し

く労働者の健康状態を判断し，組織内の問題に適切に対処できるような「開かれた」土壌ができるには，それ相当の時間と努力が必要とされるのである。

結局のところ，「ブラック企業」で問題視される，長時間労働，企業に対する忠誠心を誓わせる雇用慣行とそれを利用した低賃金（働き方に見合っていない賃金支払い），労働者の「退職したくてもなかなか行動に移せず，苦情を申し立てることもできない」などという状態は，本書で扱ってきた日本型人的資源管理の矛盾そのものであるといってよいだろう。すなわち，旧態依然とした「正社員像」に依存しながらも，コスト効率だけを考えた人的資源利用を優先するために，不当ともいえる圧迫を労働者側に加え，当然のことながら良好な労使関係の構築にも無関心であるという企業側の姿勢が極端な形で出るのが「ブラック企業」の姿であり，巷でそのように名指しされてはいなくとも，どの企業も，多かれ少なかれ，このような状況が生み出される可能性は内包しているのである。

第2節　「戦略適合性」への疑問

1990年代末期より，日本を「産業立国」たらしめてきた中心的存在の1つである電機産業の主要企業が相次いで経営不振に陥った。それは，国内各企業がそれぞれ様々な事業分野に進出して多角化戦略を押し進め，相互に切磋琢磨しながら技術力を磨き，全体として「ニッポン・ブランド」を世界に冠たるものとしてきた時代の終焉でもあった。各企業は経営の立て直しをはかる中で，不採算部門からの撤退や再編など，いわゆる「集中と選択」や「スリム化」を相当のスピードで実行することを強いられた。さしあたっての優先課題が財務体質の強化であった以上，それは当然の行動であったかもしれない。

しかし，それはこれまで培ってきた技術力や開発力の「流出」という事態を招いた。企業の中で自分の能力を生かす場を失った技術者たちが海外に新たな職を求めた結果，彼らを受け入れた海外メーカーが高い技術力を武器に日本メーカーのシェアを奪い，日本側はさらなるリストラクチャリングを迫られる，

表終-1 日本企業からサムスンに移籍した技術者数

企業名	人数
パナソニック	53
ＮＥＣ	47
東芝	39
日立製作所	39
三洋電機	35
ルネサス	31
富士通	27
ソニー	26
三菱電機	25
キヤノン	20

(注) サムスンに在籍して2002年から2010年までに特許出願を果たした485名の日本人技術者の出身企業を調査したもの。
(出所) 『日経ビジネス』（2013：75頁）。

という悪循環が発生したのである。経済産業省の2006年調査によると，技術流出があった（あるいは，あったと思われる）企業の割合は35.8%であり，流出した技術が「今後の中期的な技術戦略にも影響を与え得る重要基盤技術」であるとする企業は，そのうち31.7%にのぼっている。また，こうした技術流出が「ヒトを通じて」行われたとする企業は62.2%にも達している。さらに注目されるのは，競争力の源泉となるようなコア技術の流出を防止するために，約7割の企業が該当技術者との間で秘密保持契約などを締結しているにもかかわらず，その懸念は広がっていること，そしてさらなる人材流出については半数近くの企業がそのリスクを感じていることである。個別企業の事例を見ても，例えば韓国のサムスンには2000年代以降約500人もの日本人技術者が移籍し，特許出願などの実績を残している（表終-1）。

　コア技術や営業秘密など，労働者が勤務している企業での職務従事を通じて得た情報をみだりに企業外にもち出すことは，秘密保持の観点から認められないのが通常だろう。しかし，どの情報までをもち出し不可能な「企業独自の資産」とするのかについてはその峻別が困難であるということもまた事実である。人間の頭脳に蓄積された情報を企業が管理することは事実上不可能であるし，ましてや，そうした蓄積をもとにして他企業において新たな技術開発，製品開発を行うことまでも完全に止めようとすることは非現実的である。

　企業活動のグローバル化が急速に進行する現在，こうした人材流出や情報流出が発生することはある程度やむを得ないことかもしれない。ただ問題なのは，多くの場合，その契機となっているのが，企業の収益性重視への傾倒や度重なる経営戦略の方向転換，より具体的にいえば，R&D部門や営業部門の縮小や再編，コア・コンピタンスの変更などによって，労働者がその企業で働き続け

ることに魅力を感じなくなったことにあるという点である。

　例えば，ある電機メーカーでは，エレクトロニクス部門の全般的縮小の流れを受けて2013年に電池事業を「ノン・コア事業」と位置づけ，他社への売却交渉を開始したことがきっかけとなって，技術者の大量流出が起きたが，その後1年足らずのうちに全社戦略見直しが行われ，社長自らが「バッテリーは中核的な部品となる」と表明する事態に陥っている。このような状況が労働者のモチベーションを著しく低下させ，長期的な競争優位性確保に向けての基盤を危ういものにしてしまうことは間違いない。言い換えれば，短期的・中期的な経営危機脱却を念頭においた全社的経営戦略策定と長期的視点からの安定的発展との整合性をとることがいかに困難であるのか，そしてその板挟みになるのはトップマネジメントの経営層よりもむしろ現場レベルの労働者となることが往々にしてある，ということをこの例は示しているのである。

　社会環境，経済環境の変化が加速する現代において，経営戦略の見直しが常にはかられなければならないことはいうまでもない。また，企業内活動である人的資源管理が，経営戦略に適合的でなければならないことも，強く否定できるものではなかろう。しかし，人的資源管理の妥当性は，そうした側面からだけで判断されるべきものではない。「経営戦略適合性」の名のもとに労働者の職業生活設計，人生設計に関する事項が相対的に矮小化されることがあってはならないのである。また，個々の労働者の雇用や生活と直結する人的資源管理の方針に，経営戦略と同じスピードでの変化，見直しを要求することには，そもそも無理がある。「ヒト」を戦略実践のための経営資源としての側面だけではなく，意志と感情をもつ人間としての側面から捉え直すことこそ，現代企業の人的資源管理に求められるスタンスなのである。それはまた，当該企業で働く労働者全てについて，正規雇用か非正規雇用，直接雇用か間接雇用といった区別なく，ステークホルダー（利害関係者）として正しく位置づけ，彼らに接することでもある。

第3節　人間重視への道

　バブル経済崩壊以降の「日本的経営見直し」，グローバル競争の激化，そして機関投資家の台頭やROE重視の流れなどに見られるように，日本企業は過去20年間，それまで以上に「むき出しの資本主義」にさらされ，好むと好まざるとにかかわらず，人的資源管理も経営戦略適合型へのシフトを避けられない課題としてきた。だが，そこで実践されている人的資源管理の諸施策は，必ずしも個別企業の経営戦略との親和性を検証しながら行われているとはいえず，場合によっては，長期的には競争優位性を喪失させる危険性を内包するものとなってしまっている。そのような中で，従来型の日本型人的資源管理のもつ特性を十分に踏まえないまま戦略志向や利益率・取引コスト重視の方向性を標榜しても，そこには新たな矛盾が拡大してしまうリスクのほうが高くなる。

　周知のように，日本は今，少子高齢化社会の到来により深刻な労働力不足に直面しつつある。また，ワーク・ライフ・バランスへの関心がかなり強まる（図終-3）など，人々の職業観や生活設計には大きな変化の兆しが見られる。こうした意識の高まりは，「職業生活人・家庭生活人・社会生活人・自分生活人として，広い生活舞台において自己実現・成長を希求する個人」[9]としての意識を労働者の内面で育ませる。つまり，労働者が自分の働く企業を見る目は厳しくなり，「仕事優先」の価値観やキャリア形成を労働者に要求することは困難になっていくのではないかと予想される。たとえ，外国人労働者の採用や企業の海外移転を積極的に行うことによって必要な労働力を補充しても，この問題を根本的に解決するには至らないだろう。そのような方策は，労働者の同質化を基本的な管理原則とする日本企業がこれまで得意としてこなかった「多様性に基づく管理」（ダイバーシティ・マネジメント），すなわち労働者個人およびその居住する地域・国の文化，生活慣習，意識，価値観などの多様性を認めた上での人的資源管理を必須のものとするからである。谷口真美はダイバーシティ・マネジメントを「多様な人材を組織に組み込み，パワーバランスを変え，

終　章　日本型人的資源管理の行方

図終‐3　仕事と家庭生活、地域・個人の生活のバランス（単位：％）

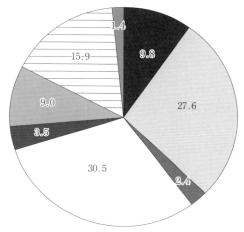

■「仕事」を優先したい
□「家庭生活」を優先したい
■「地域・個人の生活」を優先したい
□「仕事」と「家庭生活」をともに優先したい
■「仕事」と「地域・個人の生活」をともに優先したい
□「家庭生活」と「地域・個人の生活」をともに優先したい
目「仕事」と「家庭生活」と「地域・個人の生活」をともに優先したい
■わからない

（出所）　内閣府（2012）。

戦略的に組織変革を行うことである。…（中略）…第一の目的は組織のパフォーマンスを向上させることにある」と定義しているが，ここで指摘される財務的パフォーマンス（業績や株価，利益率など）と非財務的パフォーマンス（企業に対するコミットメントの向上，モチベーションの向上，顧客満足度の向上，企業イメージの向上，優秀な人材の確保など）の両方を実現させるためには，多様な職業意識や価値観，人生観をもつ労働者を受容し，認める組織文化，組織風土の醸成が求められるのである。

　なお，本書では重要な論点として積極的には取り上げてこなかったが，女性の登用，活躍推進についても，このような視点から捉えることが重要である。

1985年に「雇用の分野における男女の均等な機会及び待遇の確保等女子労働者の福祉の増進に関する法律」（男女雇用機会均等法）が施行されてから既に30年以上が経過しているが，男女間の雇用や賃金，昇進等における格差はいまだに大きい。これに対して，例えば女性管理職比率の数値目標を掲げることによって，問題の解決をはかろうとする動きもあるが，それだけで日本型人的資源管理の本質に迫る解決がなされるとは考えにくい。多様化する社会の中で企業に求められるのは，様々な価値観や生活様式，仕事に対する考え方をもつ人々の受け入れ，活用を可能とする人的資源管理の新たな展開なのである。

　人間にとって，「働くこと」とは「生きること」の一部であり，自らの従事する仕事に「働きがい」を見つけることができるか否かは，その人の「生きがい」にそれがどのように結びついているのかにかかっている。精神科医であり哲学者でもあった神谷恵美子は，「生きがい」を感じる人とは「自己の生存目標をはっきりと自覚し，自分の生きている必要を確信し，その目標にむかって全力を注いで歩いている人」としている。そして，それは生活上の実利実益とは関係なく，自発的，個性的なものであり，人間の価値体系を形成するものであるとも論じている。また，渡辺聡子らは，組織における人間が誰しも「人間」として評価され，尊重された上で，組織内の個々の意思決定の背後にある合理性を理解したいと考えている，と述べている。このように考えるならば，「働くこと」もまた，あくまで自発的，個性的な事柄であり，自らの生存目標を意識できるものであるべき，ということになるだろう。そしてそれは，企業に雇用されて，決められた労働時間，決められた仕事に従事する身分となっても変わるところはないはずである。人的資源としての「ヒト」を，雇用契約の対象として捉え，その有効活用性という側面にのみ着目するのではなく，こうした人間存在として理解していくことが，今の時代にこそ求められるのではないだろうか。そのような方向で人的資源管理論を再構成していくことが，「ブラック企業」あるいはそれに類する働かせ方を根絶させ，同時に，長期的な競争優位性獲得のための有効な人材獲得・活用を実現するための第一歩となるはずなのである。

注

(1) "ストップ！　過労死"実行委員会ブログより転載（http://blog.goo.ne.jp/stopkaroshi/e/36dd0bc09731de80ed12066f30aec4c9　2015年9月21日アクセス）。

(2) ブラック企業については，さしあたり以下を参照のこと。（今野, 2012；鈴木, 2015）。

(3) 2015年7月，国内外に合計1000店舗近くを展開している靴の大手専門店チェーン運営会社およびその役員，店舗責任者などが，労働基準法違反で東京労働局に書類送検された。従業員に月100時間前後という違法な長時間残業を強いたとされており，これまでの東京労働局によるたび重なる指導や勧告でも改善がみられなかったためである。この事件は，「かとく」による初の書類送検事例となっている。ちなみに，1カ月100時間の残業とは，「脳血管疾患及び虚血性心疾患等（負傷に起因するものを除く。）の認定基準について」（2001年12月12日付け基発第1063号厚生労働省労働基準局長通達）によって「業務と発症の関連性が強い」とされている数値であり，いわゆる過労死ラインに達する水準である。

(4) これ以外に，ここで紹介した労働安全衛生法上の規定が適用されるのは，労働者数50人以上の規模の事業所であるという問題がある。つまり，卸売・小売業やサービス業などでは相当数にのぼる50人未満規模の事業所で働く労働者はカバーされないのである。

(5) 経済産業省（2006）。

(6) 2012年4月，新日鐵は韓国の製鉄大手企業を相手どり，特殊な鋼板の製造技術が退職した技術者を通して流出し，損害を受けたとして東京地方裁判所に1000億円の損害賠償を求める訴訟を起こしている。ただ，これは当該技術者が保有していた資料を証拠として確保できたためであり，稀有な例といえよう。

(7) 『週刊ダイヤモンド』2014年4月26日号，39頁。なお，その後，この会社は，技術的優位性のある部門へのリソース・シフトを理由に，2017年3月をめどに，電池事業部門の多くを他社へ譲渡することを発表している（『日本経済新聞』2016年7月29日）。

(8) ビアー，M. B. らは人的資源管理体系の中で，その政策の選択にあたっては「従業員グループ」を含むステークホルダーが大きな役割を果たすことを示している（Beer et. al., 1984：p. 16, 邦訳書, 1990：31頁）。

(9) 渡辺（2009：43頁）。

(10) 谷口（2005：266頁）。

(11) 2015年に成立した「女性活躍推進法」は，従業員301人以上の企業と国や自治体，

地方公共団体が数値目標を盛り込んだ行動計画を策定し公表することを義務づけている。また，安倍政権は女性の積極的登用を成長戦略の重点として掲げており，2020年までに女性管理職比率を30％にするという目標を掲げている。
⑿　神谷（2004：36頁）。神谷はこれを「使命感」という言葉に置き換えている。
⒀　渡辺・ギデンズ・今田（2008）。

引用参考文献
神谷恵美子，2004，『生きがいについて』（神谷恵美子コレクション）みすず書房（初版は1966年）。
経済産業省，2006，「我が国製造業のおける技術流出問題に関する実態調査」。
今野晴貴，2012，『ブラック企業——日本を食いつぶす妖怪』文藝春秋。
鈴木玲，2015，「『ブラック企業』の普遍性と多面性——社会科学的分析の試み」『大原社会問題券所雑誌』第682号。
谷口真美，2005，『ダイバーシティ・マネジメント——多様性を生かす組織』白桃書房。
内閣府，2012，「男女共同参画社会に関する世論調査」。
渡辺聡子・A. ギデンズ・今田高俊，2008，『グローバル時代の人的資源論——モティベーション・エンパワーメント・仕事の未来』東京大学出版会。
渡辺峻，2009，『ワーク・ライフ・バランスの経営学』中央経済社。
「日本人技術者流出の実態」『日経ビジネス』2013年7月8日号。
「特集　ソニー消滅!!　尽き果てる"延命経営"」『週刊ダイヤモンド』2014年4月26日号。
Beer, M., B. Spector, P. R. Lawrence, D. Q. Mills and R. E. Walton, 1984, *Managing Human Assets : The Groundbreaking Harvard Business School Program*, Free Press.（梅津祐良・水谷榮二訳，1990，『ハーバードで教える人材戦略』生産性出版）。

（澤田　幹）

索　引
(＊は人名)

あ 行

ISO26000　118
＊アトキンソン, J.　85, 86
アブセンティズム　12, 55
＊アベグレン, J.C.　74, 76
1カ月単位の変形労働時間制度　142, 152
インセンティブ　164
運命共同体的労使関係　201, 205
エンプロイアビリティ　114, 115, 116, 117, 118, 122, 123
エンプロイアビリティ保障　114
OJT　112, 113, 115, 119, 123
OFF-JT　112, 119, 123

か 行

解雇　99, 196, 203
外的キャリア　113, 127-129
科学的管理法　10, 26
課業管理　26, 27
格差　179
＊カペリ, P.　110
過労死　211, 213
感情管理　17, 18
感情規則　17
感情労働　17-19
管理過程論　32, 40
管理原則　31
機械制大工業　9
企業別労働組合　47, 74, 186, 201

基本給　167
キャリア・アンカー　127
QCサークル　51
協業　6
業績考課　49
協調的労使関係　75
勤続年数　80
＊クーンツ, H.　32, 40
計画と実行の分離　28
ケイパビリティ　97
月給　167
限定合理性　98
限定正社員　99
コア・コンピタンス　90, 216
高業績作業システム　62
高参画型組織　185
行動科学（理論）　12, 59
公平観　171
個人加盟ユニオン　196, 205
個別労働紛争　189, 190, 197, 199
雇用管理　73, 74, 91, 96, 98
コンピテンシー　175

さ 行

最低賃金制度　168
最低賃金の引き上げ　180
裁量労働制　142, 155, 156
作業規則　57
36協定　148, 152, 194, 203
サボタージュ　55

223

産業別労働組合　48
三種の神器　47, 73
ジェンダー　157
時間外労働　141, 152
時間賃金（定額賃金制）　167
事業場外みなし労働時間制　142, 152, 155, 156
自己啓発　120, 122
ジャスト・イン・タイム生産方式　51
社内FA制度　129
社内公募制度　129
週給　167
従業員エンゲージメント　67
就業規則　152
終身雇用　47, 74-76, 82, 113
集団的労使関係　119
集中と選択　215
柔軟な職務構造　79
柔軟な組織構造　96
春季生活闘争（春闘）　169, 202
情意考課　49
譲歩交渉　60
賞与　168
剰余価値　4, 5
賞与の成果主義化　175
剰余労働時間　4
職業能力評価制度　130
職種別労働組合　48
職能給　172
職務拡大　13, 59
職務記述書　53
職務規制組合主義　57
職務給　171
職務区分　53
職務交替　59
職務再設計　59

職務充実　13, 59
職務遂行能力　172
職務分析　53
職務明細書　53
職名　53
所定外賃金　167, 168
所定外労働　143, 149
所定外労働時間　140, 142, 148, 151
所定内賃金　167
所定労働時間　152, 154
所得　163
ジョブカード　130
ジョブ型雇用　99
新規学卒一括採用　47, 48, 74
シングル・レート（単一職務給）　171
人材流出　216
人事管理　57
人事考課（査定）　49, 77
『新時代の「日本的経営」』　64, 82
深層演技　17, 18
新卒（一括）採用中心主義　48, 74, 75, 78, 101, 113, 115
推定組織率　187, 200
ステークホルダー　217
成果主義　174, 202
生活給体系　170
正規雇用　77-78, 94, 96, 99, 100, 119, 121, 124, 125, 128
生計費調整条項　57
精神障害　211
接客労働の労働過程（接客労働過程）　14-16
絶対的剰余価値の生産　5
相対的剰余価値の生産　5
属人主義　48
組織行動論　12, 59

索　引

組織市民行動　66

た　行

ダイナミック・ケイパビリティ　97
ダイバーシティ　98,99
ダイバーシティ・マネジメント　99,218
多能工化奨励加給　60
タレント・マネジメント　66
チーム制度　61
賃金額（水準）　166
賃金形態　167
賃金支払いの5原則　169
賃金体系　167
賃金不（未）払い残業　148
ディーセント・ワーク　100
＊テイラー，F. W.　10,26
テイラー＝フォード主義　11,12,55
出来高賃金　167
電算型賃金体系　170
同一価値労働同一賃金　181
同一労働同一賃金　181
同質化管理　76,80
特別条項付き36協定　152
＊ドラッカー，P. F.　40
取引コスト　90,126,218

な　行

内的キャリア　113,127-130
内部労働市場　126
日給　167
日給月給　167
日本経団連　186
ニューディール型労使関係　56
年功主義　74
年功序列　47,50

年次調整条項　57
年次有給休暇　141-143,148,150,151
年俸　167
年俸制　175
能力考課　49

は　行

配置転換　76
パターン・バーゲニング　57
半自律的作業集団　59
非正規雇用　83,88,93-95,119,121,124,125
非正規雇用の拡大　82,96
非正規雇用の基幹労働力化　94
非正規労働者　144,146,196,201
必要労働時間　4
費用　163
表層演技　17,18
＊平野光俊　87
＊ファヨール，H.　28
不完備契約　98,110
不当労働行為　193-195,205,206
フレックスタイム制　142,154,156
分業　8
ベスト・プラクティス　62
＊ベッカー，G. S.　109
ペティの法則（クラークの法則）　13
ホワイトカラー・エグゼンプション　137

ま　行

マニュファクチュア　8,9
みなし労働時間制　154
未払い残業　149
＊ミンツバーグ，H.　36
無限定な働かせ方　76
メンタルヘルス　213

メンバーシップ型雇用　49
目標管理制度（目標管理）　13, 175

　　　　　や・ら・わ　行

役割給　175
ユニオンショップ　205
リストラ　64
＊リパック, D. P. & スネル, S. A.　87
レンジ・レート（範囲職務給）　171
労使協議　202, 203
労働委員会　195, 200
労働移動　55
労働基準監督官　192, 198
労働基準法　141, 142, 193, 194
労働協約　152, 194, 204

労働組合法　193, 194, 196
労働裁判　190
労働時間の「二極化」　138
労働審判　199, 200
労働審判制　197
労働生活の質改善　59
労働争議　187, 188, 201
労働の価格　164
労働の対価　163, 164
労働の人間化　13
労働費用　163
労働力開発　132
労働力の一時的処分権　3, 10
ワーク・ライフ・バランス　100, 154, 157, 218

執筆者紹介

澤田　幹（さわだ・みき）執筆分担：はしがき・第4・5・終章

　1959年　生まれ。
　滋賀大学経済学部経営学科卒業，滋賀大学大学院経済学研究科修士課程修了，同志社大学大学院商学研究科博士課程（後期課程）中退，金沢大学経済学部講師，同大学助教授，同大学教授を経て，
　現　在　金沢大学人間社会研究域経済学経営学系教授（経済学類担当）。
　主　著　『明日を生きる人的資源管理入門』（共編著）ミネルヴァ書房，2009年。
　　　　　『アメリカの経営・日本の経営』（共著）ミネルヴァ書房，2010年。
　　　　　『大学教員の人事評価システム』（共著）中央経済社，2006年。
　　　　　『労働市場の規制緩和を検証する』（G. エスピン‐アンデルセン他編，共訳）青木書店，2004年。

谷本　啓（たにもと・あきら）執筆分担：第1・2章

　1971年　生まれ。
　同志社大学商学部卒業，同志社大学大学院商学研究科博士課程（前期課程）修了，同志社大学大学院商学研究科博士課程（後期課程）中退，同志社大学商学部専任講師，同大学助教授を経て，
　現　在　同志社大学商学部准教授。
　主　著　「ザ・リッツ・カールトン・ホテルにおける人材活用の構造」『同志社商学』第64巻第5号，2013年3月，665-693頁。
　　　　　『アメリカの経営・日本の経営』（共著）ミネルヴァ書房，2010年。
　　　　　『人間らしい「働き方」・「働かせ方」』（共著）ミネルヴァ書房，2009年。

橋場俊展（はしば・としのぶ）執筆分担：第3・7章

　1971年　生まれ。
　同志社大学商学部卒業，同志社大学大学院商学研究科博士課程（前期課程）修了，同志社大学大学院商学研究科博士課程（後期課程）中退，北海学園北見短期大学専任講師，北海学園北見大学商学部専任講師，三重大学人文学部助教授，名城大学経営学部准教授を経て，
　現　在　名城大学経営学部教授。
　主　著　『明日を生きる人的資源管理入門』（共著）ミネルヴァ書房，2009年。
　　　　　『新版　経営から視る現代社会』（共著）文眞堂，2014年。

山本大造（やまもと・だいぞう）執筆分担：第6・8章

　1968年　生まれ。
　松山大学経営学部卒業，松山大学大学院経営学研究科修士課程修了，同志社大学大学院商学研究科博士課程（後期課程）中退，愛知大学経営学部専任講師，同大学助教授を経て，
　現　在　愛知大学経営学部准教授。
　主　著　『明日を生きる人的資源管理入門』（共著），ミネルヴァ書房，2009年。
　　　　　「日本のエアラインにおける労使関係の特質」『労務理論学会誌』第20号，2011年，31-45頁。

　　　　　ヒト・仕事・職場のマネジメント
　　　　　　——人的資源管理の理論と展開——

2016年10月20日　初版第1刷発行　　　　　　　　　〈検印省略〉

　　　　　　　　　　　　　　　　　　　　　　定価はカバーに
　　　　　　　　　　　　　　　　　　　　　　表示しています

　　　　　　　　　　　澤　田　　　　幹
　　　　　　　　　　　谷　本　　　　啓
　　　　　著　者　　　橋　場　俊　展
　　　　　　　　　　　山　本　大　造
　　　　　発行者　　　杉　田　啓　三
　　　　　印刷者　　　坂　本　喜　杏

　　　　　発行所　株式会社　ミネルヴァ書房
　　　　　　　　607-8494　京都市山科区日ノ岡堤谷町1
　　　　　　　　　　　　　電話代表　(075)581-5191
　　　　　　　　　　　　　振替口座　01020-0-8076

　　　©澤田・谷本・橋場・山本，2016　冨山房インターナショナル・新生製本

　　　　　　　　　　ISBN 978-4-623-07781-6
　　　　　　　　　　　Printed in Japan

国際化時代の経営管理
――島　弘 編著　Ａ５判　240頁　本体2500円

人類の未来を切り拓くために必要な経営能力の正しい運用と，新たな経営学の科学的分析の方向を示そうとする試み。

明日を生きる　人的資源管理入門
――澤田　幹／平澤克彦／守屋貴司 編著　Ａ５判　280頁　本体2800円

多様な視点（価値観）をもって社会に対応し，前向きに働くことができるよう導くことを目指すテキスト。

人事制度の日米比較
――石田光男／樋口純平 著　Ａ５判　248頁　本体4000円

●成果主義とアメリカの現実　実態調査からアメリカモデルの真の課題を析出，日本の人事改革と相対化する。

終身雇用と年功序列の転換
――小越洋之助 著　Ａ５判　370頁　本体4200円

職能資格制度や成果主義賃金の課題などを含む，今後の雇用政策・賃金体系について検討すべき論点を提示する。

仕事の社会科学
――石田光男 著　Ａ５判　240頁　本体3500円

●労働研究のフロンティア　実例と研究諸説を対比しつつ，仕事についての新たな認識方法を探究する。

日本の人事査定
――遠藤公嗣 著　Ａ５判　368頁　本体3800円

日米比較を通し実証的に人事査定を解明。研究史を詳細に跡づけることで，査定制度に関する日本の「常識」を検証する。

――― ミネルヴァ書房 ―――
http://www.minervashobo.co.jp/